# LES CARTONS
## DE MON ARRIÈRE
# GRAND-PÈRE

C am
bou
rakis

# LES CARTONS
## DE MON ARRIÈRE
## GRAND-PÈRE

## Adalbert Stifter

TRADUIT DE L'ALLEMAND (AUTRICHE) PAR ÉLISABETH DE FRANCESCHI

cambourakis

## DU MÊME AUTEUR

*Brigitta*, Cambourakis, 2015.
*Descendances*, Cambourakis, 2018.

Ce texte a paru pour la première fois en France
aux éditions Jacqueline Chambon en 1989.

Titre original :
*Die Mappe meines Urgrossvaters*

© Actes Sud, 1989.

Illustration de couverture : *Le Mur du diable près de Hohenfurt*,
Adalbert Stifter, 1845.

© Éditions Cambourakis, 2019, pour la présente édition.

# AVERTISSEMENT DU TRADUCTEUR

*Les Cartons de mon arrière-grand-père*, sans doute le plus autobiographique des livres de Stifter, est aussi celui qu'il a le plus longuement travaillé (de 1841 à 1867) : « l'enfant de ma joie et de ma douleur », comme il l'écrivait dans une lettre à son éditeur. L'ouvrage fut interrompu par la mort de l'auteur, et c'est la deuxième version que nous présentons ici, la plus achevée, celle qui fut publiée dans les *Studien* en 1847.

« Dulce est, inter majorum versari habitacula et veterum dicta factaque recensere memoria. »[*]
(Hégésippe)

---

[*] *N.d.T. : « Il est doux de vivre dans les demeures des ancêtres, et d'inscrire le souvenir de ce que firent et dirent les gens d'autrefois. »*

# LES ANTIQUITÉS

C'est la sentence latine du bienheureux Hégésippe, maintenant oublié depuis longtemps, que j'ai mise en exergue à ce livre pour y conduire les lecteurs ; et avec mon livre, j'introduis ceux-ci dans la vieille demeure de mon père, loin d'ici.

Cette sentence joua autrefois un rôle dans l'attribution d'une mienne distinction à l'école, et cette raison avait suffi à la graver pour toujours dans ma mémoire, mais elle me revint ensuite à l'esprit chaque fois que j'allais et venais dans les pièces de la maison paternelle car cette maison était remplie de différents objets venus de nos aïeux, et je ressentais véritablement, quand j'errais parmi eux, l'étrange joie et le plaisir qu'Hégésippe évoque dans sa sentence, et ce plaisir ne resta pas lié uniquement à mon esprit d'enfant, il grandit avec moi, qui continue aujourd'hui à vivre entouré de vieilles choses et qui les aime. Je commence à devenir vieux moi aussi et je songe souvent dès maintenant, avec une sorte de joie anticipée, à ce temps à venir, qui verra mon petit-fils ou mon arrière-petit-fils aller et venir sur les traces que je fonde aujourd'hui avec tant d'amour, comme si elles devaient durer éternellement – elles qui pourtant, une fois parvenues à mon petit-fils, seront mortes et désuètes. Ce que le vieillard édifie en hâte, son obstination à observer ses propres préceptes et l'ardeur qu'il met à guetter sa gloire posthume, ne sont donc pour le vieux cœur que l'obscur instinct, qui va s'affaiblissant, de prolonger encore de cette manière une vie si douce au-delà de la tombe. Mais il ne la prolonge point ; car, tout comme il avait souri des choses décolorées et fades laissées par ses prédécesseurs, et les avait modifiées, ainsi en usera son petit-fils, et c'est en éprouvant seulement ce sentiment triste et doux avec lequel on considère toujours le temps qui passe, qu'il gardera et contemplera ces souvenirs un moment encore.

Sous l'influence de ces pensées, je crus bon de placer la sentence d'Hégésippe en exergue à un livre de souvenirs qui traite de mon arrière-grand-père et de ses cartons.

Je vais donc commencer à parler de mon bisaïeul.

Il fut un docteur et guérisseur de grand renom, ainsi d'ailleurs qu'un homme très farceur, et, comme on dit, un hérétique en bien des choses. Tout cela, il le devint à la grande école de Prague, mais à peine coiffé le nouveau bonnet doctoral, il dut, selon sa propre expression, filer de là comme une flèche, pour aller chercher fortune dans le monde. Il n'a jamais parlé de la raison pour laquelle il dut partir si vite, selon le récit de mon grand-père. Quelle qu'elle ait pu être, elle l'a ramené à cette époque dans la belle solitude des forêts de son pays natal ; là, il se mit aussitôt à soigner les gens à force lieues à la ronde. Il y a quelques années, mainte voix près d'expirer parlait encore de lui dans la vallée, et j'ai même rencontré dans mon adolescence plus d'un vieillard attardé qui l'avait encore connu, et l'avait vu circuler alentour avec ses deux grands chevaux moreaux.

Ayant atteint un grand âge et acquis beaucoup d'aisance, il prit finalement le même chemin que beaucoup de ses anciens patients, léguant à mon grand-père ses économies et ses meubles. L'argent épargné s'en alla vite, et ce, pendant la guerre de Sept Ans*, mais le mobilier est toujours là. Quant à l'art et la manière du docteur, qui semblent avoir notablement différé de ceux des autres, des fragments en ont été conservés dans la bouche des gens longtemps après sa mort, mais ces fragments, tels des glaçons descendant le cours d'un fleuve, fondirent en morceaux de plus en plus petits, jusqu'à ce qu'enfin le fleuve des traditions coulât seul – sans plus conserver le nom du défunt. Les meubles et les vestiges ont aussi continué de se délabrer et de se ternir. C'est de ces vestiges que je voudrais parler maintenant, puisqu'ils furent un jour ma joie secrète et terrifiante.

Or, fait étrange, si je reviens très loin en arrière, c'était un véritable bric-à-brac qui me faisait alors une impression si profonde, et non les choses auxquelles je prête attention aujourd'hui. Si je retourne au fond du brouillard de mon enfance, surgit un gilet noir qui

*La guerre de Sept Ans : 1756-1763.

était une vraie merveille, j'entends encore aujourd'hui les gens s'ébahir et s'écrier qu'on ne fait plus de levantine inusable comme celle-ci de nos jours, et qu'il faut conserver avec respect ce qui nous vient du passé – puis, parmi nos jouets, traînait une plume de chapeau sombre, rongée par le temps, et dont la hampe était brisée – un timon harassé apparut un jour au milieu des débris et éclats de la tonnelle – dans le jardin pullulait toujours l'inextirpable racine d'angélique, à côté se dressait un tronc gris, dont les deux uniques branches vertes portaient encore des merises noires chaque année, et laissaient tomber des feuilles rouge sang en automne – on voyait aussi deux roues de chariot bleu ciel, qu'enfant je m'efforçai un jour de nettoyer, car on avait jeté dessus une charrue et une herse qui les avaient entièrement crottées – enfin restait, dans un vestibule et dans une grange, tout un fatras ignoré des occupants actuels de la maison, et qui ne provenait probablement pas entièrement du docteur – on raconte d'ailleurs que celui-ci avait épousé une demoiselle de qualité. Pourtant lorsqu'on découvrait parmi les objets légitimes de la maison quelque chose de bizarre, dont personne ne parvenait à démêler le sens, on disait toujours : Cela vient du docteur ; car si nous honorions celui-ci comme notre bisaïeul le plus riche, en revanche nous le tenions tous, secrètement, pour un fou.

Nous eussions probablement découvert encore beaucoup plus de vieilleries si nous, les enfants, avions pu vaincre le frisson qui nous prenait devant plus d'un recoin suspect, encore inexploré, et où les gravats s'étaient accumulés depuis une éternité. Par exemple, entre le grenier à blé et les combles, étaient rassemblées une foule de choses antédiluviennes dans un couloir obscur lambrissé, mais si l'on avançait de quelques pas, apparaissait, brillant sur son grand socle, une sainte Marguerite dorée qui avait toujours le même air menaçant quand nous regardions à l'intérieur du couloir, puis c'étaient, tout à l'arrière, les espaces inexplorés de la remise à voitures, là se hérissaient des perches en désordre, se gonflaient des bottes de paille vieillissantes, là étaient piquées les plumes encore familières de poulets tués depuis longtemps, et des yeux saillants noirs, grands comme des assiettes, s'écarquillaient dans les moyeux de vieilles roues, tandis qu'à côté la fermentation creusait dans la paille des trous assez grands, aussi noirs qu'un bonnet doctoral. Et notre crainte allait grandissant, car le valet avait dit un jour qu'on pouvait rejoindre l'endroit où l'on mettait l'avoine dans la grange en rampant au milieu de ce fatras, chose que l'on admirait beaucoup, mais que l'on n'osait faire.

Notre chère maman gardait aussi dans les ténèbres du coffre beaucoup d'objets précieux, dont l'unique fonction était de toujours rester là, et nous obtenions de les voir à l'occasion, quand elle allait parfois chercher quelque chose d'exceptionnel, nous fourrions alors avec elle nos têtes à l'intérieur du coffre. Il y avait là des boutons d'argent à freluches, enchâssés, enfilés à un cordon, un trousseau de boucles, des cuillères à long manche, une grande coupe en argent où, disait-on, le docteur avait recueilli le sang de gens distingués, il y avait ensuite deux becs d'aigle en corne, quelques paquets de galons d'or, et d'autres objets qui brillaient fort mystérieusement dans l'obscurité, mais nous n'avions jamais la permission de fouiller dedans, notre mère étant toujours pressée en de telles occasions, elle devait fermer le coffre et partir. Mais parfois, le jour où l'on aérait et dépoussiérait la pièce du haut, où se trouvaient les lits d'hôtes et où étaient suspendus les habits de fête, si notre mère se trouvait justement dans l'humeur adéquate, elle montrait bien volontiers à une voisine, par exemple, et aussi à nous, les enfants, qui nous tenions toujours là à côté, maintes choses faisant partie de l'arbre généalogique de ces maisons bourgeoises que j'affectionne, dans le coffre à habits de la mariée. Jadis on conservait de tels vêtements comme des reliques, et on ne les montrait qu'exceptionnel-lement, mais cette vénération décrut avec le temps, et finalement vint le frac noir que nous portons lors d'une cérémonie de mariage, pour une visite ou une promenade – a-t-il en lui quelque chose qui le rende digne d'être conservé ? Quand maman exposait ces objets raides et anguleux et les faisait briller au soleil, nous restions là à côté, regardant avec étonnement leur gloire pâlie. Des effets de velours, de soie, dorés, inconnus, apparaissaient, bruissant et froufroutant. Le costume de velours violet qui appartenait au docteur est toujours là, au complet, avec tous ses nœuds, ses petites fleurs dorées en bas, les chaussures à rubans et la barrette noire. Le vêtement gris cendré de sa fiancée avait une traîne par-derrière, une lisière dorée, et une doublure de soie jaune épiait de l'intérieur. La jupe de ma grand-mère, faite de la même étoffe raide que les chasubles, se trouvait là elle aussi, avec ses nombreux plis et ses grosses fleurs de soie. Quant à l'habit de noces long et rougeâtre dans lequel je vis souvent mon père se rendre à l'église, à Pâques ou à la Pentecôte, son destin fut d'être taillé en pièces, et quand je partis étudier à l'abbaye, après la mort de mon père, on s'en servit pour me confectionner un habit plus petit – mais sous cette nouvelle apparence, l'habit paternel ne récolta jamais que les railleries et les sarcasmes de mes condisciples, bien que j'eusse le cœur dolent en pensant à mon défunt père, toutes les fois que je voyais sur mes propres bras, le dimanche, l'étoffe si souvent admirée.

Avant même cette époque, davantage de souvenirs encore ont sans doute pris peu à peu le chemin de la destruction et de l'oubli. Je me souviens toujours nettement d'un matin d'hiver, où l'on en vint à briser à coups de hache une colossale et confortable armoire ; de mémoire d'enfant, celle-ci avait toujours trôné à côté de la cuisine, tel un château resplendissant, portant incrusté le mot « garde-manger », et, je le sais fort bien aujourd'hui encore, le bambin que j'étais ressentit une douleur presque amère lorsque la merveilleuse montagne couleur café vola sous ses yeux en vils éclats, découvrant, à sa plus grande surprise, un intérieur d'un blanc aussi ordinaire que celui des bûches de sapin dans la cour. Pendant longtemps encore, ce ne fut pas sans un sentiment de vénération blessée que je vis la grande tache claire indiquant sur le mur l'endroit occupé jadis par cette armoire.

Combien de choses ont dû se perdre ainsi, en ces temps immémoriaux ! Que de fois, jouant aux pèlerins, nous avons arboré un fanion au bout d'un long bâton, nous avions pris un chiffon dans les balayures pour le confectionner – mais peut-être ce chiffon avait-il appartenu à quelque vêtement flatteur, ayant jadis recouvert les membres d'une femme aimée – ou bien, assis dans l'herbe, caressant des doigts les fils chatoyants du fanion retombé, nous avons chanté : Margaretha, Margaretha, car notre mère nous avait souvent conté l'histoire d'une certaine Margaretha, qui fut, dit-on, la belle et douce épouse d'un de nos aïeux. Nous chantions : Margaretha, Margaretha, jusqu'à éprouver nous-mêmes une sorte de crainte devant le chiffon.

Et pourtant avec quelle ardeur l'homme travaille à faire sombrer ce qui l'a précédé, et avec quel singulier amour il se raccroche à ce qui est en train de sombrer, et qui n'est pourtant rien d'autre que le rebut des années écoulées ! Là est la poésie du fatras, cette poésie mélancolique et douce, qui se grave seulement dans les vestiges du quotidien et de l'ordinaire – mais souvent de tels vestiges émeuvent notre cœur davantage que d'autres, car nous y voyons distinctement s'éloigner l'ombre des disparus, emportant dans son sillage notre propre ombre. C'est pourquoi l'habitant d'une grande ville n'est ancré ni dans une tradition ni dans un terroir, alors que le fils de paysans, une fois devenu citadin, nourrit en secret un amour nostalgique, douloureux et doux, pour une vieille bicoque, où sont depuis toujours les planches, piquets et coffres de ses aïeux. Même lorsque les ossements d'un défunt, désormais délabrés ou épars dans un coin, reposent dans l'herbe du cimetière, ses armoires pâlissantes se dressent encore dans le vieux logis, et il reste en dernier lieu les choses les plus anciennes, qu'on avait mises de côté, et qui redeviennent ainsi les compagnes de jeux des plus jeunes, des enfants.

Il y a quelque chose d'émouvant dans ces narrateurs muets et obscurs d'une chronique familiale inconnue. Quelle douleur et quelle joie sont ensevelies à jamais dans cette chronique non lue ! L'enfant aux boucles blondes et le moucheron nouveau-né qui joue auprès de lui dans l'or du soleil sont les derniers maillons d'une longue chaîne inconnue, mais aussi les premiers d'une autre peut-être encore plus longue, encore plus inconnue, et pourtant cette succession est celle de la parenté et de l'amour – et quelle solitude est le lot de l'individu au cœur de cette succession ! Si donc quelque portrait aux couleurs pâlissantes, quelque débris, quelque grain de poussière lui parle de ses prédécesseurs, il est beaucoup moins solitaire… Qu'elle est dénuée d'importance, cette histoire ! Elle ne remonte que jusqu'au grand-père ou à l'arrière-grand-père, et se contente souvent d'évoquer baptêmes, noces, enterrements, établissement de descendants

– mais quelle inconcevable mesure d'amour et de douleur dans cette insignifiance ! L'autre histoire, la « grande », ne contient rien de plus : elle n'est en fait que la vue générale, pâlie, de la « petite », dans laquelle on a omis l'amour pour noter les effusions de sang. Le grand fleuve doré de l'amour, descendu jusqu'à nous au cours des millénaires en passant par une multitude de cœurs maternels, par des fiancées, des pères, des frères et des sœurs, des amis, est la règle, et l'on a oublié de le mentionner. La haine, elle, constitue l'exception, qui pourtant s'est trouvée écrite en toutes lettres dans mille livres.

Du vivant de mon père, aucun des objets laissés par le docteur ne devait changer de place, et mon père, qui révérait fort son aïeul, lisait toujours avec une préférence presque exclusive un manuscrit en cuir provenant de celui-ci, mais ce volume fut irrémédiablement égaré par la suite. En ce temps-là, le vieux mobilier imposait encore partout sa chronique de bronze ; nous autres enfants vivions dans ce cadre comme dans un livre d'images suranné, dont notre grand-père, en biographe extrêmement fidèle et vivant de son père, le docteur, connaissait et fournissait l'explication.

Souvent, le soir, assis au milieu de ces souvenirs, et méditant dans le « livre » de sa jeunesse, dont les seuls caractères étaient les profondes rides de son front et ses cheveux blancs, il évoquait les exploits et les aventures du docteur, son intrépidité jour et nuit, en forêt comme au milieu des landes lorsqu'il se rendait au chevet de ses malades, sa façon de s'adonner

aux plaisanteries et aux facéties, il décrivait ses fioles
à reflets rouges et bleus, telles des escarboucles et des
pierres précieuses, il disait l'empire que le docteur
avait sur les choses de la terre et du ciel… Parfois tel
ou tel objet, bien tangible là devant nous, intervenait
dans l'histoire, tantôt, à un moment crucial, un craquement s'y faisait entendre ou un verre changeait
soudain de place, tantôt un grand blessé y gémissait,
tandis que le docteur lui reboutait le corps, complètement désarticulé par la chute d'un arbre, tantôt un
mystère insondable de la médecine y était enfermé.
Dans ces moments-là, ces silhouettes surannées se
chargeaient d'une signification et d'une magie indi-
cibles ; à la claire lueur de la chandelle, nous osions à
peine regarder ce qui nous entourait en projetant des
ombres nettes, tout au fond de la pièce, une étroite
et haute armoire ressemblait à une de ces damoiselles
de chevalerie enserrées dans leur corselet, et c'était
comme s'il y avait sur cette armoire des choses qui
ne s'y trouvaient pas durant le jour – l'armoire d'apo-
thicaire, elle, paraissait avoir acquis en secret un
éclat plus vif. Il y avait aussi la table en érable avec
son agneau pascal en incrustations de nacre, l'horloge et son bonnet pointu, et le long coussin de cuir
reposant sur le banc décoré de pattes d'ours qui agrip-
paient comme des griffes vivantes ; et enfin, près de la
fenêtre, moucheté de gouttelettes pâles apportées par
les rayons de lune, se dressait, pourvu de nombreux
tiroirs, nanti d'une superbe balustrade, le pupitre
gothique accompagné des luisantes grenouilles brunes

qui lui allaient si bien, la tablette était surmontée d'un baldaquin en bois comme d'un manteau de cheminée, en haut duquel se trouvait la peau d'un animal empaillé, devenu méconnaissable, qui nous effrayait chaque soir ; et lorsque notre seul recours, notre père, qui ne faisait point cas de ces histoires, s'était assoupi au coin du poêle, et que la lune, en cette nuit d'hiver coupante et claire comme le jour, regardait fixement les angles des carreaux couverts de givre, il soufflait à travers la pièce un tel frisson hanté que celui-ci saisissait notre mère elle-même, et gagnait les servantes qui aimaient s'asseoir dans la cuisine attenante pour filer, c'était à tel point que si l'on avait alors frappé dehors au portail, il eût été impossible, même au prix d'un empire, d'obtenir que quelqu'un sortît voir qui était là.

Je me demandais souvent à cette époque comment une telle quantité de miracles et d'événements tout à fait inouïs avait pu se produire dans la vie d'un seul homme – ce mien arrière-grand-père – alors que tout est si banal et si nu aujourd'hui ; aucun revenant ne se fait plus voir ni entendre, et si d'aventure le père est retardé dans la nuit, la faute en incombe à de mauvais chemins forestiers ou à une pluie subite.

– Eh oui, avait l'habitude de dire ma grand-mère quand on en venait à évoquer ce sujet, tout diminue en nombre, les oiseaux dans le ciel et les poissons dans l'eau. Jadis, certaines nuits particulières, ou bien le samedi soir, on entendait distinctement des pleurs ou des appels provenant des Pfingstgräben ou de la Hammerau ; aujourd'hui tout y est silencieux et mort, et il est rare qu'on y rencontre un feu follet ou l'Ondin assis sur la berge. Les gens d'aujourd'hui ne croient plus aussi fermement à ces histoires que ceux d'autrefois, encore que les anciens, qui les racontaient, ne fussent point des fous, mais bien des hommes éclairés et dépourvus de crainte. Avec quel zèle la jeunesse prétend savoir tout mieux que les anciens, bien qu'elle en revienne toujours à leurs paroles avec le temps, et qu'elle le reconnaisse !

Ainsi parlait ma grand-mère, moi, je la regardais avidement en l'écoutant, et je n'avais nul besoin de vérifier ses dires car je croyais aisément et fermement tout cela.

C'était ainsi dans mon enfance, et ainsi s'en allèrent les années.

Celles-ci passaient alors avec une lenteur démesurée, et un intervalle extraordinairement grand s'écoula avant que nous ne devinssions un peu plus grands.

J'étais l'aîné ; lorsque enfin j'eus passablement grandi, mon père mourut, et je dus peu après partir à l'abbaye pour y étudier. Puis, à l'arrivée de mon beau-père, un nouveau règne commença chez nous. On fit faire de beaux meubles neufs, et toutes les vieilles choses qui s'étaient trouvées là jusqu'alors durent faire retraite dans la pièce de derrière lambrissée de bois brun, inoccupée, attenant au jardin. On les mit là en hâte, et on les laissa en désordre. Ma tête s'était elle aussi remplie peu à peu de pensées et d'aspirations nouvelles. Mais un jour, pendant mes longues vacances d'automne, j'allai revoir ces vieilleries. Il me vint à l'esprit que je pouvais y mettre de l'ordre. Je le fis, rangeai la pièce brune, et restai là à regarder ces objets caressés et éclairés par la douce lumière mélancolique du soleil automnal. Mais je dus m'en retourner à l'abbaye, et une fois achevé le temps imparti pour les études que je devais y faire, je partis pour la grande ville lointaine*.

Des années difficiles commencèrent alors : les aspirations de l'âge adulte vinrent recouvrir comme d'un brouillard le lointain pays de mon enfance. J'ambitionnai et je souffris bien des choses, et lorsque enfin fut arrivé le moment où l'homme éprouve l'ardent désir de voir à nouveau, en de gracieux enfants, se gonfler le fleuve de la vie dans son paisible écoulement, ma chère épouse accepta de tenter cette aventure avec moi, et nous marchâmes côte à côte vers l'autel du mariage.

Cet événement me ramena au pays de mon enfance. C'est qu'à la maison maman se désolait de ne pouvoir venir, à cause de sa mauvaise santé, elle n'aiderait pas à tresser la couronne de la mariée et ne verrait pas le cortège nuptial. Nous résolûmes donc, pour lui offrir une compensation, de venir passer dans mon pays natal les premiers jours de notre nouvel état. Nous préparâmes nos bagages, forêts et montagnes défilèrent devant nous, par une belle journée d'été nous arrivâmes à la maison que j'avais quittée bien longtemps auparavant.

*N.d T. : Prague.

Maman était une vieille femme maintenant, et les beaux meubles neufs apparus à l'époque où je faisais mes études avaient vieilli et passé eux aussi. Nul aïeul ne circulait plus dans la maison, en revanche les jeunes enfants de ma sœur, elle-même encore enfant à mon départ, jouaient où nous avions joué jadis – seuls l'amour et la bonté restent jeunes. Ma mère accueillit sa nouvelle fille, jeune et épanouie, avec ce visage aux traits usés rayonnant de bienveillance et ces yeux remplis de bonté qui lui étaient coutumiers, elle l'honora et fut bonne pour elle. Vinrent des jours uniques, inoubliables, passés au milieu d'êtres partageant un même cœur et le même pur amour. Je conduisis mon épouse dans tous les bois de mon enfance, auprès des ruisseaux murmurants et des rochers élevés, dans les belles prairies et les champs ondoyants. Maman nous accompagna et indiqua à sa fille étrangère ce qui nous appartenait dans tout cela, et ce qui y poussait en ce moment.

La nature resplendissait, aussi magnifique qu'autrefois, elle était même plus somptueuse et plus solennelle que je n'avais pu le concevoir jadis. Seule la maison avait rapetissé, les fenêtres étaient plus basses, les pièces, resserrées. Tout ce qui semblait jadis immense, comme les corridors sombres ou les recoins béants, était clair à présent, rempli d'un véritable fouillis. Dans la pièce brune, les vieilleries se trouvaient à la place où je les avais mises autrefois, à vrai dire, elles penchaient un tout petit peu plus vers les murs. Seul le pupitre, véritable œuvre d'art, en chêne massif, d'une solidité à l'épreuve du temps, s'y dressait toujours, avec toutes ses balustrades ornées et ses grenouilles – ma mère accéda volontiers à ma prière et me l'offrit en cadeau de noces. En dehors de cela, le reste n'était que débris et reliques ordinaires. Les joints bâillaient, la lumière passait au travers, les vers du bois avaient foré les poutres et la poussière ruisselait subrepticement dans les corridors. En continuant ma promenade à travers la maison, je vis qu'on avait supprimé un escalier en bois et qu'on en avait installé un autre ailleurs – ici l'on avait démoli une balustrade, là on en avait consolidé une, l'eau de la fontaine coulait dans une nouvelle cuve, les plates-bandes du jardin, où poussaient diverses plantes, s'alignaient différemment, et l'arbre gris avait disparu – bien des changements s'étaient produits dans la remise en bois, mais au fond se dressaient les mêmes perches qu'autrefois, et l'on y voyait les mêmes bottes de paille, cependant la claire lumière mélancolique du présent enveloppait toutes choses, et celles-ci me regardaient comme si elles avaient oublié les années de mon enfance. Ainsi s'écoulèrent les semaines dans ces lieux nouveaux que je redécouvrais seulement alors. Mais un jour où une douce pluie grise, comme il en tombe à la campagne, voilait monts et forêts, la maison me fit un présent que je ne cherchais point et qui me combla de joie, elle me donna pour ainsi dire le fabuleux conte englouti qui s'y trouvait tout entier conservé.

Ma mère, mon épouse et ma sœur, assises dans la petite pièce donnant sur la cour, bavardaient pour passer le temps, dehors, le chemin et le jardin étaient noyés d'eau, quant à moi qui aimais à écouter le doux bruit des gouttes de pluie s'écrasant sur les toits de bardeaux, j'étais monté jusqu'au tout dernier grenier, comme sous l'influence d'un penchant venu de mon enfance, je parvins même au couloir situé entre le grenier à blé et le comble. La statue de sainte Marguerite brillait de tous ses ors à l'endroit où on l'avait placée tant d'années auparavant, autour d'elle, comme autrefois, une foule d'objets mis au rebut… Je ne craignais plus son ténébreux éclat doré, au contraire, je dégageai la statue pour la contempler à mon aise. Cette statue fort ancienne, en bois finement doré, plus petite de moitié qu'une femme ordinaire, avait déjà été comme décapée et usée par l'action répétée du temps. Je pensai qu'elle provenait probablement d'une chapelle de notre domaine aujourd'hui disparue, et qu'elle était arrivée par hasard dans notre corridor, où on avait dû l'oublier. Mais on eût presque cru qu'il n'y avait là aucun hasard – quant aux circonstances suivantes, à savoir que la statue se trouvait à cet endroit, qu'il pleuvait ce jour-là, que je montai et la déplaçai, ce ne sont que les maillons de cette chaîne par laquelle advient ce qui advint alors. En effet, au moment où je voulus remettre la statue sur son socle, j'entendis que celui-ci ne rendait pas le son d'un bloc plein, mais d'un compartiment creux, je l'examinai de plus près, ce faisant, je découvris qu'il s'agissait d'un coffre fermé fort ancien. Mû par la curiosité, je descendis chercher au logis de quoi le fracturer et regagnai le couloir, je commençai par dégager le couvercle de la poussière qui s'y était accumulée sur une épaisseur d'un pouce, je fis sauter ses ferrures avec un levier et le soulevai. Alors m'apparut un fouillis de papiers, d'écrits, de petits paquets, de rouleaux, d'ustensiles divers, de liens, et autre confusion – mais les papiers prédominaient, et de loin. Il y a dans toute maison des choses que l'on ne jette point, parce qu'une partie de notre cœur y est attachée, on les range d'ordinaire dans des tiroirs où personne ne regarde plus ensuite. Je compris à l'instant qu'il s'agissait de cela même et aussitôt installé dans le passage, je commençai mon examen, auprès de moi le faible éclat doré de la statue, au-dessus de ma tête le léger trottinement de la pluie ; au bout d'une heure, j'étais déjà dans les papiers jusqu'aux genoux.

Il y avait là des feuilles inutilisables, et d'autres ne portant que quelques mots, ou une sentence – sur d'autres étaient gravés des cœurs et dessinées des flammes – il y avait mes propres cahiers de calligraphie, un miroir à main en papier, dont justement la glace avait disparu, brisée, des factures, des ordonnances, un procès jauni pour un pacage, puis une infinité de feuilles où l'on avait noté des chansons dont les échos s'étaient évanouis depuis longtemps, des lettres parlant d'amours depuis longtemps éteintes, seuls des bergers joliment peints restaient en faction dans la marge, ensuite c'étaient des patrons de vêtements comme personne n'en porte plus aujourd'hui, des rouleaux de papier d'emballage dans lequel on n'envelopperait plus rien, nos livres d'école avaient été gardés là eux aussi, et leurs couvertures portaient encore à l'intérieur nos noms à tous, frères et sœurs, car nous en avions hérité l'un après l'autre, et chacun, quasiment comme s'il en eût été le dernier et l'éternel propriétaire, avait biffé d'un trait ferme le nom du précédent, et avait inscrit le sien au-dessous, d'une grande écriture enfantine. À côté on avait noté les dates, à l'encre jaune, noire, puis jaune encore.

Je sortis donc ces livres du coffre, traitant avec le plus grand ménagement ces feuilles sur lesquelles des mains d'enfants avaient dû se poser des centaines de fois, afin d'éviter qu'elles ne tombassent en morceaux entre les miennes ; c'est alors que je découvris un autre livre, tout différent des précédents – il fallait qu'il provînt d'une tout autre main que de celle d'un enfant. Il se trouvait par hasard ici parmi nos livres, mais l'auteur, un vieillard, avait vécu et avait quitté ce monde à une époque déjà lointaine. Ce volume de parchemin était haut comme quatre livres d'école mis bout à bout ; à dire vrai, il se composait uniquement de cahiers rassemblés mais non reliés. Je les ouvris mais n'y vis que les numéros des pages, inscrits en gros chiffres à l'encre rouge, le reste n'était que du parchemin blanc, tout autour duquel courait la marge jaune de la vétusté. Seul le premier cahier était couvert, sur l'épaisseur d'un pouce environ, d'une ample écriture ancienne, embrouillée, dont la lecture était pour ainsi dire interdite car partout, à l'endroit de la marge, on avait transpercé en même temps plusieurs feuilles ainsi écrites à l'aide d'un couteau, on avait passé un ruban de soie dans l'incision ainsi pratiquée et on avait scellé

le tout. Le début du livre contenait une bonne quin-
zaine de fascicules scellés de la sorte. La dernière page
vide portait le chiffre huit cent cinquante, et la première, le titre : *Calcaria Doctoris Augustini, Tom. II*[*].

La chose me paraissant fort singulière et énigma-
tique, je résolus non seulement de descendre le livre
à l'appartement afin d'en séparer les pages en coupant les rubans pour les lire à l'occasion, mais aussi de
prendre et de garder ce qui me plairait dans le reste ;
avant cela il me restait encore à faire quelque chose,
car en retirant ces parchemins du coffre, le vieux livre
de cuir que mon père lisait constamment, plus de
vingt-cinq ans auparavant, m'était aussitôt revenu à
l'esprit, je pensai qu'il devait s'agir apparemment de
la première partie des *Calcaria*, et je voulus savoir si
je la pouvais trouver aussi parmi ces objets. Cependant le livre que lisait mon père n'était pas fait de
feuilles mobiles mais possédait une reliure de cuir
rouge sombre et des fermoirs de cuivre jaune, ce qui
nous plaisait tant quand nous étions enfants. Je retirai
du coffre feuille après feuille, liasse après liasse, défis
et examinai tout avec le plus grand soin, seulement,
j'atteignis à la fin le fond du coffre sans avoir trouvé
ce que je cherchais. Lorsque j'eus tout remis dedans,
je voulus appeler le valet pour lui demander de m'aider
à descendre le coffre dans ma chambre avec tous ses
papiers ; dans cette intention, je tirai quelque peu ce
dernier vers la lumière, j'entendis alors tomber quelque

---

[*] *N.d.T. : Les Tribulations du docteur Augustinus, tome II.*

chose – imaginez un peu, c'était le livre que je cherchais, il était adossé à la cloison arrière du coffre et je ne l'avais point remarqué. Il était recouvert d'une épaisse couche de poussière, de toiles d'araignées – je vois encore mon père assis devant moi, aussi distinctement que si c'était hier, et il pourrit depuis un quart de siècle déjà dans la terre – j'avais demandé mille fois à ma mère où se trouvait ce livre de cuir, elle l'ignorait et l'avait cherché vainement, explorant souvent la maison entière. Qui avait bien pu l'adosser au coffre et l'oublier là à jamais ?

Je restai donc dans la solitude du grenier – je ne manquais à personne en bas, où tous devaient être absorbés dans leurs conversations – je sortis le livre, que je commençai à débarrasser d'une partie de la poussière qui le déshonorait, la couverture rouge familière apparut, je pesai sur les languettes des fermoirs qui sautèrent avec un « crac » antique, la couverture se rabattit et je vis l'intérieur du livre. Tout le parchemin était écrit, les numéros rouges des pages couraient à travers le volume mais cette fois, jusqu'à la cinq cent vingtième page seulement, les feuilles étaient couvertes de cette vieille écriture ample, embrouillée, où s'entremêlaient en désordre caractères romains et gothiques ; on avait probablement utilisé ici, et défait, la même étrange liaison des feuillets entre eux, sur toutes les marges apparaissait encore nettement l'ancienne incision pratiquée au couteau, en tournant la première page, je vis le titre : *Calcaria Doctoris Augustinus, Tom. I.* Je feuilletai le début et la fin du livre, je l'ouvris ici et là, je rencontrai partout, venus d'un autre monde, les vigoureux traits de plume de la même écriture où confluaient les caractères et qui couvrait entièrement les grandes feuilles de parchemin. Mais je découvris en outre, éparpillés dans le livre, un grand nombre de feuilles et de cahiers, tous de la main de mon défunt père. Je les regardai de plus près, ainsi, c'était parce qu'il avait tout déposé ici, où cela avait été oublié, qu'il n'y avait rien dans le coffre qui vînt de lui.

Je préférai regarder ce que mon père avait laissé, avant d'aborder la lecture du livre, les feuilles passèrent l'une après l'autre entre mes mains, je découvris des chansons, ainsi que des notes et des mémoires – il y avait même un conte – des récits tirés de l'histoire de sa vie, des mots s'adressant à nous autres, ses enfants, et aussi un fragile feuillet d'almanach en lambeaux, sur lequel mon père avait écrit, d'une encre pâlie qui avait coulé : Aujourd'hui, grâces soient rendues à Dieu, mon fils bien-aimé a vu le jour… Je parcourus un grand nombre de ces papiers et il me semblait que je découvrais enfin le cœur sur les traces duquel j'avais vainement erré pendant vingt ans, celui de mon père, mort depuis longtemps. Je résolus de ne point parler de ces textes à ma mère, mais de les mettre dans mon livre de pensées, où je les garderais à jamais.

Il me fut impossible de lire même une ligne du livre en cuir, les mots, oubliés dès longtemps, que ma mère m'a dit avoir ouï prononcer à mon père un jour, résonnaient à mes oreilles : Je ne dois point montrer au garçon combien je l'aime. Bien qu'il plût à verse, je descendis dans la cour et regardai chacune des planches qu'il avait fixées et chacun des piquets qu'il avait installés jadis, puis chacun des arbustes qu'il avait plantés ou soignés avec prédilection au jardin. J'avais fait porter dans ma chambre la caisse contenant les livres du docteur et les autres objets.

À mon retour, ma mère et ma femme bavardaient toujours, assises l'une à côté de l'autre dans la petite pièce donnant sur la cour. Ma mère loua l'honnê-teté de mon épouse, elles étaient restées là un long moment à causer de tous les sujets concevables, elle-même n'aurait jamais cru qu'une citadine pût être d'un entretien si honnête, si aimable et si simple, il semblait que sa belle-fille fût née et eût été élevée ici.

En fin de soirée, lorsque les nuages se furent déchi-rés et, comme d'ordinaire dans notre région, s'éloi-gnèrent, dense troupe de ballons blancs, au-dessus de la forêt, alors qu'ici et là se montraient déjà à l'occi-dent de pâles îles dorées de ciel serein, dont beaucoup s'assortissaient d'une petite étoile, nous nous trou-vâmes tous réunis à nouveau autour de la grande table de la salle commune, y compris mon beau-père et mon beau-frère partis le matin, et qui étaient rentrés maintenant, l'une après l'autre les chandelles furent allumées, et je racontai ma découverte. Personne chez nous n'avait su l'existence du coffre. Ma mère se souvenait bien avoir toujours vu, à l'époque de notre naissance, un meuble de ce genre, rempli d'un fatras de vieilleries, dans le vestibule, elle ne pouvait toute-fois se rappeler comment il en était parti, ni ce qu'il en était advenu, et elle n'avait plus jamais pensé à ce coffre par la suite. Elle ne pouvait concevoir qui avait laissé le livre de cuir en l'y adossant, sinon peut-être mon grand-père, lequel, dans la confusion qui avait suivi la mort de mon père, avait pu le poser contre le coffre pour le dérober aux regards de ma mère, et l'oublier là. On vint aussi à parler de la statue, je m'enquis de sa provenance, mais personne ne la connaissait, la statue s'était toujours trouvée dans le couloir, nul ne s'était demandé pourquoi elle était là et sur quel genre de socle elle reposait. De toute façon, elle ne pouvait provenir d'une chapelle de nos terres, qui n'en avaient jamais possédé aucune.

Tandis que nous parlions, les tout jeunes enfants de ma sœur écoutaient, debout autour de nous, leurs petites têtes d'angelots obstinés restaient tout à fait silencieuses, plus d'un tenait à la main une vieille feuille sortie du coffre, sur celle-ci étaient dessinés des fleurs et des autels, que jadis leur arrière-arrière-grand-mère avait pressés en secret avec ravissement sur son cœur, sur celle-là des vers chantaient des douleurs et des forfaits datant d'un siècle.

Le livre de cuir était ouvert sur la table, tantôt l'un, tantôt l'autre, curieux, allait le feuilleter ou jeter un coup d'œil dedans. Mais il fut impossible à quiconque pour l'instant de déchiffrer l'écriture ou d'accorder les opinions qui se firent jour. D'après ma mère, il devait y avoir là-dedans le récit de la vie du docteur, en effet maintes fois, le soir, mon père, qui lisait ce livre tandis qu'elle-même vaquait aux soins des enfants et du ménage, s'était exclamé : Quel homme ! Elle n'avait jamais pris le volume en mains propres, faute de temps à consacrer à la lecture, ses enfants lui ayant donné presque plus de travail qu'elle n'avait été en mesure d'en accomplir – mais je me dis : À supposer que la vie du docteur se trouve effectivement consignée dans ce livre, on doit pouvoir découvrir si elle fut dominée par des esprits et des forces surnaturelles, ainsi que le bruit en court, ou si elle fut la banale couronne tressée de ces fleurs et de ces épines que nous appelons joies et peines. Ma femme admira les belles lettres initiales qu'un pinceau habile avait tracées et les titres d'un rouge flamboyant, toujours suivis de l'écriture la plus détestable. On me demanda d'en donner quelque lecture, mais j'en fus tout aussi incapable que les autres, toutefois, ma mère m'ayant accordé de garder les livres du docteur, je promis de m'y appliquer chaque jour et de faire ensuite à la veillée le récit de ce que j'y aurais trouvé, pendant le temps que je resterais à la maison. On fut satisfait avec cela, et les esprits s'étant animés à l'évocation du passé, on aborda encore différents sujets en racontant des histoires du temps jadis, les souvenirs revinrent en foule à ma mère, nos actions et nos paroles pendant notre petite enfance et notre jeunesse, les événements remarquables qui s'étaient produits lorsqu'elle était grosse de l'un ou l'autre de ses enfants.

Nous allâmes nous coucher fort tard cette nuit-là, tandis que chacun regagnait sa chambre, j'emportai sous le bras les lourds volumes en parchemin du docteur.

Le lendemain matin et les matins suivants, je passai de longues heures, assis dans la pièce brune, à lire et à ruminer, plongé dans le vieux livre, comme jadis mon père. Le soir, je racontais avec plaisir au cercle familial ce que j'étais parvenu à lire et à rassembler, chacun s'étonnait de ce que tout fût si banal jusqu'ici, et se passât comme dans la vie des autres hommes. Nous entrions par la pensée dans cette histoire, de sorte que nous étions toujours curieux de connaître la suite le lendemain soir.

Tout a une fin dans une vie humaine, et cette vie même s'écoule sans que nous en soyons conscients, ainsi s'évanouirent peu à peu les jours qu'il nous avait été accordé de passer chez moi, nous devînmes de plus en plus taciturnes et mélancoliques au fur et à mesure qu'approchait le dernier. On avait emballé et expédié le pupitre depuis plusieurs jours déjà, des caisses et des coffres avaient pris les devants, ma mère nous avait offert des cadeaux et un trousseau qu'on devait conserver avec soin – l'heure du départ sonna enfin, ayant un long chemin à faire jusqu'à notre première étape, nous avions choisi le point du jour, j'aidai ma femme en larmes à monter dans la voiture, je montai ensuite, me dominant extérieurement mais pleurant intérieurement avec amertume comme le jour où j'avais dû quitter ma mère pour la première fois et partir en pays étranger. Celle-ci se tenait là, douloureuse comme en ce jour d'autrefois, désormais aussi courbée par la vieillesse – s'efforçant d'avoir une disposition intérieure de chrétienne, elle traça sur nous le signe de la croix. Encore un instant – la voiture partit, le visage que nous avions eu sous les yeux pendant tant de semaines disparut de la fenêtre, nous ne le vîmes plus – il était encore là une seconde auparavant et nous ne le reverrions sans doute que dans l'éternité.

Dans la voiture, nous restâmes silencieux, tandis que les roues avançaient pouce par pouce dans la poussière de la route humide de rosée. Nous laissâmes peu à peu derrière nous montagnes et coteaux, lorsque nous tournâmes la tête, nous ne vîmes plus que la forêt toujours plus bleue qui s'éloignait à reculons en s'assombrissant, d'en haut, avec sa coloration si douce, elle avait regardé nos fenêtres et nous-mêmes pendant tant de jours…

Ma femme ne disait mot, moi, je pensai en moi-même : Désormais, quiconque viendra ici apportera des modifications et des ajouts à la maison, et si j'y reviens un jour dans ma vieillesse, je trouverai peut-être une nouvelle et fastueuse demeure, vieillard tremblant, je me tiendrai devant cela, et m'efforcerai, de mes yeux obscurcis, de tout comprendre.

# LE VŒU

Ainsi consignerai-je, sur la première feuille de ce livre, mon vœu, tel que je désire m'en acquitter avec loyauté :

– Devant Dieu et devant mon âme, je promets, seul face à moi-même, de ne pas dissimuler et de ne pas noter ici ce qui n'a point été, mais bien de ne puiser pour n'y mettre que du vrai, tel que cela se produisit ou tel que mon esprit put me le montrer dans un moment d'égarement. Chaque fois que j'aurai achevé une partie importante, je pratiquerai une fente dans le parchemin avec un fin couteau, en haut et en bas des feuilles, je passerai dedans un petit ruban de soie bleue ou rouge pour interdire l'accès à cette partie et je scellerai ensemble les deux bouts du ruban. Mais lorsque trois années entières se seront écoulées, j'aurai le droit de couper à nouveau le ruban et de lire mes mots pareils à de l'argent fin – étant entendu que mon devoir ne consiste pas à écrire en tout temps, mais à conserver toujours pendant trois ans ce que j'aurai consigné. Il en sera ainsi jusqu'à ma fin, que Dieu m'accorde de mourir dans le repentir et de ressusciter dans sa grâce !

Pour mémoire : c'est un événement presque déplorable, entaché de péché, qui a été à l'origine de ce vœu et de ce livre de parchemin, mais ce déplorable événement sera l'instrument de mon salut, dont le livre de parchemin doit être le commencement.

On dit que le carrosse du monde roule sur des roues dorées. Vient-il à écraser tel ou tel, nous parlons d'accident. Mais Dieu, bien enveloppé dans son manteau, contemple cela d'un œil serein, il ne soulève point ton corps pour t'emporter, car c'est toi-même en fin de compte qui te plaça à cet endroit, dès le début il te montra les roues, mais tu n'en fis pas cas. C'est ainsi que la mort met en pièces cette œuvre d'art qu'est la vie ; tout est souffle et il y a surabondance d'existences. Il faut aussi que le but soit grandiose, d'une terrible magnificence, puisque ton indicible douleur, ton immense et insatiable souffrance ne sont rien au prix de celui-ci, absolument rien – sinon un tout petit pas en avant dans l'accomplissement des choses. Prends-en bonne note, Augustinus, et songe à la vie du colonel.

Songes-y.

J'inscris encore ici le fruit de mûres réflexions, il est assuré dorénavant que je ne prendrai point femme et que je resterai sans postérité, aussi lorsqu'on m'apporta le livre relié ainsi que je l'avais ordonné, et lorsque j'eus numéroté toutes les pages à l'encre rouge, il me vint la pensée suivante : qui donc trouvera mon livre après ma mort ? Que sera-t-il advenu des choses terrestres, le jour où quelqu'un prendra des ciseaux pour couper le petit ruban de soie, alors que j'aurai dû quitter ce monde avant d'avoir pu le faire moi-même ?

Nul ne peut savoir si beaucoup d'années auront passé d'ici à ce moment-là, ou si quelqu'un colportera dès demain sur le marché ces feuilles qui me sont si chères aujourd'hui et que je mets secrètement dans le coffre pour si longtemps.

Qui le sait ? Qui peut le savoir ? Je les mettrai cependant dans le coffre.

Que ta volonté soit faite, Seigneur, quelle qu'elle soit.

Pardonne seulement le péché que j'ai voulu commettre, et accorde-moi à l'avenir la grâce d'être plus sage et plus fort, à raison de ma folie et de ma faiblesse passées.

Écrit à Val-sur-Pirling, en l'an de grâce 1739, le huit juin, jour de la Saint-Médard.

Demain, le colonel.

# LE COLONEL DÉBONNAIRE

II y a trois jours, assis auprès d'une femme encore jeune et non pourvue de mari, je m'adressai pendant plusieurs heures à son cœur pour l'amener à changer d'avis. N'ayant pu y parvenir, je courus au bois et gagnai un certain endroit où se dresse un bouleau, auquel je me voulais pendre. Je dirai plus loin l'outre-cuidance avec laquelle je liai mon destin à cette femme de sorte que je crus impossible d'exister sans elle, mais il faudrait bien qu'elle vît, cœur perfide et versatile, que je détruis tout et me venge d'elle – toutefois il me faut auparavant parler du colonel.

Je la quittai donc et me rendis chez moi en courant, je m'emparai d'une nappe bariolée qui se trouvait sur la table, toujours courant je traversai le jardin, sautai par-dessus la clôture, puis coupai le chemin, je dépassai la limite de la ferme du père Allerb et avançai dans les prés de la mère Beringer, je pris ensuite le sentier menant aux champs de Mitterweg et le suivis un moment d'un pas pressé – j'avais confectionné avec la nappe un nœud coulant que je portais dissimulé contre ma poitrine. Abandonnant le chemin j'obliquai de nouveau à gauche, gravis la pente parmi les fûts clairsemés de la forêt des Dürrschnäbel détruite par le feu, franchis la lisière du bois de Kirm, passai devant les rondins, le boqueteau de sapins, les blocs de rochers, et débouchai d'un bond sur le terrain couvert de vert gazon et planté de nombreux bouleaux… Arrivé là, je m'arrêtai néanmoins un instant, tous les arbres me regardaient d'un air interrogateur. Non loin, un large rocher gris dominant l'endroit d'une hauteur de plusieurs toises renvoyait silencieusement les rayons du soleil, de sorte que tous les cailloux étincelaient et resplendissaient. Le bleu sombre du ciel sans nuages descendait jusque dans les branches des arbres. Je ne tournai point la tête, comme s'il y eût quelqu'un derrière moi… Puis je me dis : Il y a quelques instants, un grillon a chanté ici, je vais continuer d'attendre jusqu'à ce que je l'entende à nouveau.

Mais je ne l'entendis pas.

Le bleu du ciel descendait de plus en plus profondément entre les cimes. Du tronc de l'arbre partait la solide branche latérale à laquelle j'avais pensé, une mousse comme ces arbres en portent d'ordinaire y était suspendue telle une barbe verte, et plus loin la branche se divisait en fines ramifications qui s'abaissaient, garnies d'innombrables petites feuilles.

Le grillon ne chantait pas.

Mais le colonel, qui m'avait vu monter dans le bois, avait couru après moi, je ne l'avais nullement entendu s'approcher, quand il me saisit tout doucement par l'épaule. J'eus très peur, je bondis de l'autre côté de l'arbre et regardai en arrière, je vis alors le vieil homme à la barbe et aux cheveux blancs.

Il prit la parole le premier : Pourquoi avez-vous si peur ? me demanda-t-il.

Mais je répondis : Je n'ai pas peur, que me voulez-vous donc, colonel ?

Il ne sut tout d'abord que me dire ; puis, lentement, il commença de répondre : Eh bien... je vous ai vu monter, et j'ai pensé que je pourrais vous suivre, puisque vous paraissez aimer tout particulièrement cet endroit, et que nous pourrions parler ensemble... j'avais quelque chose à vous dire... mais si vous voulez, nous remettrons cela à une autre fois.

— Non, non, parlez tout de suite, fis-je, parlez aussi longtemps que vous le désirez, je vais vous écouter patiemment, sans m'irriter. Mais quand vous en aurez terminé, il vous faudra me quitter car j'ai encore affaire ici.

— Mais non, docteur, répondit-il, je ne veux pas vous déranger si vous avez affaire ici, je puis attendre... j'ai seulement pensé que si le hasard faisait que... mais je vous quitte à présent – c'est sans importance, puisque je suis là, je puis également me rendre de l'autre côté, dans le Reutbühl. D'ailleurs, mon valet affirme qu'on m'y vole du bois. Si vous acceptez de m'écouter en une autre occasion, je ferai demander quand vous serez chez vous – si vous voulez être tout à fait obligeant venez plutôt me rendre visite un jour, je parlerai plus facilement dans ma chambre que dans une pièce qui me serait étrangère. Mais n'allez surtout pas juger ma démarche inconvenante, je me rendrai volontiers chez vous le cas échéant, il suffit que vous me fassiez savoir ces jours-ci ce qui vous convient le mieux. Faites donc ce que vous avez à faire – faites-le au nom de Dieu, et représentez-vous sans cesse que j'ai été votre ami qui vous a toujours voulu du bien… Je m'étais presque imaginé que vous montiez lire ici comme vous aviez accoutumé de le faire, mais je vois qu'il n'en est rien… Je dois encore ajouter une chose : au cours de votre ascension, docteur, n'avez-vous pas remarqué combien les blés sont beaux cette année ? C'est merveille de les voir déjà si hauts et si dorés en cette saison. En quittant le Reutbühl, je passerai par les champs de Mitterweg, là, je regarderai le Neubruch qui porte du froment pour la première année. Puis je rentrerai chez moi. Portez-vous bien et venez me voir bientôt.

Il dit ces mots, ou d'autres analogues, je n'ai pu les garder en mémoire avec exactitude. Il s'attarda encore un peu mais finit par ôter civilement sa barrette selon son habitude et s'en fut. Il semble n'avoir pas attendu de réponse, de mon côté, je ne lui en voulus point donner. Tandis qu'il s'en retournait, s'éloignant derrière les troncs d'arbres, je le suivis du regard jusqu'à ce qu'il parût que nul n'était venu ici.

J'attendis encore un peu puis je sortis la nappe de sa cachette contre ma poitrine et je la jetai avec rage loin de moi dans les buissons…

Je restai là un moment encore, sans oser sortir du bois. Je regardai autour de moi et vis que l'après-midi était maintenant largement entamé. Les feuilles bougeaient légèrement, les troncs blancs des bouleaux se dressaient les uns derrière les autres et le soleil les enveloppait de ses rayons dardés profondément entre eux de sorte qu'ils avaient le pâle éclat de vases d'argent.

Je restai encore bien longtemps dans le bois.

C'était maintenant l'heure de l'angélus du soir et plus d'une branche de sapin rougissait. Alors, ô surprise, résonna, clair et distinct comme un grelot, le cri du grillon, baguette d'argent frappant à mon cœur – oui, l'obscur insecte frappait en quelque sorte à mon cœur avec une fine baguette argentée comme s'il m'adressait distinctement des mots humains. Pour un peu j'eusse pris peur.

Quand je quittai l'endroit, le chant vespéral d'un bruant s'éleva également, il résonna si ténu et si proche de moi qu'il semblait que l'oiselet volât furtivement auprès de moi, et tendît de branche en branche un mince fil d'or tremblant – Puis, au fur et à mesure que je m'éloignais en direction des champs, le bois s'éclaircit, flamboya de plus en plus, les yeux du ciel le pénétraient, les troncs svelets semblaient des perches incandescentes. Quand j'eus laissé la forêt derrière moi, l'étendue paisible des blés que le colonel avait contemplée apparut, étendue fraîche d'un vert sombre où seuls les épis étaient striés de rouge par la réverbération du ciel. Plus loin, les prés déjà étaient sombres et comme recouverts d'un cercle gris car le soleil s'était couché, tout au fond derrière le bois.

J'atteignis la vallée et revins au logis, le valet qui rentrait mes deux moreaux de l'abreuvoir me salua, mais je gagnai ma bibliothèque sans avaler ce soir-là le moindre morceau.

Le lendemain – c'est-à-dire avant-hier – était un dimanche, je pris la voiture à cinq heures du matin pour me rendre chez le père Erlebauer dont l'état s'était aggravé le jour précédent, mais il allait mieux et je lui renouvelai sa potion. La locataire du vieux père Klum se portait mieux elle aussi, de même que la jeune Mechtild atteinte de fièvre bilieuse. J'avais terminé mes visites dès neuf heures et je me rendis à l'église pour assister à l'office dominical. Je pleurai abondamment pendant l'après-midi. Puis, bien que la nuit fût tombée, je fis mander au colonel que j'irais le voir le lendemain, si cela lui convenait. Je désirais prendre soin de mes malades avant de monter chez lui, s'il s'y trouvait, aux environs de dix heures ou peu après, s'il ne pouvait me recevoir à ce moment et qu'il eût d'autres projets, qu'il me le fît savoir en retour. Mais le colonel me fit répondre par mon valet qu'il m'attendrait avec grand plaisir, je ne devais abréger aucune de mes visites. Il passerait toute la journée à la maison ou aux alentours dans son jardin afin que je le trouvasse aisément.

Je me mis ensuite au lit après avoir donné à mon serviteur un verre de vin car il avait fait le trajet un dimanche – Mon Dieu, le cellier était déjà prêt, moi qui pensais bâtir une grande maison au-dessus, je ne sais plus aujourd'hui pour qui je la bâtirais. Oui, je pensais construire une vaste et belle maison, Dieu m'a comblé de ses bénédictions alors que mon père n'était qu'un tout petit propriétaire dont la chaumière était couverte de pierres, comme encore partout alentour dans la forêt. Seul le colonel est venu construire ici une maison avec des murs en pierres, cette maison brille aujourd'hui comme un modèle au loin vers les pins.

Je restai à lire jusqu'à minuit l'ouvrage de Hochheimb.

Le lendemain matin, ne pouvant dormir depuis longtemps, je me levai fort tôt et la rosée n'avait pas encore disparu quand je descendis en voiture à travers le bois en direction du ruisseau pour aller visiter mes malades. L'eau fraîche bouillonnait en passant sur les pierres et à côté des herbes. Bientôt le soleil se leva et à son apparition commença une très belle et riante matinée. Celle-ci sécha l'humidité sur les aiguilles, ainsi que sur les nombreuses herbes qui n'avaient rien d'autre à faire que croître en toute hâte dans la tiédeur printanière. Une fois rentré chez moi, je passai un habit plus convenable dès que les chevaux furent à l'écurie et pris le chemin qui mène chez le colonel. Lorsque, tournant au coin du bois, je me dirigeai vers les champs d'orge du père Meierbacher, qui sont si beaux cette année, je vis briller en haut, blanche et accueillante, la maison où je me rendais – elle brilla longtemps tandis que je longeais la côte. Comme je gravissais ensuite la colline d'herbe moelleuse où les frênes poussent nombreux, les deux chiens-loups descendirent en courant à ma rencontre, montrant par leurs danses et par leurs aboiements la joie qu'ils éprouvaient à me revoir après si longtemps.

Le colonel était dans son jardin, je l'aperçus à travers les perches de la clôture. Il portait l'habit de velours vert qu'il affectionne particulièrement, et sa splendide chaîne d'or étincelante. Nous ôtâmes nos barrettes, puis il vint à ma rencontre et s'inclina, je fis de même. Il me fit traverser son jardin jusqu'aux buissons qu'il cultive à profusion et me conduisit chez lui. Nous empruntâmes le couloir et passâmes devant la porte qui donne sur la chambre de Margarita. Devant le seuil le fin paillasson jaune en jonc était toujours là.

Une fois dans la chambre, je constatai que le colonel avait baissé les rideaux de soie verte devant la fenêtre de sorte qu'un crépuscule funèbre régnait dans la pièce. Mon hôte alla vers cette fenêtre, leva les rideaux, les baissa de nouveau, et finit par les remonter. Puis il m'ôta des mains mes gants et ma barrette et les posa sur son lit, il se tint là devant moi, ses cheveux étaient coiffés en arrière de la façon stricte et nette qui lui est coutumière. Ni lui ni moi n'avions prononcé encore une parole.

Il rompit finalement le silence : Belle journée, docteur, dit-il.

– Oui, fort belle, opinai-je.

– La vieille Sara va-t-elle déjà mieux ? Que devient le père Erlebauer ?

– Sara est guérie depuis déjà trois semaines et l'état du père Erlebauer s'améliore également.

– Voilà qui est bien, c'eût été dommage pour ce pauvre homme, qui est très travailleur et a cinq enfants à nourrir.

– C'est hier qu'il a surmonté la crise, le bon air l'aura bientôt remis sur pied.

– Avez-vous encore beaucoup de malades ?

– Pas énormément.

– Le père Meilhauer s'est aussi cassé un pied.

– Assurément, car il ne prend pas garde à lui-même, un hêtre l'a frôlé.

– Était-ce dans le Taugrund ?

– En effet.

– Vous descendez maintenant assez souvent dans le Haslung, est-il vrai qu'on défriche la pente ?

– On ne voit que des champs depuis qu'ils ont été rachetés.

– La fenaison a-t-elle déjà commencé dans les fermes qui sont de l'autre côté ?

– Il n'y a plus un brin de paille dans les prés.

– C'est une belle année, une année bénie. Si Dieu persiste à veiller sur nous et s'il nous accorde d'engranger la récolte qui s'annonce, beaucoup pourront se tirer d'affaire – Vous ne voulez donc pas vous asseoir un moment sur la banquette, docteur ?

À ces mots, il m'obligea de m'asseoir sur la banquette placée devant sa table et s'installa auprès de moi. Il effaça les plis du tapis de table, fit tomber les miettes puis dit tout à coup : Vous êtes venu, docteur, et c'est fort heureux, vous voilà assis à nouveau ici comme vous l'avez fait si souvent, répondez-moi franchement : êtes-vous fâché aussi contre moi ?

– Non, colonel, fis-je, je sais bien que vous ne m'avez rien fait. Votre obligeance s'étend à toutes les créatures. Vous avez répandu vos bienfaits partout dans le bois alentour, et quand quelqu'un vous a payé d'ingratitude vous êtes allé le voir et lui avez témoigné une bonté nouvelle. Comment pourrais-je vous en vouloir. Non, il me faut plutôt vous dire maintenant ce que je n'ai jamais dit encore : vous êtes l'homme le meilleur et le plus débonnaire que j'aie rencontré en ce monde.

— S'il est vrai, répliqua-t-il, alors faites-moi la joie, docteur, de ne point attenter à vos jours.

Des larmes roulèrent sur mes joues et je dis que je n'avais plus l'intention de le faire.

— Avant-hier, dit-il, c'est dans une grande angoisse que je traversai le Reutbühl, car nul homme ne pouvait changer le destin et je vous laissais dans la main de Dieu. Après le coucher du soleil, je me mis à ma fenêtre pour prier et je vis en bordure du champ de blé votre silhouette qui se dirigeait vers votre maison comme elle l'avait fait maintes fois en d'autres temps quand vous étiez allé sous les bouleaux un livre à la main – alors une nuit sereine et heureuse descendit sur ma demeure. Voyez-vous, après vous avoir quitté, je me suis rendu au Reutbühl, et aussi à notre pineraie, nous l'avons plantée ensemble l'an dernier au printemps et j'ai vu que rares sont les pousses qui ont péri, beaucoup sont déjà fort hautes et enserrent la pierraille de leurs racines. Le lendemain, j'ai erré de ma chambre à l'écurie, de l'écurie au jardin et à nouveau du jardin à la maison – et j'ai considéré les coteaux couverts de champs et les cimes des arbres des bois pensant que peut-être vous vous trouviez là quelque part, roulant en voiture ou accomplissant quelque action. Puis votre serviteur vint à la nuit, m'apportant une grande joie. Oui, les choses étaient bien entre mes mains, je vous connaissais, vous qui êtes si souvent venu chez moi, je savais bien que vous vous seriez tiré de ce mauvais pas.

Je ne pouvais regarder mon interlocuteur dans les yeux, comme je m'étais déjà engagé fort loin dans les aveux j'ajoutai que je me trouvais dans un état d'accablement extrême, les jours précédents il m'avait été impossible de regarder quiconque en face, serviteur, servante ou journalier.

— Voilà qui est mal, répondit-il, et cela doit cesser. Faites-leur du bien, soyez un bon médecin, et vous redeviendrez semblable aux vôtres. Eux ne savent rien.

— Il suffit que je sache.

— Vous oublierez.

— Quand je passe en voiture devant les pins et les sapins, je suis dans une telle mélancolie que j'ai continuellement les larmes aux yeux. Je me suis rendu de bon gré chez mes malades, même chez les convalescents — je suis également allé voir le vieux père Keum : il va mourir de consomption et j'ai tâché de le réconforter.

— La délicate étincelle de la mélancolie naît toujours de la pierre dure de la colère, répliqua le colonel. C'est ainsi que Dieu fait commencer la guérison.

— Épargnez-moi devant le monde, colonel.

— Ne parlez point de la sorte. Seuls le Seigneur au ciel et moi-même avons vu ce que vous avez fait et nous gardons tous deux le silence. Laissez donc passer le temps, tout cela sera recouvert par plusieurs enveloppes successives. Votre âme a reçu une impression de terreur et prendra courage. Tout va bien à présent, laissons cela et parlons d'autres sujets – Dites-moi, docteur, avez-vous renvoyé Thomas ? C'est un autre serviteur qui est venu chez moi hier.

– Non, mais il s'occupe uniquement des chevaux maintenant. J'ai embauché l'autre comme domestique et comme courrier. C'est le fils du père Inbuchsbauer.

– Je le connais, il a gardé les poulains du père Gregordub, vous avez sans doute beaucoup de gens chez vous maintenant ?

– J'ai seulement deux autres servantes.

– Vous avez donc suspendu vos travaux de construction ?

– Non, je n'ai pas encore commencé ceux du printemps. Nous nous étions à peine attaqués à la grande fontaine lorsque le père Bernsteiner a commencé de creuser son cellier dans le Steinbühel, j'ai envoyé tous mes gens là-bas travailler pour lui. Il veut avoir fini au moment de la Fête du tir.

– Je n'ai plus été à Pirling de longtemps, et j'ignorais qu'il fît creuser ce cellier. Il faut de fortes explosions pour briser les rochers, dans le Steinbühel.

– Ils utilisent les mines depuis déjà trois semaines et tous les autres gens que j'avais sont employés à cela.

– Je voudrais aussi changer certaines choses chez moi et si vous jugez le père Grunner assez habile, il faut que vous le fassiez monter ici une fois. Pour ce qui est du coin de derrière, je voudrais le prolonger vers le bosquet de chênes, je voudrais aussi faire faire un escalier neuf ainsi qu'une nouvelle entrée à ma cave.

– Le père Grunner a construit ma fontaine de façon parfaite.

– Écoutez, docteur, votre terrain a une situation admirable au détour de la vallée, vous êtes encore jeune, si vous vous donnez de la peine, cela peut devenir une propriété assez belle pour réjouir le cœur du maître de céans et de la maîtresse qui peut y faire son entrée un jour. Mes jours à moi sont comptés, je marche vers ma tombe, si jamais Margarita quitte cet endroit qui sait en quelles mains tombera cette maison, que j'ai construite avec tant de passion… Cher docteur, je voudrais bien m'entretenir avec vous plus longuement et plus en détail d'un autre sujet.

– Parlez donc.

– Vous viendrez peut-être plus rarement chez moi dorénavant, dès lors je crois équitable que vous appreniez aussi mes fautes, vous m'avez trop prisé jusqu'ici – en outre, cela pourrait vous être utile. En vérité, je désirerais vous raconter ma vie passée et quand j'aurai terminé, je souhaiterais encore vous poser une question et vous adresser une prière – à supposer que vous ayez le temps de m'écouter.

– Je dois sortir ce soir pour aller chez Haidelis et chez le père Erlebauer avant mon coucher, à part cela, je n'ai rien d'autre à faire aujourd'hui. Parlez donc, colonel, parlez autant que vous le jugerez bon, vous me ferez ensuite la demande et la prière que vous voudrez.

— Voyez-vous, je vous ai dit avant-hier sous les bouleaux que j'avais à parler de quelque chose avec vous — en fait, il n'en était rien alors ; en revanche quand je vous vis partir d'ici en hâte, rentrer chez vous, franchir la clôture et vous diriger vers le bois à travers les prés, je pressentis un malheur. Je courus après vous pour le prévenir, mais comme vous me pressiez de partir de là-haut, je ne sus que faire et me contentai de dire les mots que vous savez, depuis j'ai formé le projet de parler avec vous de mon passé, du moins de la période antérieure à mon arrivée dans cette vallée. Seulement je suis vieux et probablement prolixe, ne vous en formalisez point.

— Non, colonel, répondis-je, n'avons-nous point passé ensemble mainte soirée dans la forêt et n'ai-je pas fait paraître que j'avais plaisir et contentement à vous écouter ?

— Oui, il est vrai, et c'est pourquoi j'aime à m'entretenir avec vous aujourd'hui ; il y a un moment, vous avez dit que j'étais l'homme le plus débonnaire que vous eussiez connu sur cette terre — je dois vous confesser que vos paroles m'ont fait du bien. Vous êtes la seconde personne au monde à me l'avoir dit, la première est morte depuis longtemps — je vous parlerai d'elle plus tard. Vous comprendrez alors que cette bonne opinion que vous vous êtes faite tous deux à mon sujet m'est plus précieuse que celle du reste de l'humanité — allons au fait maintenant : avez-vous jamais ouï parler d'un certain comte Uhldom ?

— Vous voulez dire, ce comte de mauvaise vie ?

– Oui, ce Casimir Uhldom, c'est moi.

– Vous ?

– Oui, moi, joueur, querelleur, dissipateur – et tel aujourd'hui que vous me connaissez depuis quelques années.

– Non, ce n'est pas possible – à l'époque où j'étais encore écolier, des bruits, vagues en vérité mais inquiétants, couraient sur son compte.

– Peut-être y a-t-il du vrai là-dedans, j'étais loin d'être bon autrefois. Mais mon cœur était souvent meilleur que ne le croyaient les gens, ceux-ci connaissaient avec trop d'exactitude mes mauvais penchants, tournaient en mal ce que j'avais de bon et ignoraient le meilleur de moi-même… J'étais devenu ainsi presque à force de chagrin. Écoutez-moi un moment : à la mort de mon père j'avais seize ans, mon frère vingt. Il avait toujours été le meilleur de nous deux et moi le pire. Lorsque tous furent réunis, on ouvrit le testament, mon frère était l'héritier, je n'avais rien. Je ne sus point à cette époque s'il m'avait nui ou non mais je le traitai de coquin et résolus de partir dans le vaste monde. Je crus pouvoir aisément devenir chef d'armée ou capitaine comme le fameux Wallenstein et d'autres pendant la guerre de Trente Ans*. Je quittai la maison avec les quelques sous qui me revenaient de droit et

*Albrecht von Wallenstein (1583-1634), général allemand, condottiere et gentilhomme de Bohême. La destinée de cet aventurier est liée à la guerre de Trente Ans (1618-1648), dont le principal théâtre d'opérations fut le Saint-Empire. Abandonné de son armée, Wallenstein périt assassiné par quelques officiers.

allai offrir mes services à l'électeur de Brandebourg puis à celui de Bavière et enfin au comte palatin, mais partout ce fut en vain : on me voulut placer, soit dans la troupe, soit dans une école militaire, et je n'admis ni l'un, ni l'autre. Aussi allai-je plus loin. C'est ainsi que je traversai un jour le beau Rhin dont toutes les vagues étincelaient et scintillaient au soleil et gagnai la France. J'avais l'intention d'aller déposer mon épée et mes grandes espérances aux pieds du roi Louis. Je cheminai longtemps en terre et en langue étrangères, j'entrai enfin dans Paris un soir – une pluie paisible tombait du ciel gris sur la ville sombre.

À cette époque, l'idée ne m'était même pas venue que je pusse échouer. J'entendais peu le français, ne connaissais personne dans la ville, néanmoins je parvins à me faire conduire devant le roi. Celui-ci me demanda ce que j'allais apprendre pour commencer, et je répondis : Le langage. Il sourit et dit qu'il penserait à moi. Je commençai pour lors d'apprendre le français tout en attendant la réponse du roi. Mon argent vint à s'épuiser ; lorsqu'il ne me resta plus qu'une seule pièce d'or, j'imaginai d'en aller gagner une autre dans une maison de jeu. J'en connaissais une, située dans une longue rue toujours magnifiquement éclairée le soir, mais je ne l'avais vue jusqu'ici que de l'extérieur. Le soir venu, je me rendis dans cette rue, et me mis à regarder une nouvelle fois la maison. Une voiture me croisa et y entra, m'éclaboussant de boue au passage. Elle s'arrêta sous la porte cochère, la portière s'ou-vrit d'une poussée, un homme élégant sortit, monta l'escalier suivi par un laquais portant un coffret. Je passai également la porte, arrivai en haut de l'escalier orné de statues, entrai dans la salle, je vis une grande affluence et restai là un moment en spectateur. Puis je me mêlai aux joueurs, posai ma pièce d'or sur une carte comme je l'avais vu faire aux autres, au bout d'un moment, on poussa vers moi plusieurs jaunets. Je ne fus pas trop surpris et misai à nouveau. Je ne connaissais pas ce jeu : je voyais qu'on étalait des cartes, j'entendais prononcer les deux mêmes mots d'une voix tranquille avec la régularité d'un balancier d'horloge, puis les gens poussaient des pièces d'or les unes vers les autres. Lorsque enfin l'homme placé au haut bout de la table referma son coffret, j'avais plusieurs poignées de pièces dans ma poche. Il était plus de minuit, je regagnai mon logis et versai l'argent dans mon bonnet que j'avais jeté sur une chaise. Je passai le jour suivant à soupirer après le soir. Dès que l'on alluma les chandelles, j'allai faire les cent pas dans la salle, un inconnu vint à moi et me dit qu'il allait miser sur moi. Sur le moment, je ne compris pas et laissai faire. Je gagnai de nouveau ce jour-là comme la veille et il en alla de même le lendemain. J'appris bientôt les règles du jeu, petit à petit je tâchai de le gouverner et de le maîtriser. Plusieurs personnes s'attachèrent à moi, et tentèrent de retenir la chance dans leur cercle. Je gagnai, mes pertes furent insignifiantes et je m'élevai peu à peu à la prospérité. Quand je me promenais dans la rue, je portais maintenant de jolis habits et un chapeau à plumes, je montais le plus beau cheval de Paris et j'en avais trois autres à peu près aussi beaux dans mon écurie. Mon manteau était digne d'un duc, et le pommeau de ma dague, serti de diamants. À cette époque, j'aurais été jusqu'à tricher si j'avais su comment faire. Mes amis et compagnons de jeu m'introduisirent auprès de gens qui logeaient dans ces grands palais que j'avais dû me contenter de regarder sans y entrer jusqu'alors, on me disait des amabilités, les demoiselles me voulaient du bien, j'aimais le faste et je m'instruisis des us et coutumes du beau monde. Dans les réunions, je cherchais à susciter des querelles et je m'endurcissais ensuite en pratiquant le duel car, lorsque je n'étais pas au jeu, je passais la majeure partie de mon temps à la salle d'armes – ainsi jouais-je ma partie…

Sur ces entrefaites, un homme grand et blême que j'avais toujours regardé avec inquiétude et même à parler franchement avec crainte, assura que je n'étais qu'un gredin vivant à Paris avec un or mal acquis. Il me l'avait dit en face, je ne répondis rien à cela, mais deux jours après je fus chez maître Armand Pelton qui était alors directeur du bureau de bienfaisance, je lui remis tout ce que je possédais en fait d'or, de bijoux et de vêtements ainsi que chevaux et harnais. Je ne gardai par-devers moi que cent louis et une méchante rosse grise que je m'étais achetée la veille. Regardez, docteur, j'ai conservé tous les reçus, et je vais vous les montrer.

À ces mots, le colonel se leva et alla fouiller dans les tiroirs de son armoire. Il en sortit divers papiers qu'il rassembla, puis il revint vers moi et étala le tout sur la table. C'étaient effectivement les reçus de différentes sommes et d'objets que le comte Casimir Uhldom avait acquis par le jeu et remis au bureau de bienfaisance où ils avaient été enregistrés au nom des membres honorables entre les mains desquels cet avoir avait été déposé. Le colonel me montra tout cela du doigt puis, la question étant réglée, il repoussa les papiers sur la table sans les ranger dans leurs tiroirs.

– L'après-midi, poursuivit-il, je provoquai en duel le grand homme pâle sans lui en dire le motif, je le blessai à l'épaule et lui mis ces papiers sous les yeux – son regard se voilait – en lui criant mon nom. Je le croyais mourant, à ma satisfaction. Mais il ne périt point, je le rencontrai à nouveau plusieurs années après, le tins alors en haute estime et je crois qu'il fit de même pour moi. En quittant le terrain, je transperçai de mon épée et jetai un autre document : la lettre envoyée par le roi qui m'assignait un poste médiocre dans l'armée. Je n'éprouvais plus que haine à l'égard du roi et je compris que ma place était dans l'armée impériale allemande. Le lendemain à l'aube, j'étais déjà loin de Paris, le soleil brillait devant moi, monté sur ma rosse grise je me dirigeai vers l'Allemagne, je portais un méchant pourpoint de cuir dans lequel j'avais mis mes cent louis. Au bout de sept jours, je repassai le Rhin. À ce qu'on dit alors, il fallait que j'eusse été un bien grand dissipateur pour être passé de l'opulence à un aussi piètre appareil, mais je me contentai de rire de ces propos, je considérai les flots vert sombre du Rhin et persistai à croire que je ne pouvais échouer. Je reconnus que je m'étais fourvoyé et qu'il me fallait maintenant prendre une autre route. Je résolus donc d'imiter le duc de Friedland[*] et de lever une armée pour reconquérir les terres que le roi nous avait enlevées. En même temps je pensais que lorsque je ferais mon entrée dans Paris, comme capitaine cette fois, une jeune fille serait peut-être à la même fenêtre où je m'étais tenu jadis avec elle et l'avais écoutée avant tant de plaisir m'appeler « son cher petit comte ». J'avais bien honte de cette époque passée de puérilité et de mes aspirations d'alors – mais comme après deux ans mes nouveaux projets n'avaient pas encore trouvé leur accomplissement, je commençai de servir dans notre armée et de m'y élever en débutant tout en bas.

Le cours du temps s'était ralenti et mes efforts ne me faisaient avancer qu'insensiblement, mais du fait de ma grande ambition et aussi parce qu'il ne me restait point d'alternative, je fis bon usage du présent de sorte que je devançai les autres et surpassai ceux qui m'entouraient. J'atteignis ainsi l'âge de vingt-six ans au moment même où je me faisais connaître auprès des chefs militaires. Or il advint en ce temps qu'un de mes oncles, le dernier de notre parentèle, mourut, me léguant une fortune considérable. À la même époque, je tombai amoureux – Mon Dieu, cher docteur, bien des années ont passé depuis, mais (excusez ma façon de parler) j'étais tout juste aussi exalté que vous, j'allais jusqu'à l'extravagance dans la haine comme dans

* *C'est-à-dire Wallenstein.*

l'amitié, j'avais exactement les mêmes aspirations et la même bonté foncière que vous. Voyez-vous, j'ai souvent cru qu'il me fallait faire descendre toutes les étoiles jusqu'à moi et supporter d'un doigt l'ensemble des continents. J'ouvris donc mon cœur tout grand, y laissai entrer la passion et en eus du plaisir. Mais je me retrouvai dupé avant que d'avoir pu reprendre mes esprits : l'ami de confiance que j'envoyai porter ma demande en mariage conduisit lui-même la jeune fille à l'autel. Je voulus aller le rejoindre sur ses terres où il l'avait emmenée pour le poignarder, puis j'y renonçai et résolus de me suicider.

Il y avait dans notre logis un corridor long et étroit, tel qu'on en trouve d'ordinaire dans les casernes, avec des piliers entre les fenêtres. Une fois la nuit venue et mes camarades assoupis, je pris un fusil que j'avais chargé le soir même, allai dans le corridor et me postai dans l'ombre d'un pilier, la patrouille passait à intervalles et j'éviterais ainsi qu'on ne me vît. Au bout d'un moment, comme rien ne bougeait plus, je plaçai la bouche du canon sur ma gorge et agrippai la gâchette avec l'orteil. Mais je dus mal m'y prendre car quelque chose craqua et l'acier du fusil heurta un bouton de ma chemise. Soudain un simple soldat de notre peloton bondit, il m'avait épié et, redoutant quelque chose, s'était approché de moi en rampant dans l'ombre du mur, il repoussa vivement le canon de ma gorge et chuchota : Monsieur le comte, je me tais, mais ne recommencez plus. Dans l'effroi et l'égare-ment où je me trouvais, je fus sur le point de tomber à genoux devant lui. Je lui dis que je lui voulais du bien et que j'allais lui donner beaucoup d'or. Le lendemain, il empocha l'or, jamais il ne dit mot à quiconque de l'affaire.

Je quittai ces pensées et pris le contre-pied, c'est-à-dire que je ne m'enquis plus de rien et fis en sorte que rien de fâcheux n'eût de conséquence pour moi. Je formai également le projet de dilapider mon héritage. Nous étions beaucoup d'amis et de joyeux drilles qui tenions souvent table toute la nuit à cette époque. À la lumière des chandelles, nos entretiens s'entrecho-quaient et l'argent partait en fumée. Au bout de six ans, je me retrouvai aussi pauvre qu'avant la mort de mon oncle… Sur ce, la guerre commença enfin, ceux qui s'étaient trouvés dans la même maison, dans la même ville, furent dispersés et durent souvent partir dans des pays différents. J'avais dépassé la trentaine et les choses commencèrent à prendre une autre tour-nure. La vie militaire était bien souvent austère, je pas-sai mainte nuit à déplorer le cours des événements et du monde tandis qu'un vent sinistre traversait le ciel. Ma vie devait encore tenir toutes ses promesses, alors que sa plus grande partie était déjà derrière moi. Par-fois ma mère, morte depuis longtemps, m'apparais-sait, je voyais ses beaux yeux bleus – parfois c'était le ruisseau de notre pré avec les saules qui le bordaient… Ainsi passait le temps, nous ne fîmes pas de grande conquête, l'ennemi en face de nous n'en fit pas davan-tage. Et finalement ce fut en Westphalie que j'appris à cette époque un moyen d'assurer mon salut, moyen dont j'ai commencé à user d'abord par plaisanterie et qu'ensuite je n'ai jamais vraiment abandonné jusqu'au jour d'aujourd'hui. Je vous conseillerais volontiers d'en user vous aussi, docteur, car je crois être devenu presque tout ce que je suis grâce à lui. Il consiste à écrire sa vie présente, à savoir pensées et événements, comme ils surviennent, mais ce n'est pas tout, il faut ensuite sceller tout cela dans une enveloppe et faire le vœu de ne l'ouvrir que trois ou quatre ans après pour en lire le contenu. En ma présence, un vieux soldat l'avait recommandé en riant à une jeune fille qui se trouvait justement empêtrée dans un chagrin d'amour, il avait dit que ce moyen donnait de bons résultats en pareil cas. Je ris aussi et songeai aussitôt à tenter l'expérience pour mon propre compte. Combien de fois, ensuite, ai-je béni cet homme, mort depuis, pour ces paroles et le hasard qui les lui fit prononcer au bon moment ! Je m'adonnai à cette occupation avec beaucoup d'ardeur et consacrai aussitôt tout le temps libre qui nous était alloué à noter mes pensées et mes projets. Je fis magnifiquement les choses, je pliai les feuilles de façon qu'elles eussent le même format, et inscrivis à l'extérieur la date de leur confection. Je transportai avec moi les liasses scellées de bivouac en bivouac malgré la gêne qu'elles m'occasionnaient. Lorsque j'ouvris la première – ce ne fut d'ailleurs pas après trois ans, mais finalement au bout de cinq années car je m'étais trouvé séparé de mes affaires pendant quelque temps – j'étais justement alité par suite d'une blessure et dans un dénuement total, sans un ami, sans personne à mon chevet, je m'étais fait apporter le paquet après minuit, quand je l'ouvris et lus enfin, mon rire et mes pleurs se mêlèrent presque dans le même souffle car, par rapport à mes impressions d'autrefois, toutes choses avaient changé, beaucoup en mieux, maintes en pire mais toutes se révélaient plus périssables et aussi plus vraies qu'elles ne m'étaient apparues jadis. Ma vision personnelle était plus large et plus mûre et j'avais maintenant le désir le plus vif de la noter immédiatement sur une nouvelle liasse, je fis prendre du papier et un crayon noir dans la bourse en cuir que j'avais sous mon lit et j'écrivis toute la nuit, la tête sur l'oreiller. Ah ! j'ignorais alors, en ouvrant la première liasse, qu'il en irait ainsi pour chacune, même pour celle sur laquelle j'étais en train de rédiger avec une fiévreuse ardeur… Il est singulier, docteur, que j'aie vécu si longtemps et que j'aie élaboré à mon usage uniquement par ce biais suggéré par autrui une manière de penser, de parler, d'agir ; car c'est bien tardivement qu'il me fut donné d'apprendre grâce aux manuscrits et aux livres imprimés, à cette époque, j'avais à peine le temps de noter le strict nécessaire – j'écrivais souvent en utilisant comme pupitre mes genoux, un tambour ou un tronc d'arbre. J'ai assisté par la suite à de rudes combats, j'ai vu verser des ruisseaux de sang, je me suis distingué, comme on dit, ce qui signifie j'ai bien tenu ma partie mais une petite liasse me parlait plus tard de mes sentiments d'alors – ils valaient beaucoup mieux que le fait de se distinguer et j'avais dû les réprimer pour accomplir mon devoir. Peu à peu j'appris à distinguer le véritable bien de ce qui est communément prisé, et ce à quoi l'on aspire ardemment de ce qui s'est effectivement réalisé. Je trouvai dans mainte liasse une bénédiction, dans mainte autre une condamnation, paradoxalement, je devins un homme plus doux au milieu des guerres et du sang répandu. J'ignore si je le serais devenu simplement avec le temps, ou bien si cette douceur ne pénétra mon cœur que par ces écrits. Je commençai aussi, les années passant, à mettre en pratique les façons de penser apprises. La chaîne que vous me voyez porter en ce jour, parce que je considère qu'un entretien avec vous en fait un jour de fête, est un témoignage de cela : elle rappelle la fois où je hasardai ma vie pour sauver celle de mille ennemis que nous étions sur le point de tailler en pièces. J'entrepris ce sauvetage car je ne pouvais souffrir que tant d'hommes, qui n'étaient en rien responsables, dussent périr comme des bêtes stupides qui certes ne nous offensent pas non plus mais qu'il nous faut tuer pour assurer notre subsistance. J'ai négocié leur capitulation sous les balles des deux camps puis, à cheval, j'ai rapporté à notre capitaine leur lettre de reddition, alors que nos troupes avaient le sabre au clair. On se contenta de les faire prisonniers et leur roi les échangea ensuite. Quelques années auparavant, j'aurais encore donné moi-même l'ordre d'enfoncer joyeusement les rangs ennemis et l'aurais tenu pour un exploit. Plusieurs années après, ces mille hommes m'envoyèrent les belles armes d'apparat que vous avez vues en haut de mon armoire en chêne, le roi

lui-même se chargea du pommeau de l'épée si magnifiquement serti d'argent et l'empereur, auquel parvint
la nouvelle de l'événement, m'offrit la chaîne que je
porte autour de la poitrine.

Le colonel fit alors une pause. Il se leva et s'avança
dans la pièce. Il enleva de la table les papiers qui y
étaient éparpillés et les renferma dans leur tiroir.
Enfin il baissa les rideaux verts qu'il avait remon-
tés auparavant, je crus qu'il agissait ainsi parce que
le soleil paraissait avancer vers nous. Puis il se rassit
près de moi et dit : Je vais vous raconter maintenant le
reste de ma vie. Les années passèrent, de plus en plus
rapides, je m'élevai peu à peu jusqu'au grade de colonel. Après une deuxième blessure, j'obtins une pen-
sion et la permission de me retirer à l'endroit de mon
choix. Un jour, pendant une campagne, j'avais vu une
belle vallée entre de hautes montagnes, c'est là que je
transportai ma personne et mes biens, pour y demeurer. Là, je commençai à rassembler les livres que vous
voyez ici aujourd'hui et les tableaux dont j'avais appris
à connaître et à aimer la manière aux Pays-Bas. Vous
croiriez difficilement quel prix j'ai payé pour certains
et je me repentis souvent d'employer pour mon plaisir
tant d'argent qui aurait dû profiter à d'autres après ma
mort – mais ce qui est fait est fait. Mes liasses se firent
de plus en plus régulières, pour devenir enfin toutes
semblables dans ma vieillesse. Je réglai mon domestique ; derrière la maison, je plantai le jardin où ont
grandi les plantes que j'affectionne, car elles accomplissent en toute innocence la volonté divine.

Le colonel s'interrompit à nouveau puis reprit : J'ai mentionné tout à l'heure la personne qui, la première, a dit que j'avais le cœur bon (vous avez été aujourd'hui la deuxième) et j'ai promis de vous parler d'elle afin que vous sachiez quelle grande joie m'ont donnée vos paroles à tous deux. Cette personne a vécu avec moi dans la vallée, c'était une femme – ma propre femme en vérité – et je voudrais encore vous parler d'elle, si toutefois vous n'êtes pas fatigué de m'écouter. J'ignore si elle était meilleure ou pire que mille autres de son sexe – j'ai trop peu connu les autres – mais elle eut l'avantage sur toutes celles-là que je l'ai tendrement aimée. Il me semblait souvent que son corps, son cœur et son sang étaient les miens, et qu'elle me tenait lieu de toutes les créatures du monde. Quand je fis sa connaissance, elle demeurait sur la rive du Rhin, chez des parents qui la traitaient avec dureté. Une fois installé, je la fis venir. Elle ne m'aimait point, elle me suivit pourtant. Le jour des noces, au milieu de sa famille, la nouvelle mariée perdant courage garda les yeux attachés aux miens comme si elle y cherchait la preuve de ma sincérité. Je la conduisis chez moi, sur le seuil, je lui donnai un baiser qu'elle ne me rendit point. Puis je la vis assise sur la chaise de ma chambre, elle avait gardé un chapeau et son habit, je résolus alors de l'honorer et de la traiter avec égards autant qu'il serait en mon pouvoir. Je ne lui touchai même plus la main, je la laissai aller et venir dans la maison, et je vécus à ses côtés comme un frère. Elle comprit peu à peu qu'elle pouvait se comporter en maîtresse des lieux, régler tout comme elle l'entendait et que nulle opposition ne se manifestait quand, à mon retour de la chasse (il m'arrivait encore d'y aller à cette époque), elle demandait comment allait ceci ou cela, ou comment elle devait s'y prendre ; je vis dès lors croître en elle la fleur de la confiance, ainsi qu'une autre, car ses yeux brillaient de contentement, et elle perdit son âme, qui ne fut nulle part ailleurs qu'en moi à la fin. C'est seulement une femme méprisée qui a dit : Comme je remercie Dieu que tu sois si bon, si totalement bon ! Et aucun éloge de mes supérieurs, aucune joie après une victoire ne m'étaient auparavant allés droit au cœur comme les paroles de cette femme méprisée. Plusieurs années après cet épisode, lorsque son courage et sa confiance eurent grandi et qu'elle put se reposer sur mon solide amour d'époux, et sur les témoignages du respect que je lui portais, elle restait aussi soumise qu'une fiancée et aussi empressée qu'une servante, c'était là précisément sa façon d'être et c'est pourquoi ce qui advint devait advenir...

Plusieurs montagnes enneigées, plusieurs cimes bleuâtres se dressaient dans la région, un torrent murmurait derrière chez nous, là s'étendaient des forêts où nul ne pénétrait pendant des mois. Un jour, l'idée d'explorer tout cela me séduisit, je priai ma femme de bien vouloir m'accompagner parfois, lorsqu'il m'arrivait de partir en quête de quelque fleur rare des Alpes ou d'aller dessiner un arbre, un ruisseau ou un rocher – j'avais commencé d'apprendre à le faire et je m'adonnais fréquemment à cette occupation à cette époque. Son caractère lui fit accepter ma proposition avec empressement, désormais elle se promena fréquemment avec moi parmi les sapins hauts comme des tours, au bord de rivières mugissantes ou sur d'âpres rochers et sa beauté était encore plus éclatante dans la montagne que chez nous. Tandis que je dessinais, elle restait assise derrière moi, cassait des noisettes, arrangeait en bouquet les fleurs sylvestres, causait avec son petit chien (celui-ci nous accompagnait toujours, et elle allait jusqu'à le porter dans les passages difficiles), sortait le pain de mon havresac et préparait notre goûter, souvent elle s'asseyait à côté de moi et demandait le nom de telle ou telle pierre, la raison pour laquelle telle ou telle fleur ne poussait qu'à l'ombre. Ainsi, au cours des semaines, ce qui n'était au début que de la complaisance à mon égard devint son plaisir et sa joie, ma compagne fut même bientôt plus robuste car le soleil qui fait mûrir les fleurs, les baies et les fruits des bois fit de même pour elle, ses lèvres et ses joues rougirent comme celles d'un enfant ; chaussée des pesants brodequins de montagne que je lui avais fait confectionner, elle put me suivre sur les hautes cimes, jusqu'à la limite des glaces, et contempler de là, avec émerveillement, les terres où les hommes se livraient à leurs travaux – aucun signe n'en montait vers nous. J'y puisais ma plus haute joie, et elle y trouvait la sienne. Il fallait qu'il en fût ainsi, pour que tout s'accomplît...

Savez-vous ce qu'en haute montagne on appelle un glissoir ? Probablement non : on n'en a pas l'usage ici où la forêt descend en courbes amples et douces. C'est un conduit boisé dans lequel on fait glisser le bois coupé, avec de l'eau ou à sec. Les glissoirs sont parfois fixés au sol, et s'éloignent en franchissant les montagnes, parfois ils sont tendus comme des ponts au-dessus de vallées et de crevasses et l'on peut à volonté y faire ruisseler l'eau provenant de la neige fondue afin de pousser les tronçons de bois. Par une magnifique journée de septembre, mon épouse me pria de bien vouloir l'emmener à nouveau en montagne car, m'ayant donné un enfant, une petite fille, elle était restée auprès d'elle trois années durant. J'accédai avec joie à sa requête, elle s'apprêta ; ce jour-là, nous arrivâmes si haut qu'elle put cueillir pour moi quelques pousses d'edelweiss et les fixer à mon chapeau. Trompés par la ressemblance de crevasses et de parois rocheuses, nous nous égarâmes quelque peu sur le chemin du retour. Nous descendîmes une coulée de sable qui nous était tout à fait inconnue sans savoir si elle nous conduisait à la vallée ou si elle allait s'arrêter brusquement à une paroi rocheuse et nous planter là. Ce fut la deuxième éventualité qui se produisit, en contournant un rocher nous vîmes une vapeur bleuissante, le chemin se cassait, en face, apparaissait une paroi calcaire au pâle éclat rougeâtre sur laquelle donnaient les rayons du soleil déjà bas à l'horizon – mais un de ces glissoirs dont j'ai parlé conduisait de l'endroit où nous étions à la paroi. Un peu effrayé, je tournai la tête, cherchant des yeux ma compagne, mais celle-ci était ravie que nous eussions rencontré ce passage et nous nous employâmes à vérifier si le glissoir était en bon état et pouvait porter deux personnes. Qu'il eût été utilisé tout récemment, les traces bien nettes du bois coupé qui l'avait emprunté en glissant le montraient, à l'endroit où il était fixé au rocher, car la concavité portait des écorchures toutes fraîches dues au frottement, les tronçons de bois et les perches dont on se sert habituellement pour faire rouler les troncs étaient éparpillés là tout autour, et les empreintes de pas qui nous avaient précisément incités à descendre dans le lit de l'éboulis paraissaient avoir la même origine. Comme nous délibérions, nous entendîmes, venant d'un fossé latéral dont nous n'avions nullement remarqué l'existence jusqu'alors, des bruits secs et des craquements ressemblant fort à des bruits de pas, effectivement, quelques secondes après, apparut un homme que nous reconnûmes au premier coup d'œil pour un de ces bûcherons qui accomplissent leur pénible travail dans les montagnes. Il portait un sac en cuir et une écuelle métallique, il tenait à la main ses crampons qu'il avait ôtés et son long bâton ferré muni d'un crochet au bout. Il sursauta en nous voyant car il ne s'était point attendu à rencontrer quelqu'un en ce lieu. Mais je lui dis que nous nous étions fourvoyés, que nous aurions bien voulu savoir si le glissoir était praticable et si deux personnes pouvaient l'utiliser comme passerelle

– Assurément, répondit-il, tous mes compagnons, au nombre de cinq, l'ont emprunté il y a un instant, j'ai dû revenir sur mes pas, car j'avais oublié mon écuelle près du foyer. Ils m'attendent à la paroi rocheuse et vous les allez entendre. À ces mots, il lança, de cette voix aiguë qu'on utilise pour iouler, un appel qui résonna dans toutes les crevasses, de l'autre côté on fit une réponse qui résonna pareillement. C'était presque beau dans le soir qui s'étendait tout autour de nous. Je suggérai alors de passer le glissoir tous les trois ensemble. Il acquiesça et dit qu'il fallait placer ma compagne entre nous deux. Il disposa son bâton de telle sorte que nous le prîmes chacun à un bout, moi devant, lui derrière, tandis que ma femme s'y tenait comme à une rampe. Elle ne nous avait pas laissé prendre le petit chien car elle voulait le porter elle-même. Nous nous engageâmes donc sur le pont qui s'allongeait dans le crépuscule comme une ligne tirée au cordeau. Lorsque nous fûmes sur le glissoir, je n'entendis plus que les pas de notre compagnon (celui-ci portait de lourds souliers ferrés) et non ceux de mon épouse. Il ne restait plus que fort peu de chemin à parcourir pour terminer la traversée, le bûche-ron dit alors à voix basse : Asseyez-vous, je sentis aussi le bâton s'alléger dans ma main. Je tournai brusque-ment la tête : figurez-vous que je ne vis plus que lui seul. Une pensée épouvantable me vint à l'esprit mais je ne sus rien de plus ; au même moment, mes pieds cessèrent de sentir le sol, les sapins chavirèrent comme des chandelles sur un lustre – je perdis connaissance.

Le colonel se tut, il resta silencieux un moment. Je crus d'abord qu'il voulait seulement se ressaisir, mais, en l'examinant mieux, je vis dans le crépuscule des larmes couler l'une après l'autre, pressées, sur sa barbe blanche, tandis qu'il restait très calme pour éviter que je ne les remarquasse. Accablé, je ne pouvais non plus prononcer une parole et je compris à ce moment pourquoi le colonel avait baissé les rideaux. Je voulus épargner la pudeur de mon compagnon et m'abstins de le regarder. Au bout d'un moment, il s'essuya la barbe et le visage avec sa manche et reprit, rasséréné : Elle gisait en bas, les os fracassés. C'est en silence, comme elle avait accoutumé de faire, qu'elle était tombée au fond du gouffre, sans un cri, sacrifiant sa vie pour ne pas mettre la mienne en péril. Le bûcheron n'avait pas deviné un instant ce qui arrivait, jusqu'au moment où, lâchant la rampe que nous lui avions faite, elle commença de s'agripper dans le vide, alors il lui ordonna de s'asseoir mais il était trop tard. Elle était passée devant ses yeux comme un mouchoir blanc, dit-il, et ensuite il n'avait plus vu que moi, j'avais chancelé moi aussi devant lui et je serais tombé de la même manière s'il ne m'avait donné une bourrade grâce à laquelle j'avais fait en titubant les quelques pas en avant qu'il restait à parcourir sur le glissoir, je m'étais écroulé ensuite parmi les nombreux morceaux de bois qui se trouvaient là car on les y avait acheminés pendant la journée. Quand je sortis de mon évanouissement, j'exigeai avec emportement de descendre dans le précipice. Je ne pouvais la croire morte et pensais : Qui sait ? peut-être a-t-elle repris connaissance, peut-être gît-elle en bas et entre-t-elle en agonie en ce moment même. Mais la nuit était tout à fait tombée entre-temps et je me retrouvai étendu près d'un grand feu autour duquel se tenaient quelques bûcherons, qui debout, qui assis.

D'autres étaient déjà partis. En entendant mes supplications et mes promesses et surtout en me voyant commencer de descendre seul dans les ténèbres ils se laissèrent convaincre de faire une tentative pour voir si l'on pouvait parvenir au-delà de la paroi. Des bûcherons venus d'ailleurs s'étaient joints à nous car l'endroit était un lieu de rendez-vous, assis au coin du feu, ils se réchauffaient et écoutaient le récit des événements. L'un se souvenait de tel chemin, un autre de tel autre qui devait permettre d'aller en bas – mais c'était toujours vainement et la nuit entière se passa en efforts infructueux. Enfin, après que j'eus regardé mille fois vers la nue, les horribles étoiles pâlirent et la grise et faible lueur de l'aube se montra dans le ciel. Nous pûmes mieux y voir, et il nous fut effectivement possible de rejoindre le fond du précipice en nous aidant de cordes et de perches. Mais nous n'arrivions pas à gagner l'endroit où ma femme se trouvait, et c'est seulement quand le soleil déjà presque à son zénith donna dans la vallée que nous là découvrîmes. Un petit tas blanc de vêtements gisait à côté d'un genévrier, dessous, ses membres fracassés… Il était impossible qu'un être humain tombant de cette hauteur conservât le moindre souffle de vie. À le voir, le glissoir suspendu loin au-dessus de nos têtes avait à peine l'épaisseur d'un brin de paille. Nous nous approchâmes – figurez-vous que le petit chien était assis sur les vêtements ; il était vivant et presque indemne. Peut-être mon épouse l'avait-elle tenu au-dessus de sa tête pendant sa chute, le sauvant ainsi de la mort. Mais il avait dû être frappé de démence au cours de la nuit car il regardait autour de lui avec un effroi qu'il manifesta même à mon égard lorsque je prétendis m'approcher des vêtements. Comme il me fallait promptement reprendre ma femme, j'acceptai bien que j'eusse voulu garder pour moi le petit animal qu'un des bûcherons l'abattît avec une carabine qu'il portait comme ils ont parfois coutume de le faire. Il dirigea son arme de biais pour ne pas toucher le cadavre – et le petit chien tomba bougeant à peine la patte. Je me baissai alors et déchirai le corsage blanc que portait ma femme, mais son épaule était déjà froide, son sein, glacé... Ah ! vous ne pouvez concevoir cela – vous ignorez encore les sentiments qui s'emparent de vous lorsque le corps que vous avez si longtemps considéré comme votre bien le plus cher et qui porte encore les vêtements que vous avez vous-même aidé à lui présenter le matin est mort désormais et peut seulement vous prier avec innocence de l'ensevelir.

Le colonel fit encore une pause mais bientôt il reprit : Il en fut donc ainsi. Le ruisseau quittait la vallée par un étroit passage, c'est par là que je la fis transporter et j'arrivai chez moi vers midi. La rumeur publique avait déjà répandu la nouvelle de mon malheur. Plusieurs personnes se tenaient dans la ruelle où j'habitais, des amis dévoués voulurent me faire monter dans une voiture et m'emmener ailleurs jusqu'à ce que l'affaire fût terminée. Mais j'estimai que c'eût été trahir la foi conjugale et je restai auprès de mon épouse. C'est seulement lorsque les femmes arrivèrent pour la toilette mortuaire que je regagnai en passant devant l'office la petite chambre attenante au jardin où se trouvait mon enfant. Je pris ma fille par la main, et la menai à la ruelle en empruntant le couloir de derrière, je l'installai dans la voiture que mes amis m'avaient procurée et la fis conduire chez une personne de ma connaissance qui vivait loin de chez nous, ainsi, elle ne verrait point ce qui se passait à la maison et ne pourrait en garder le souvenir. Lorsqu'on m'appela, je retournai à la chambre du devant où se tenaient les gens et m'assis. Elle était étendue sur son lit, vêtue de la robe blanche qu'elle portait d'ordinaire, le menuisier repliait sa règle noire avant de sortir. Le cercueil arriva vers le soir, chose étrange, il y en avait eu un de prêt aux bonnes dimensions, on déposa le corps dans le long séjour étroit de son repos. Peu à peu, les curieux et les autres s'en furent ; resté à peu près seul, je m'approchai de ma femme, lui joignis les mains autrement que ne l'avaient fait les femmes et lui donnai une croix. Je disposai quelques-unes de ses fleurs qui se trouvaient encore là autour de sa chaste tête immobile. Je me rassis ensuite et restai ainsi tandis que les heures s'écoulaient l'une après l'autre – j'ai souvent pensé au peuple égyptien à cette époque et aux raisons pour lesquelles il embaumait ses morts. Je n'avais point fait allumer de cierges dans sa chambre et n'avais point fait tendre la pièce de noir mais j'avais ouvert les fenêtres pour laisser entrer le grand air. Le premier soir, il y eut beaucoup de nuages floconneux et rouges dans le ciel, de sorte que la chambre baignait dans une clarté de douces roses rouges, au cours de la nuit, quand on eut allumé la lampe, la clarté devint blanche sur le mobilier et sur ses vêtements... Et tandis que sous l'empire de la crainte inspirée par le corps on priait en silence dans la pièce voisine, je déplaçai le coussin qui soutenait sa tête car son visage commençait à descendre sur le côté. On l'enterra le surlendemain matin. Les porteurs vinrent et je les accompagnai. Il y avait beaucoup de monde au cimetière et le curé prononça un discours. Puis on la mit en terre et on jeta les mottes sur elle. Tout fut terminé ; il passait au-dessus des vieilles forêts de l'autre côté du village un étrange vent vide, je tâchai alors de regagner mon logis. En haut, dans les champs situés près des coudraies, on labourait et on faisait les semailles d'hiver. Je traversai le jardin sur lequel tombaient les feuilles d'automne et entrai dans la maison où régnait le silence. Dans la chambre, les fauteuils qui avaient supporté le cercueil se trouvaient encore aux mêmes places mais *elle* n'y était plus. Je m'assis dans un coin et restai là. Sa petite table de travail était toujours devant la fenêtre, je n'ouvris point les tiroirs de nos bahuts. Combien de choses dérisoires, pensai-je, le monde va-t-il encore présenter à ma vue ! Elle seule manquera et à jamais. Longtemps, la maison resta silencieuse, dehors les domestiques chuchotaient, respectueux, puis la porte fut ouverte avec gaucherie et ma petite fille entra, arrivée une heure avant, elle n'avait point osé sortir de sa chambre. Sur ses lèvres était le bouton de la rose qu'on venait d'ensevelir et elle avait les yeux de sa mère. Elle s'avança, craintive, et me voyant assis de la sorte, elle demanda : Où est maman ? Je lui dis que sa mère était partie le matin même chez son propre père, elle ne reviendrait pas de fort longtemps. En entendant ces mots, elle voulut se dominer comme elle avait accoutumé de faire mais les fines lignes des pleurs crispèrent son petit visage, alors je l'attirai contre moi avec emportement et versai moi-même des larmes d'agonie – puis le soleil brilla comme chaque jour, les blés qu'on avait semés en automne grandirent, les ruisseaux se frayèrent leur chemin à travers les val-lées – elle seule était partie et c'était comme la perte d'un moucheron doré. Je querellais Dieu continuelle-ment et je n'eus plus qu'à prendre la ferme résolution de devenir aussi bon qu'elle et d'imiter sa conduite passée. Voyez-vous, docteur, je me figurai à cette époque que Dieu avait besoin d'un ange dans les cieux et d'un homme de bien sur la terre, elle devait donc mourir. Je fis mettre sur sa tombe un marbre blanc sur lequel on grava son nom, le jour de sa naissance et son âge.

Je demeurai encore longtemps dans cette contrée mais comme les montagnes ne me disaient plus rien et que les sentiers qui contournaient les coteaux couverts de prairies étaient déserts, je partis avec mon enfant dans le vaste monde. Je visitai divers endroits et tâchai qu'en chacun ma petite fille s'instruisît peu à peu de ce qui pût être bon pour elle. J'ai omis de vous dire que mon frère m'avait écrit auparavant déjà en me deman-dant d'aller le voir ; il était trop malade pour pouvoir venir me rendre visite et il lui fallait néanmoins parler avec moi de choses nécessaires et considérables. Lorsque je quittai ma maison j'allai le voir – pour la première fois depuis la mort de mon père, je revis les collines autour du château et les pâturages bordant le ruisseau. Mon frère m'avoua qu'il avait jadis machiné une imposture, maintenant il souhaitait vivement rendre ce qu'il avait encore en sa possession et réparer ainsi le mal qu'il avait fait. Je ne me vengeai point – je vis debout devant moi dans la salle un homme proche de la mort et je ne lui fis aucun reproche – mais je prélevai dans les débris de sa fortune, dont il m'ouvrit les livres de comptes, le peu que mes obligations paternelles me permirent de prendre pour ne point léser le fils démuni que lui avait donné sa femme (celle-ci vivait encore avec lui au château), puis je quittai l'endroit avec ma fille dans une voiture de paysan ; je repassai le pont qui franchissait le fossé du château et j'entendis pour la dernière fois l'horloge de la tour sonner quatre heures de l'après-midi – depuis, il n'est plus rien advenu dans mon existence. Quelque temps après, je vins dans cette vallée, l'endroit me plut fort et j'y demeurai pour sa forêt si belle, éternelle, permettant des travaux d'exploitation et d'aménagement et parce qu'une nature qui se laisse dompter et maîtriser pour en devenir plus accueillante est bien la plus belle chose qui soit sur terre.

Sur ce, le colonel cessa de parler et resta assis à côté de moi, silencieux, pendant un temps fort long. Je me taisais aussi.

Il reprit finalement la parole : Je n'ai que Margarita au monde, dit-il, quant au visage et aux manières, elle ressemble à sa mère à un point presque incroyable… Docteur, ne me faites point souffrir à travers mon enfant.

– Non, colonel, il n'en est pas question… voici ma main pour en témoigner.

À ces mots, je lui tendis la main, il me donna la sienne et nous nous les serrâmes mutuellement pour sceller notre pacte.

Nous demeurâmes encore un moment assis sans parler.

Enfin mon compagnon se leva, circula un moment dans la chambre puis se dirigea vers la fenêtre dont il releva le rideau de soie verte. Le soleil ne donnait plus directement sur les vitres mais tout un flot de lumière printanière se déversa dans la pièce.

– Regardez, nous aurons un orage aujourd'hui, dit le colonel qui, toujours posté à la fenêtre, regardait au-dehors, du côté du bois de Kirm, le ciel est couvert d'épais nuages qui se dirigent vers nous et à la lisière du Reutbühl s'étirent ces stries laiteuses qui présagent toujours un orage.

Je me levai et allai le rejoindre. Baignant dans une calme chaleur orageuse, notre belle région paisible s'offrait à nos regards et répandait sa grâce en nos cœurs. Debout devant la fenêtre que le colonel venait d'ouvrir, nous savourâmes le grand air qui entrait à flots dans la pièce.

Au bout d'un moment, mon compagnon ajouta : Je vous conduirais volontiers à Margarita – il faut que vous parliez ensemble – parlez bien ensemble afin que tout se résolve de soi-même ; je savais que tout ce qui s'est passé devait arriver. Vous avez tous deux commis une faute. Margarita n'a pas bien agi elle non plus mais de par sa nature elle ne pouvait pas plus que vous se comporter différemment. Allez la voir, n'essayez point de la fléchir, mais bien plutôt de la réconforter – surtout, parlez avec elle, je crois qu'il est bon que vous le fassiez. N'est-ce pas, docteur, vous allez le faire ?

Après ces mots, nous demeurâmes ainsi quelque temps, je ne trouvais pas de réponse qui convînt et me taisais donc, embarrassé, de son côté le colonel ne me pressa point de répondre.

– Dois-je vous mener à ma fille ? demanda-t-il enfin avec une grande douceur.

– Oui, fis-je.

Il me prit alors par le bras et me conduisit dehors. Nous longeâmes le corridor et enjambâmes le fin paillasson jaune en jonc posé sur le seuil de son appartement. Margarita ne se trouvait pas dans la première chambre.

– Attendez ici quelques instants, dit le colonel, je vais entrer chez elle et vous l'envoyer. Peut-être n'est-elle pas en état de vous recevoir. Mais si vous la voyez arriver je ne ressortirai point, j'ouvrirai la porte de la bibliothèque avec ma clef et je regagnerai mon appartement par ce chemin.

La porte était entrebâillée, il passa dans la chambre contiguë et vraisemblablement aussi dans la suivante.

Je restai dans le couloir, tout était parfaitement silencieux. Enfin, après un moment d'attente, le battant de la porte entrouverte se déplaça légèrement – et elle sortit.

Ses yeux étaient fixés sur moi…

– Demain, Margarita –

# MARGARITA

Avant que de poursuivre en rapportant ce qui est advenu, je veux évoquer encore le colonel et garder son âme présente à mon esprit. Je le dois tenir en haute estime et veux consigner sa façon d'être dans ce livre. Ce n'est d'ailleurs point uniquement de mémoire que j'ai noté ses actions et ses paroles jusqu'ici : j'ai utilisé pour ce faire le manuscrit qu'il a sorti de ses propres liasses scellées et m'a cédé – et j'essaie effectivement de l'imiter moi-même dans ce livre. Ce que je continue à dire et à inscrire je le sais depuis longtemps mais cela ne m'est jamais apparu clairement et distinctement comme ces jours-ci. La bonté (non seulement à mon égard mais à l'égard de tous), la modestie, la beauté de son cœur, se manifestent dans ses actions avec beaucoup plus d'éclat qu'on ne pourrait le dire avec tous les mots du monde.

C'est ainsi qu'il défricha, en amont du bosquet de chênes, la dépression sur laquelle ne poussaient jusqu'alors que des lichens, des plaques d'herbe et, çà et là, d'âpres canneberges rouges au milieu des troncs grêles des pins qui croissaient difficilement dans l'humidité, puis il fit creuser des tranchées où l'on

jeta du bois d'aulne imputrescible, et que l'on recou-
vrit ensuite, il fit maçonner les conduits et les fossés
d'écoulement de l'eau, déchirer tout le terrain sous le
soc des charrues et y fit des semailles plusieurs années
de suite ; aussi a-t-il maintenant une prairie, à partir
du coin du champ de blé appartenant au père Meierbacher en haut et à droite, elle s'étend jusque derrière
les chênes, lorsqu'on descend des hauteurs de la Siller,
elle rayonne au loin de toute sa belle verdure sombre
là où jadis on ne voyait guère que la couleur grise des
petits pins sylvestres et souvent, dès maintenant, des
feuilles de chêne d'un rouge jaunâtre tombent sur la
plaque verte scintillante. Mais comme la prairie n'est
pas visible depuis la maison du colonel et qu'il est
impossible d'apercevoir les hommes ou les bêtes qui
s'y trouvent (hormis lorsqu'on descend des hauteurs de
la Siller) car la déclivité affecte en gros la forme doucement incurvée d'un berceau, les gamins, qui sont d'ordinaire chargés dans nos régions de garder quelques
têtes de bétail à la lisière des bois sur les communaux
ou sur les chaumes, ont élu la prairie pour y mener
paître leurs bêtes mieux et plus vite qu'ils n'eussent
pu le faire en quelque autre endroit. L'herbe grasse et
le refuge offerts par ce lieu ont dû inciter plusieurs à
y faire pénétrer leurs troupeaux et à les surveiller du
regard dans ce nouveau pacage. L'on rapporta ces faits
au colonel qui s'en irrita fort et dit qu'il ne compre-
nait point pourquoi il s'était donné tant de mal pour
transformer un sol ingrat en un beau terrain domesti-
qué et humanisé, si l'on devait maintenant en faire un

aussi mauvais usage et le dégrader ainsi clandestine-
ment. Il décida d'y monter lui-même à l'occasion et de
faire respecter son droit. En conséquence un jour tôt
dans la matinée, soupçonnant à nouveau que l'on était
peut-être en train de commettre le délit accoutumé
sur son pré, il monta là-bas en traversant le magnifique bosquet formé par les chênes derrière chez lui,
quittant l'abri des derniers arbres, il déboucha en
terrain découvert et vit alors quatre beaux bœufs au
pelage brun rouge qui allaient paissant sur son pré, un
gamin vêtu de gris se tenait non loin de là. L'humidité n'avait jamais fait de bien aux pieds du colonel
qui s'engagea cependant, sans faire de bruit, avec ses
belles bottes de cuir, dans l'abondante rosée matinale
qui s'était déposée sur l'herbe, pour attraper le gamin
qui lui tournait le dos. Les pieds dans l'herbe haute
où s'accrochaient gouttes d'eau et toiles d'araignées il
s'avança jusqu'à n'être plus qu'à une bonne portée de
fusil du garçon. Il lui vint alors à l'esprit qu'une trop
grande frayeur risquait de rendre le polisson malade
s'il attrapait brusquement celui-ci. Il fit donc un léger
bruit de façon que le gamin l'entendît et pût décamper.
Le jeune berger l'entendit fort bien et tourna la tête
en direction du bruit, voyant le respectable colonel
s'avancer de l'herbe jusqu'aux genoux, il fit demi-tour
d'un bond et prit la fuite. Il traversa le pré en courant
avec la légèreté d'un chevreuil, sauta le fossé, fila toujours courant en direction de la Siller de l'autre côté,
disparut dans les broussailles qui descendent vers les
champs du fond à cet endroit et le colonel resta dans

l'herbe avec son bel habit. Il fit sortir du pré les quatre bœufs, les fit monter vers les essarts où se trouve un pacage, et les conduisit à l'herbage en passant au milieu des coudriers clairsemés qui se trouvent là, il ne s'arrêta que lorsqu'il fut certain que les bœufs ne pourraient ni retourner à son pré, ni se rendre sur le terrain de quiconque. Il les laissa là et rentra chez lui. Il regagna son logis par un chemin poussiéreux, et il avait mouillé non seulement ses bottes mais aussi ses vêtements et en maints endroits, aussi arriva-t-il tout crotté à la maison. Il ne souffla mot à son valet du succès de son expédition.

Mais la chose se sut et désormais, lorsqu'un gamin se laissait entraîner à conduire un bœuf dans la belle prairie du colonel, il se postait toujours de manière à avoir le visage tourné vers le bosquet de chênes d'où le colonel risquait de surgir.

Le colonel surgit effectivement à cet endroit très tôt un matin où un garçon gardait justement deux vaches dans la prairie. Le garçon vit le colonel arriver, il ne put faire partir ses vaches assez vite, il prit donc la fuite sans elles et les planta là. Cette fois-ci le colonel ne mena point les vaches au pacage des coudriers dans les essarts, il les prit en gage dans sa propre maison et les fit attacher dans son étable. Vers midi une femme, une veuve originaire de la forêt de la Siller monta le voir à la maison du bosquet, les vaches qu'il avait prises lui appartenaient, elles étaient son seul bien, elle avait déjà puni le gamin pour être allé sur la propriété d'autrui et celui-ci ne recommencerait plus, elle pria le colonel de bien vouloir lui faire rendre ses vaches qui leur permettaient de vivre à elle et à son fils. Le colonel lui fit rendre ses vaches qu'on avait bien affouragées, comme il eût été difficile à une femme de les ramener à la maison il la fit accompagner par un valet chargé de l'aider. Mais par la suite les tribunaux prirent l'affaire en mains et bien que le colonel déclarât qu'il renonçait à tout dédommagement et qu'il tenait la veuve quitte de tout, ils exigèrent pourtant de celle-ci sans recours possible (avec dispense de dommages-intérêts toutefois) le paiement de l'amende correspondant au délit commis sur le pré (le montant est fixé par la loi en pareil cas), il ne resta donc plus au colonel qu'à envoyer la somme correspondante à la veuve pour que celle-ci la remît aux tribunaux.

Comme il ne voulait pas être obligé d'aller constamment dans l'herbe de la sorte, de ramener du bétail chez lui et de donner aux gens le prix du délit commis sur ses terres, et comme il ne voulut point confier la chose au plus âgé des valets (celui-ci assurait qu'il n'y avait qu'à le laisser faire mais il ne pouvait s'occuper convenablement de cela) il commença d'installer dans le courant de l'hiver, avant les premiers gels, une palissade autour de sa prairie, et poursuivit ce travail au début de l'année suivante jusqu'à ce que le pré fût entièrement ceint d'une clôture élevée, solide et imposante, avant même que les fleurettes blanches et jaunes ne le couvrissent. Il avait utilisé du chêne pour tailler des pieux dont il avait fait passer au feu l'extrémité inférieure pour qu'ils durassent un bon nombre d'années. Il avait mis entre les pieux des morceaux de sapin coupés mince et bien entrelacés – un genre de palissade qu'on n'avait encore jamais fabriqué chez nous et qu'il avait rencontré dans d'autres pays où il s'était rendu auparavant. Pour permettre aux chariots d'entrer dans le pré, il avait fait ménager une porte à claire-voie en bois qui se fermait avec une serrure métallique, et l'on confectionna sept clefs qu'on suspendit à l'un des poteaux de la grange, bien en évidence, afin que nul ne fût en peine de les trouver si par hasard quelqu'un vaquait aux champs avec l'une d'elles dans la poche. Ses goûts le portaient à construire et il y prit déjà plaisir peu après qu'il eut commencé de faire sa barrière, il embaucha davantage d'ouvriers, se rendit sur place plusieurs fois par jour, dirigea tous les travaux, veilla personnellement à ce qu'ils fussent convenablement exécutés, et mit souvent la main à la pâte pour montrer à ses gens comment il fallait s'y prendre lorsqu'ils l'ignoraient. Si je montais le voir, j'allais souvent avec lui dans la prairie, les foyers où l'on faisait roussir les pieux fumaient, nous causions de différents sujets. Lorsque la palissade fut achevée, il arpenta joyeusement les alentours en se frottant les mains suivant son habitude et dit : Nul ne mènera plus son bétail ici désormais. J'avais bien tort en cette affaire. Quand on choisit le mauvais remède, on s'en aperçoit immédiatement, car on se trouve toujours contraint d'entrer dans des conséquences fâcheuses et l'on tombe dans des actions ridicules. Mais tout va bien maintenant.

Davantage que par le passé, il commença d'aimer ce pré dont il s'était occupé si longtemps, celui-ci devint encore plus beau et plus vert qu'auparavant au cours des années qui suivirent.

Ses gens disaient qu'un tel comportement allait lui faire perdre sa réputation – à force de se montrer si faible, de laisser le monde abuser de sa bonté et de ne jamais donner d'exemple de sévérité – mais il en alla tout à l'opposé et le colonel fut au contraire honoré et aimé de tous dans la région. Il lui arrivait de reprendre en souriant ceux qui demeuraient chez lui parce qu'on avait commis une faute et il expliquait en quoi il y avait faute, eux prenaient garde de l'éviter ensuite – mais ils ne manquaient pas pour autant d'en commettre une autre ! Il se montrait inflexible dans les cas où il fallait l'être et il ne cédait point, quand même l'on essayait pendant plusieurs années de le faire plier. Tel fut le cas à propos du pont sur la Siller.

En vérité il est impossible à quiconque (et nul ne le sait aussi bien que moi qui dois emprunter tous les chemins pour me rendre auprès de mes malades) de traverser le torrent, à la crevasse de la Siller, les gens laissent par insouciance les troncs abattus descendre à cet endroit dans la vallée avec un grand nombre de rochers et de tronçons de bois, le torrent impétueux descend de la forêt qui s'étend sur les hauteurs en charriant des pierres et des éboulis et en roulant des morceaux de bois et de la boue, je l'ai vu se précipiter avec rage, impétueux et jaune après la pluie, comme s'il voulait tout briser et tout emporter sur son passage

– en vérité nul ne peut gagner l'autre rive, sinon au cœur de l'été lorsque la plupart des rochers sont à sec et que le filet d'eau venant de la forêt, assagi et trouble, coule parmi eux sur le velours noir de la mousse qui croît grâce à lui. Et puis le terrain est si accidenté et présente de tels trous, creux et bosses, qu'aucun véhicule ne peut s'y frayer un chemin et en ressortir ensuite. Les gens de la Pente, de Haslung, de Sillerau, du haut Astung, le père Meierbacher, les Erlehöfe, le colonel et moi-même prenons volontiers notre bois en haut du Pufter car l'endroit constitue une réserve iné-puisable, on y trouve le charme le plus beau et le com-bustible grossit et se fortifie dans ce coin désert – de plus il coûte un sixième moins cher qu'ailleurs. Mais il nous faut passer à la crevasse de la Siller et traverser le torrent pour l'aller prendre. Il y a trois ans, n'était-ce pas un supplice en été lorsque les morceaux de bois étaient empilés loin de l'autre côté, d'être obligés de les traîner avec peine ou de les jeter dans des endroits plus commodes ? Le comte qui habitait au loin et devait, suivant l'usage, contribuer à la restauration du pont (lequel s'était effondré depuis longtemps) démontra deux années durant aux gens du voisinage qu'un pont situé à cet endroit n'était point du tout nécessaire et les gens faillirent le croire – effectivement ils n'osèrent ensuite acquitter le peu qui leur incombait pour la construction du pont – mais une autre année le colonel prouva qu'il y avait là au contraire un préjudice criant, les gens gâchaient leur temps et leur santé à force de souffrir de pénibles tourments puisqu'ils continuaient pour la plupart de se procurer eux-mêmes le bois à cet endroit, et c'était une honte pour l'entendement humain que de dire d'une chose absurde qu'elle était utile. Il se rendit continuellement à l'office – là nous n'eûmes de cesse tous deux que nous ne fussions arrivés à nos fins. On donna l'ordre d'exécuter les travaux et peu à peu tout ce qui devait être fait le fut enfin. Bien sûr le colonel se rendit sur les lieux, il préleva sur ses propres deniers assez d'argent pour que l'on pût surélever les deux extrémités et construire un pont de pierre s'élevant bien haut au-dessus du torrent. Depuis il fait procéder chaque année à des vérifications, ainsi qu'à des réparations si quelque chose vient à être endommagé, chaque année aussi il déclare qu'il n'agit point par obligation, de façon à ce qu'on n'oublie pas cela avec le temps, et qu'on n'en vienne pas à considérer ce qu'il fait comme une servitude afférente à la maison du bosquet.

Lorsque je rentrai de Prague à pied, une fois achevées les années que j'avais dû consacrer à l'apprentissage de la médecine, mon petit sac contenait un parchemin qui m'instituait homme de l'art et me nommait membre du corps médical ; pendant bien des jours je marchai tout doucement vers le sud à travers le beau pays de Bohême, la forêt bleue resplendissait devant moi de plus en plus nette et proche – lorsque j'eus enfin rejoint cette forêt et ma contrée natale pour m'y établir à jamais et faire le bien parmi ses habitants, je me trouvai être la seule personne de la forêt à avoir vu autre chose que la forêt elle-même, les autres avaient grandi là et ne voyaient que ce qu'ils avaient eu sous les yeux pendant toute leur jeunesse. Celui qui s'est un jour pris d'affection pour les monts où les arbres croissent en troupes, pour les longues lignes dessinées par les crêtes, pour le sombre crépuscule bleuâtre des parois rocheuses et le scintillement de la nue qui les domine, celui-là revient toujours avec plaisir aux montagnes et aux forêts.

Je ne regagnais pas mon pays natal pour m'y enrichir mais pour exercer mon art dans toutes les vallées où courent les torrents et sur les hauteurs où les sapins dressent leur ramure dentelée vers la nue blanche, ainsi que pour faire du bien à ceux qui vivent là. J'étais fort jeune. Loin à la ronde dans le pays il n'y avait aucun médecin à proprement parler, toutefois mainte femme experte en différentes matières conseillait aux gens des remèdes, et les leur procurait – maint citadin ou campagnard qui avait acquis une certaine réputation prêtait son assistance en diverses circonstances – maint colporteur passait avec sa charrette à bras proposant des flacons remplis de sirops et autres que les gens achetaient et rangeaient dans leurs armoires : leur contenu servait de remède pour toutes sortes de cas pouvant se présenter au fil des ans. Mais plus d'un aussi mourait dans la solitude des forêts, après avoir contracté une grave et violente maladie, alors qu'un homme expérimenté eût pu le sauver.

J'arrivai à la grise chaumière paternelle, celle-ci ne se trouvait pas à l'endroit où j'ai bâti ma demeure actuelle (j'ai choisi pour celle-ci un emplacement situé au fond de la douce déclivité, à l'abri des vents et des intempéries) mais tout en haut de la colline qui s'élève derrière mon jardin, comme il est d'usage pour toutes les maisons de la forêt : celles-ci furent construites sur les collines que l'on avait commencé d'essarter, de sorte que prairies et champs gagnèrent du terrain tout autour d'elles et que l'on put ensuite voir briller de loin, au soleil de la forêt, toutes les petites fenêtres qu'on avait pratiquées dans leurs murs de bois… ainsi donc, dès que je fus entré dans la chaumière grise, au toit plat semblable aux autres, c'est-à-dire couvert de pierres : Salut à vous, mon père et mes sœurs, fis-je, je resterai désormais avec vous, débarrassez pour moi la chambrette qui se trouve sur le côté et dont les deux fenêtres claires donnent sur les hauteurs lointaines de la forêt, c'est là que je veux ranger mes fioles ainsi que tout ce que je fais venir de Prague dans des caisses, c'est là que je veux loger et guérir mes malades.

Mon père se tenait à l'écart sans oser me souhaiter la bienvenue, il n'était qu'un tout petit propriétaire n'ayant pour vivre qu'une paire de vaches et un peu de terre en prés et en champs, alors que son fils devenu savant allait guérir les gens en un lieu où l'on n'avait jamais vu de docteur ou d'homme de l'art. Mais entre-temps ce fils s'était débarrassé de son petit sac et avait posé sa barrette et son bâton noueux sur le banc, il prit son père par la main, entoura de son bras la redingote qui recouvrait ses épaules et baisa sa joue hérissée d'une barbe blanche piquante, sur laquelle retombait une chevelure lisse et blanche (le père pleurait, et peu s'en fallut que le fils n'en fît autant), Puis il embrassa ses sœurs l'une après l'autre et dit : Je vous salue, Lucia et Katharina, nous voici tous réunis et nous ferons bonne vie.

On commença aussitôt de débarrasser la pièce. Mes sœurs se mirent à vider les coffres qu'elle contenait, mon père porta lui-même au-dehors plus d'un vêtement féminin qui lui tomba entre les mains, Thomas, mon actuel palefrenier, le petit pâtre qui avait aidé dès son enfance aux menus travaux domestiques chez mon père, vint aussi nous donner un coup de main sur le soir. Thomas, mon père, mes sœurs transportèrent hors de la salle avec mon aide le grand coffre qu'on y avait toujours vu de mémoire d'homme et qui en occupait la plus grande partie, la table de la grande pièce fut apportée dans ma chambre afin que je pusse m'en servir pour écrire et mon père décida qu'on utiliserait pour manger, en attendant qu'on en eût fait une nouvelle, celle qui se trouvait depuis toujours dans l'entrée, menaçant de s'écrouler – on mit aussi chez moi un coffret qui avait servi jusque-là à ranger clous, forets et autres choses semblables dans la grande pièce, je pourrais y installer mes fioles à potions lorsqu'elles arriveraient – entre-temps, Lucia avait fait monter chez nous une femme du hameau et l'on se mit à laver et à frotter le parquet… Au milieu de cette agitation, on vint m'appeler au chevet de mon premier malade. Le valet du père Meilhauer était alité depuis plusieurs jours et tous les conseils des gens de la maison et des personnes de connaissance n'avaient servi de rien. On avait ouï dire que j'étais arrivé cet après-midi même et on m'avait envoyé un messager pour me demander d'aller lui porter assistance. Je me mis en route et descendis le chemin point court du tout qui passe successivement dans la forêt, le Taugrund, les marais du pacage, enfin en rase campagne. À mon arrivée les lumières étaient déjà allumées. Le malade était au lit, il avait une fièvre causée par un fort refroidissement. Je ne disposais pas encore des remèdes qui m'étaient indispensables et ne pouvais traiter efficacement le mal, mais je fis tout mon possible en utilisant de l'eau, des enveloppements, les rapports entre le chaud et le froid et des prescriptions concernant le régime alimentaire. Les gens de la maison étaient tous autour de moi à me regarder, ils n'avaient encore jamais vu de médecin. Je regagnai mon logis à la clarté des étoiles, un léger voile de brume enveloppait les vallées. Les hauteurs baignaient dans la froide brise nocturne humide de la forêt dont j'étais déjà désaccoutumé, en ville régnait une atmosphère sèche et poussiéreuse. La température était d'ailleurs assez douce, car nous étions encore au tout début de l'automne.

Lorsque j'arrivai à notre chaumière notre lampe brûlait gaiement, illuminant toute la grande pièce, il y faisait aussi clair qu'en plein jour. À mon entrée, on alluma une chandelle, Katharina la tint elle-même pour me conduire à ma chambre, où elle me montra l'arrangement qu'on avait fait. À l'endroit occupé naguère par le grand coffre s'étendait maintenant un assez grand espace, la pièce elle-même paraissait bien plus vaste qu'auparavant. Dans l'espace ainsi dégagé on avait installé un lit tendu de draps blancs comme neige, il m'attendait pour accueillir pendant la nuit mes membres fatigués. La table qu'on m'avait donnée était de la même blancheur après avoir été récurée et le sable dont on avait saupoudré provisoirement le plancher mouillé craquetait. Les deux fenêtres étaient ouvertes, dans le grand poêle brûlait un feu destiné à aérer et à sécher toute la chambre. Je remerciai Katharina, lui assurai que tout était fort beau et revins dans la grande pièce. Chez nous, tous se connaissent et chacun s'intéresse aux autres, aussi mon père me demanda-t-il des nouvelles du valet du père Meilhauer. Je répondis que ce dernier avait une fièvre inflammatoire, je ne pouvais encore m'avancer beaucoup, je reverrais le malade le lendemain et j'espérais le guérir sous peu.

– Oui mon fils, fais-le, me dit mon père.

On avait transporté dans la pièce la fragile table de l'entrée, elle était recouverte de nappes blanches et chargée d'assiettes et de couverts. On avait attaché au pied le plus abîmé un bâton qui servait d'étai, de la sorte elle ne se romprait pas. On servit le souper, et chacun s'attabla. Il y avait même une bouteille de vin que mon père, pour fêter mon arrivée qu'il attendait sans en connaître la date, avait rapportée dernièrement à la maison d'un voyage qu'il avait fait au pays du dehors. Lorsqu'on eut pris le repas et bu le vin, on alla se coucher. La petite chambre de mes sœurs donnait sur le jardin à l'arrière de la maison, on y trouvait deux lits et un coffre où elles rangeaient leurs atours et peut-être d'autres trésors qu'il leur arrivait de recevoir. Le jeune Thomas alla dormir dans le foin, mon père resta dans la grande pièce, là était le lit conjugal dans lequel sa femme lui avait été ravie par la mort longtemps auparavant – si bien que je me souviens à peine d'elle. Je fermai mes fenêtres, soufflai sur les derniers tisons du poêle pour les disperser et éviter ainsi qu'il ne fît trop chaud, et pris possession de mon nouveau lit en demandant à Dieu qu'il daignât bénir mon action ici.

Tôt le lendemain matin je descendis voir le valet du père Meilhauer. À mon retour deux magnifiques rideaux blancs étaient accrochés à mes fenêtres – ils ne s'y trouvaient point la veille, Katharina les avait confectionnés dans quelque morceau de belle toile. J'en fus tout heureux et lui dis un grand merci. Mais déjà m'attendaient de nombreuses personnes venues quérir aide et conseil pour différentes choses. Je m'entretins fort cordialement avec elles et acceptai les petits présents qu'on m'offrit. J'avais fait entrer chacun séparément dans ma chambre – il n'y avait même pas encore une feuille de papier sur la table mais seulement mon bâton et ma barrette. Mon père circulait dans la maison, le visage illuminé par la joie. Quant à mes sœurs, il semblait aussi qu'elles eussent revêtu des vêtements plus beaux que ceux que je leur voyais porter ordinairement autrefois. L'après-midi je commandai au menuisier qui habitait non loin de chez nous une table, la première que je décidais de faire faire et d'acquérir avec mes propres gains, puis je me rendis chez tous les malades qui n'avaient pu venir chez moi le matin et m'avaient seulement fait mander de bien vouloir me rendre à leur chevet.

Il en alla ainsi désormais. Au bout de quelques jours les caisses que j'avais remplies de tout ce qui était nécessaire à l'exercice de mon art puis confiées à un voiturier arrivèrent de Prague. Je déballai et disposai le tout dans ma chambre. L'effet produit était fort beau, il y avait des fioles dans le petit coffre et hors de celui-ci, tout autour de la table – les autres objets couvrirent le coffre et la table, jusqu'à ce que l'armoire officinale que je me proposais de me faire faire et pour laquelle j'avais déjà dessiné quelques esquisses fût prête. Je plaçai les livres sur le coffre, posai sur la table du papier à écrire, de l'encre et des plumes afin de pouvoir noter pour moi-même les prescriptions faites à chaque patient et le traitement utilisé jusqu'ici, j'éviterais ainsi des erreurs pouvant causer un désastre. L'après-midi, le soleil entrait gaiement dans la pièce, je fermais les rideaux en arrivant au logis, un agréable crépuscule baignait alors ma chambre, les rideaux blancs n'empêchent pas le passage de la lumière, ils la tamisent seulement, seul un rayon de soleil tombait çà et là à l'intérieur, faisant luire un éclair sur le plancher blanc. En vérité les cloisons de la pièce étaient faites uniquement de bois mais elles étaient ornées de sculptures à certains endroits et leurs jointures intérieures étaient fort bien faites. Au fond de la pièce un banc s'adossait à la cloison et au poêle, tout était fort propre et très clair. Mes sœurs tenaient la pièce située à l'extérieur et les autres locaux de notre chaumière beaucoup plus propres qu'ils n'avaient été autrefois. Autour de la maison, le bois qu'on amassait peu à peu dès l'été en prévision de l'hiver était toujours bien empilé et l'on balayait chaque jour devant chez nous. Lucia qui se jugeait bonne cuisinière nous servait de meilleurs plats, pour lesquels j'étais déjà en mesure de verser ma quote-part.

Le valet du père Meilhauer, le fermier, fut guéri en deux semaines, il monta me voir un dimanche, il me voulait donner un peu d'argent pris sur ses gages, mais je refusai eu égard à sa condition de valet.

À cette époque il n'en allait pas comme aujourd'hui dans notre région ; bien que quelques années seulement se soient écoulées depuis, des changements considérables se sont produits. Autrefois une grande forêt impénétrable recouvrait entièrement les montagnes et les vallées qui forment aujourd'hui mon territoire. Mais peu à peu, au fur et à mesure que tel grand capitaine ou tel autre personnage, devenu propriétaire d'importantes portions de terrain dans la forêt, y envoya des gens avec mission de couper et d'empiler du bois aux endroits les plus commodes afin de tirer profit de son bien, des éclaircies furent ménagées ici et là – ou bien un homme pauvre s'acheta à bas prix dans cette contrée déserte un morceau de terre qu'il défricha, sur lequel il s'établit et duquel il tira sa subsistance – ou bien un goudronnier, un marchand de poix, obtint l'autorisation d'exercer son industrie en des lieux écartés qu'on ne pouvait guère utiliser pour la chasse ou pour quelque autre emploi et finit par s'y fixer et par y rester – ou encore un braconnier, un voyageur, ou un proscrit, s'installa dans un petit emplacement qui lui convenait et à partir duquel il exerça son activité. Il y eut probablement quelqu'un qui fut capable de découvrir métaux et eau dans le sein de la terre avec une baguette divinatoire, cependant cet homme resta fort pauvre et s'enfuit au plus profond de la forêt après que les gens eurent voulu le chasser à coups de pierres. C'est à lui qu'il faut faire remonter les premières habitations situées en haut du Brenten. Tous ceux qui vivaient ainsi dispersés dans la forêt, ou du moins nombre d'entre eux, eurent des descendants qui s'établirent non loin de leurs parents et c'est ainsi qu'apparurent les maisons ou hameaux disséminés sur tous les coteaux. Quiconque se construisit une chaumière dans la forêt évita sans doute les lieux les plus reculés à la moiteur étouffante et fit choix d'un endroit élevé et aéré. Puis il éclaircit la forêt autour de sa demeure, aménagea un pré pour nourrir une paire de bœufs, laissa ses chèvres et ses agneaux vaguer dans les buissons du bois, et se fit probablement aussi un champ et un jardinet qu'il cultiva. Voilà pourquoi aujourd'hui les maisons de la forêt, presque toutes isolées, sont si souvent situées sur une éminence, et se saluent les unes les autres de coteau en coteau, de pente verte en pente verte. Elles ont toutes été construites en bois et sur leurs toits de bardeaux plats sont disposées de grosses pierres grises. Du haut des montagnes on voit briller les fenêtres de ces maisons ; lorsqu'on s'enfonce à nouveau dans la forêt ou lorsqu'on gravit une crête d'où l'on ne peut plus les apercevoir, les colonnes de fumée qui s'élèvent ici et là au milieu de la teinte crépusculaire de la forêt indiquent l'emplacement des habitations. La chaumière de mon père était de cette sorte, passablement éloignée de l'obscurité des sapins et environnée de bons prés, il en descendait une pente fort humide d'un vert resplendissant dont l'éclat égalait celui de l'émeraude. Derrière la maison il y avait un jardin potager où l'on cultivait même quelques fleurs. Pendant mon séjour à Prague mon père avait aussi aménagé sur un terrain sec un champ qu'entretenait le jeune Thomas aidé de mes sœurs.

Telle était la situation quand je revins au pays après avoir achevé mes études. Les hauteurs sylvestres qui s'étendaient au loin se prolongeaient en un agréable endroit écarté, fouillis inextricable brillant encore de toute sa beauté originelle où des mouchetures vert clair (ou dorées à l'époque de la récolte) se détachaient déjà, çà et là, sur le fond sombre des bois ; au fur et à mesure que l'on quittait la forêt pour entrer en terrain découvert, les mouchetures se faisaient plus nombreuses jusqu'à ce qu'enfin, au moment où la pente s'adoucissait, apparussent les ondulations des champs et l'éclat de maint clocher scintillant, il ne restait plus alors que d'étroites bandes bocagères. Cet endroit écarté de la forêt était exposé au soleil dans les courbures propices de la pente, il y faisait fort chaud en été, bien plus chaud même qu'on ne pourrait le penser, toutefois l'endroit était aussi très froid en hiver et on n'imaginerait pas non plus que la neige y pût tomber en aussi grande quantité et en rafales aussi violentes. Tel un souffle de vent sylvestre un ruisselet coulait en murmurant parmi les buissons qui croissaient au fond de la vallée et dans les lits des cours d'eau, il y en avait un dans chaque vallée, dans chaque inflexion du sol de la forêt, le ruisselet finissait par déboucher en terrain découvert où commençaient les blés où coulaient de larges ruisseaux puis une rivière, tandis qu'un vent sec passait au-dessus des champs et des maisons des hommes. Les habitants du bois ne désignaient point autrement que sous le nom de « pays du dehors » chacune de ces régions fertiles.

Quand je rentrai chez moi pour exercer mon métier, le défrichement des champs s'était beaucoup rapproché des bois et y avait même pénétré par places, cependant, à l'endroit où se trouvait la maison de mon père, la forêt sombre et obscure se déployait toujours et prédominait nettement sur la lueur ou l'éclat de blé.

Quelque chose d'autre s'était amélioré et je ne fus pas long à en comprendre l'utilité lorsque je vins me fixer dans la région. À mon départ j'étais encore un jeune garçon et il n'y avait alors guère d'autres voies que des sentiers circulant à travers bois et sur les hauteurs environnantes. Là où une voiture pouvait rouler le chemin avait été frayé uniquement à force d'y passer, on utilisait en effet les replis du terrain permettant le passage d'une voiture, ainsi se formaient des ornières que tous les véhicules empruntaient par la suite. Mais quand la résistance du sol des ornières variait, des creux et des cavités se formaient, de sorte que faire le trajet devenait un pénible travail si l'on devait voiturer du bois ou quoi que ce fût d'autre jusque chez soi. Les habitants de la forêt n'avaient pas la moindre idée de ce que c'était que de pouvoir s'asseoir sur une charrette et se faire transporter simplement pour n'être point obligé d'aller à pied. C'eût été en effet plus difficile et bien plus lent que de marcher ; les gens ne s'asseyaient sur une charrette que lorsque celle-ci par accident se trouvait vide, lorsqu'elle tournait autour de quelque chose ou lorsqu'elle roulait sur un chemin étroit et fangeux, bordé de broussailles, de sorte qu'un homme ne pouvait marcher de front avec un véhicule. En outre le conducteur de l'attelage, assis en position presque droite sur le rebord supérieur de la ridelle ou de la planche qui fermait la charrette, se laissait ballotter lorsque les roues descendaient dans un creux ou en remontaient. Aiguillonnés par l'exemple et les enseignements reçus d'un gros propriétaire de l'endroit, les gens de la plaine avaient cependant à une certaine époque commencé à construire de fort bonnes routes, des routes telles qu'on en voit toujours dans les régions où vont et viennent charretiers et marchandises. Non contents d'aménager des voies reliant entre elles des localités différentes, ils en firent aussi, lorsqu'ils en reconnurent l'utilité, jusque dans les champs et d'une manière générale aux endroits fréquemment empruntés par des charrettes chargées. Ce spectacle frappait les yeux par sa beauté. Les gens de la forêt qui se rendaient assez souvent en plaine se réjouissaient de voir des voitures circuler sur de larges chemins roulants bien établis, presque bombés, comme si les bêtes n'étaient point attelées ; à la vérité ils ne percèrent pas pour autant des routes en montagne, la chose était impossible chez eux, dirent-ils, ils jetèrent cependant des pierres dans les creux de leurs chemins, nivelèrent le sol, débarrassèrent la voie de mainte broussaille, de façon à ménager un sentier à côté des ornières et ne purent souffrir plus longtemps qu'il y eût de la boue sur leurs chemins ou que quelque ruisseau en élût un morceau en manière de lit. Ils virent bientôt quelle grande peine ils s'épargnaient ainsi dans les charrois et quelles fatigues avaient pris fin désormais et ils comprirent aussi bientôt quelle économie de temps, d'attelages et d'équipage on réalisait ; ils persistèrent donc dans la guise choisie au début et remirent toujours en état dès son apparition le plus petit endroit endommagé. Lorsque je me rendais auprès de quelqu'un qui m'attendait avec beaucoup d'impatience j'éprouvais une grande joie si je venais à croiser sur ma route un paysan transportant quelques pierres sur sa charrette vide. Il rentrait chez lui avec ce chargement prélevé sur son champ ou sur les pierres marquant la limite de celui-ci, et il l'allait jeter dans quelque creux qu'il avait remarqué tantôt. Je voyais bien aussi qu'il emportait avec lui un maillet à long manche pour casser les plus gros cailloux, qu'on ne pouvait emboîter facilement, et pour corriger jusqu'aux plus petites inégalités du sol. Mais le fait de nettoyer leurs chemins et la plus grande exigence qui se manifestait désormais dans cette activité conduisirent les gens plus loin. Plus d'un se mit à tenir sa maison et les alentours de celle-ci plus propres qu'autrefois, un mur de pierre (et non plus de bois comme jadis) s'éleva ici et là, on vit apparaître le dimanche maints vêtements plus plaisants et plus coquets, désormais quand la cithare résonnait, ce n'était point à vrai dire pour exécuter des mélodies nouvelles car on reprenait toujours les mêmes de siècle en siècle, mais pour jouer les airs traditionnels avec plus d'agrément et de gaieté.

Je trouvai donc les choses en cet état lorsque j'arrivai au pays pour commencer à exercer mon activité. De plus en plus de monde vint réclamer conseils et assistance. Je parlais à chacun avec bienveillance, s'il m'arrivait au cours de mes pérégrinations de passer devant quelque maison ou chaumière dont les occupants me connaissaient, soit depuis mon enfance, soit parce que j'avais été récemment en mesure de leur rendre un service, j'entrais et nous parlions de leurs propres affaires ou de différents autres sujets. L'après-midi je restais souvent un moment assis sur un banc devant quelque maison à converser ou à jouer au soleil avec les enfants, puis lorsque le soleil prenait sa plus belle couleur dorée, je regagnais mon logis en traversant le bois de Kirm : sous les saluts de tous les arbres, je marchais escorté par le lent bruissement des aiguilles des pins ; les montagnards sont gens de grand sens et le plus souvent de commerce agréable. J'étais encore fort jeune, bien trop jeune pour un médecin, mais ils me firent confiance comme à un enfant du pays et en appelèrent parfois à mes conseils pour d'autres affaires que pour des maladies.

Peu à peu, la contrée me devint de plus en plus chère et, de même que j'avais déjà quitté maintes fois la ville pour aller en forêt, de même il était bon de rouler sur le chemin de la maison en revenant de Pirling qui n'est pourtant point du tout éloigné, ou de Gurfeld, de Rohren, de Tunberg (où l'on m'appelait assez souvent) et de saluer d'en haut une nouvelle fois la verdure des sapins à mes pieds ; un ruisselet bruissant qui se frayait difficilement un passage dans la forêt bondissait à ma rencontre, un bouleau brillait au loin dans les montagnes, des billots en train de se dessécher gisaient au bord du chemin (car point n'est besoin d'y prêter particulièrement attention ici) et de chaque côté des touffes d'arbres se succédaient de plus en plus épaisses, en haut les branches flottaient et s'allongeaient en berceau au-dessus de la voie, en bas un tronc portait gravée quelque petite image. Quand je pénétrais sous le couvert, venant des belles routes presque droites de la plaine, celles-ci s'interrompaient, commençaient des chemins étroits, sinueux, vagabonds sur lesquels il fallait ralentir, j'éprouvais alors comme l'agréable sensation de retrouver mon pays natal et une sorte de bien-être.

Je fus appelé dès le début de l'automne chez de nombreuses personnes habitant des lieux éloignés les uns des autres de sorte que je ne m'en pouvais tirer à pied et comme les véhicules sont introuvables en montagne ou servent aux travaux des champs ou encore ne convenaient point à l'usage que j'en voulais faire, je m'achetai un cheval et fis confectionner un cabriolet à Pirling dans l'intention de m'en servir plus tard. À la fin de l'automne, une fois la terre gelée, j'avais aussi commencé de faire construire une belle écurie adossée à notre chaumière avec un double revêtement de bonnes planches dont je comblai d'abord les interstices avec de la mousse. On construisit également derrière une petite cabane où l'on rangea mon cabriolet et où pouvait loger aussi un traîneau étroit que j'avais également l'intention de faire fabriquer. Au Rotberg l'aubergiste possédait un alezan doré – avec quel plaisir j'étais souvent resté assis là-bas à regarder le rocher rougeâtre qui surgit hors de terre, le ruisseau murmurant qui jaillit entre les montagnes avec un joyeux tumulte et sur l'autre rive, les nombreuses fenêtres de la maison, orientée de ce côté ! En arrivant de mes pérégrinations dans les détours des ravins de la forêt, fatigué, je posais mon bâton et ma barrette à côté de moi contre la pierre avant de me rafraîchir en buvant une boisson vivement désirée puis je considérais l'opulente et confortable auberge. La scie à refendre grinçait au fond de la vallée, le torrent jaillissait avec un bouillonnement neigeux parmi les rochers noirs de la forêt, devant l'auberge la place était fort spacieuse, plusieurs bancs étaient disposés le long du mur, des gens entraient et sortaient de la maison vaquant à leurs occupations. Que de fois un soleil radieux baignait la rue attenant à l'auberge (devant laquelle passait le meilleur chemin carrossable de la forêt), illuminant les nombreuses fenêtres qui donnaient sur ce côté ! Mais combien de fois aussi le soleil sur son déclin rougissait les ornements de bois garnissant la façade, les bancs et les sarments qui escaladaient le mur, et posait ses rayons obliques de l'autre côté, sur la crête boisée ; celle-ci projetait une ombre allongée sur le Rotberg dont le flanc portait les mouchetures grises des maisons disséminées dans la forêt. Puis quand j'avais bien contemplé ce spectacle, quand l'échauffement de mon corps s'était dissipé et que mes pieds fatigués étaient un peu délassés, je traversais le sentier, j'avançais dans la ruelle menant à l'auberge et je buvais le verre qu'on m'avait apporté dehors, car d'ordinaire, en me voyant installé sur ma pierre, on préparait ce qu'on allait me servir. Ensuite, j'échangeais quelques mots avec Martin, l'aubergiste (si d'aventure celui-ci n'était pas absent), ou bien avec un autre consommateur, ou encore avec quelque autre personne de la maison. Le dimanche après-midi, les hôtes remplissaient la ruelle et Josépha, la fille de l'aubergiste, s'installait volontiers dans le pré en pente situé là derrière, à cet endroit un pommier se dresse sur une petite butte où l'on voit aussi une petite chaumière avec une petite table et un petit banc, elle y jouait de la cithare et fort bien. Quelques jeunes filles lui tenaient habituellement compagnie et quelques enfants traînassaient à leurs pieds. Ensuite vers le soir, parfois même à la nuit noire ou bien l'après-midi tandis qu'il faisait encore chaud, je traversais la vallée du Haidgraben pour gagner la hêtraie et monter vers la pente boisée où se trouvait notre maisonnette – Nous disions assez souvent, Martin et moi, que je ne pouvais continuer éternellement à faire à pied tous les trajets pour aller voir mes malades, les fatigues auxquelles j'étais soumis finissaient par devenir excessives, elles allaient croissant car j'avais de plus en plus de travail et les gens réclamaient de toutes parts mon assistance. Porter assistance aux malades est effectivement un devoir rigoureux et si l'on est à pied, on se verra peut-être contraint de se limiter aux urgences, en outre s'il faut en diligence aller secourir quelqu'un, on risque d'arriver trop tard pour que l'aide apportée soit efficace. Martin le disait assez souvent, je devais m'acheter un cabriolet et un cheval qui me permettraient de rouler sur les chemins carrossables, il me resterait encore suffisamment de sentiers à parcourir ou à gravir à pied. Je lui répliquais que je ne disposais pas encore de la place nécessaire pour loger un cheval et un cabriolet chez nous, en conséquence il me fallait encore attendre : Mais, ajoutais-je, avec la bénédiction de Dieu et si les gens me font confiance, je ferai comme vous dites plus tard, je le dois si je veux aller plus vite et plus loin.

– Ah ! docteur, me dit un jour Josi-le-Colporteur qui assistait par hasard à une de nos conversations, continuez encore un temps à circuler à pied, vous êtes jeune et vigoureux. Et ainsi, en portant mon ballot par monts et par vaux, je vous vois traverser vous aussi bois et champs et planter votre bâton dans le sable.

– Oui, il est beau de marcher à travers bois et champs, répondis-je, nous concevons mal qu'en ville vivent des gens qui restent constamment assis dans leur chambre ou que leur métier confine dans une boutique ou un caveau, c'est seulement le soir venu qu'ils peuvent dire en se promenant sous quelques méchants arbres qu'ils s'y délassent et y prennent l'air. Mais si vous avez hâte de connaître l'effet produit par le remède que vous avez peut-être prescrit, si vous ignorez dans quel triste état se trouve celui qui vous a appelé tandis que vous traversez bois et champ à pied, si un patient habitant loin là-bas de l'autre côté des hauteurs situées dans la direction opposée vous attend encore, si vous rentrez chez vous ayant dû négliger quelqu'un qui peut-être avait espéré que vous viendriez aujourd'hui, enfin si vous pensez : As-tu agi en tout comme il le fallait ? tu dois aussi consulter tes livres – alors il est parfois amer d'aller à pied ; en outre, un corps fatigué a également moins de jugement qu'un corps reposé et robuste. Mais il n'importe, il n'importe, cela continuera bien encore un moment comme vous avez dit, je ne me fatigue point, et souvent il suffit d'un rocher, d'une souche tombée à la renverse, d'un regard jeté à la ronde sur toute l'étendue bleue des forêts – ensuite cela va de nouveau. Vous rappelez-vous, Josi, le jour où nous sommes restés assis tous les deux ensemble (vous aviez votre ballot) et les paroles que vous m'avez dites alors ? Maintenant, le besoin n'est plus aussi pressant. Il y a deux semaines les gens se portaient si bien que je fus rempli de joie, tout prospérait partout à la ronde et j'eus le temps de dessiner des esquisses pour des choses que je voulais faire faire, je pus rester sur place et assister au travail quand celui-ci était déjà commencé ; de plus la marche me manqua tellement que j'allai me promener pendant de longues heures, le plus souvent je montais au bosquet de chênes – vous savez, là où il y a de si beaux fûts, les plus beaux de toute notre région à mon avis – il y aurait à la lisière du bosquet un bon emplacement pour qui voudrait s'établir là, ce serait l'endroit rêvé pour une maison dont les fenêtres domineraient les champs que le père Meierbacher fait actuellement défricher, la pente boisée où se trouve notre maison et plus loin, au-delà de notre maison, les champs montant vers le Mitterweg en direction des Dürrschnabel et du bois de Kirm.

Ainsi parlais-je d'ordinaire, et mes interlocuteurs m'approuvaient dans l'ensemble.

Je connaissais fort bien l'alezan doré de l'aubergiste du Rotberg. Dans les premiers temps, je l'avais pris quelquefois pour mes visites, puis mon champ d'action s'étant élargi, je m'étais vu obligé de parcourir des distances plus importantes et j'avais dû envoyer en bas le jeune Thomas pour demander au cousin Martin de tenir prêt son alezan. Nous avions coutume d'appeler Martin « cousin », il était en effet de nos parents mais tellement éloigné que nul ne pouvait plus indiquer notre degré de parenté. Mon père avait toujours plaisir à s'entendre appeler « cousin » par l'aubergiste et il me semblait à présent que ce dernier ne voyait pas la chose d'un mauvais œil lorsque je lui donnais moi aussi du « cousin ».

Dès que la petite écurie que j'avais commencé de bâtir au cours de l'automne se trouva prête, je descendis chez le cousin Martin et lui demandai s'il acceptait de me vendre l'alezan doré. Comme il n'avait justement rien là contre et que nous étions déjà convenu du prix, un valet conduisit aussitôt l'alezan (avec tout son harnais) en haut, dans la nouvelle écurie de la pente boisée. Peu après le cabriolet arriva également de Pirling, et vint occuper la cabane qu'on avait construite à cet effet contre notre maisonnette, dès lors je disposai d'un véhicule et d'une monture avec lesquels je circulai désormais tout seul sur les chemins de la montagne (dont je reconnus bien l'amélioration à ce moment-là). J'aménageai ma voiture de façon à pouvoir y loger mes livres, mes instruments, et même d'autres objets dont je risquais d'avoir besoin. Je voyageais assis au milieu de tout cela. Lorsque la neige fit son apparition et se maintint sur les chemins, on apprêta le traîneau. Que de fois, au début de l'hiver, lorsque je rentrais chez moi tandis qu'une forte tourmente chassait toute la neige à hauteur de maisons sur les versants boisés ou que par grand froid les étoiles se découpaient dans le ciel, si nettes qu'il semblait que leur éclat même eût gelé d'un bloc, le jeune Thomas, apparu sur le seuil à l'appel de mon grelot, reçut de mes mains le cheval, mon bon alezan, et le fit marcher un peu autour de la maison avant de le mettre à l'écurie ! Quand j'entrais dans la pièce où la lampe brûlait, répandant sa vive clarté, et où la chaleur la plus douce émanait du poêle, ma sœur Katharina m'ôtait ma pelisse à laquelle de la neige et des glaçons restaient accrochés ; elle allumait des chandelles et me conduisait à ma chambre, là aussi des bûches de sapin craquaient dans le poêle, ou bien une souche de hêtre qu'on y avait ajoutée se désintégrait lentement en un brasier dégageant une agréable chaleur. J'avais même fait percer une grande porte dans le poêle, et j'avais ménagé celle-ci de façon à ce qu'elle fermât au moyen d'une fine grille métallique, je pouvais ainsi voir le feu comme j'aime à le faire. Lucia cuisinait et mon père s'engageait dans la neige craquante qui cernait la maison pour se rendre à la remise à voitures et rapporter chez nous les affaires qui se trouvaient dans le traîneau. Je me déshabillais, enfilais un vêtement d'intérieur confortable et m'asseyais parmi les miens.

Mon activité s'élargissait de plus en plus. Je ne refusais pas les menus présents que les gens me pouvaient donner, je n'acceptais rien des pauvres, hormis quelque petite chose, quand je savais que cela ne leur ferait point faute, et qu'un refus les eût humiliés. J'exigeais davantage des riches et même si rien ne changeait en apparence, la bénédiction de Dieu était pourtant là, et je jouissais d'une aisance grandissante.

Dès le printemps, je fus en mesure d'acheter au père Allerb un bon morceau de terre et de champ ; ce terrain était situé au-dessous de chez nous, si l'on descend la pente, il se prolonge en une belle étendue unie. Cet endroit est bien plus chaud et plus abrité des vents car le terrain s'élargit vers le haut et maints arbres florissants y croissent ici et là, je résolus donc d'y bâtir une maison où j'habiterais pour le restant de mes jours. Pendant tout l'hiver, j'en avais dessiné les plans tâchant de représenter mon projet fort clairement et distinctement pour le faire comprendre au maître d'œuvre. Je pus aussi engager les premiers travaux dès le printemps et les mener jusqu'au point où l'on délimita les pièces et où l'on fournit ce qui était nécessaire pour la construction. Je désirais faire faire plusieurs petites pièces vraiment belles pour mon père et mes sœurs.

Le père Gregordub possédait deux poulains : ceux-ci, nés à quelques jours d'intervalle seulement, étaient d'un noir si uniforme qu'aucun des deux ne possédait le moindre poil blanc. Sans doute leur pelage, où prédominait toujours mais de peu la laine, n'était-il encore que d'un gris-brun sombre mais on voyait bien qu'ils acquerraient un poil noir et luisant lorsqu'ils parviendraient à l'âge adulte. J'achetai les poulains à leur propriétaire et décidai de les élever le mieux possible pour l'usage que j'en ferais plus tard. J'engageai un aide pour seconder le jeune Thomas et tous deux reçurent la tâche de veiller sur les poulains mais je décidais moi-même quoi leur donner à manger et comment en user avec eux. On leur construisit une étable provisoire pour l'été, je verrais bien par la suite ce qu'il convenait de faire pour l'hiver.

On avança beaucoup les travaux de construction au cours de l'été. Cependant, je voulais qu'en liaison avec l'ensemble du projet l'on commençât par apprêter entièrement une chambre où je pourrais continuer à loger l'hiver suivant et que l'on fît ensuite une écurie où les trois chevaux seraient en sûreté, un abri pour la voiture et le traîneau et enfin les autres locaux indispensables pour tout cela.

Cette installation était déjà achevée à l'automne.

Mais avant l'arrivée de l'hiver mon père mourut et mes deux sœurs également. Je n'avais pu leur apporter aucune aide malgré tout mon désir. Ma douce Katharina fut la dernière à s'en aller.

Désormais la chaumière paternelle était vide et il m'était insupportable de la voir ou d'en franchir le seuil.

Je savais que les murs de la maison neuve étaient encore humides et que cette humidité pouvait être nocive, je fis néanmoins prendre toutes mes affaires dans la chaumière et les fis descendre à la pièce qui se trouvait prête et où j'avais décidé d'habiter. Je fis mener les trois chevaux à l'écurie nouvellement construite, Thomas, le valet, dut descendre avec moi, l'autre resta dans la chaumière et s'occupa des vaches qui demeuraient là-haut ainsi que du veau que nous avions entrepris d'élever. J'aurais dû le vendre comme on me le proposait, mais je ne pus me résoudre à m'en défaire. J'engageai une femme pour préparer nos repas et je la logeai dans une petite chambre située à côté de notre cuisine provisoire. J'ordonnai que l'on fît fonctionner tous les poêles déjà utilisables et que l'on ouvrît en outre portes et fenêtres durant mon absence, pendant la journée. Pour la nuit, j'installais dans toutes les chambres à coucher et même dans l'écurie un grand récipient rempli de potasse que nous avions au préalable portée à incandescence puis refroidie, de manière à ce qu'elle absorbât l'humidité qui suintait des murs.

L'hiver qui suivit fut bien triste. Comme je me retrouvais seul, les gens de toute la région se montrèrent fort obligeants et bienveillants à mon égard – en rentrant chez moi, j'allumais les chandelles, assis dans ma chambre, je consultais mes livres ou notais les faits importants survenus dans la journée.

Au printemps, je découvris une source que je jugeai salubre. L'eau contenait des sels, j'en fis l'essai et y trouvai des substances qui se rencontrent également dans les sources renommées pour leurs vertus curatives.

Les travaux de construction reprirent également au printemps, lorsque le gel eut abandonné la terre et que son retour ne fut plus à craindre. À l'automne, le travail était beaucoup plus avancé que l'année précédente à la même époque et l'on put mieux aménager ce que l'on avait déjà terminé. La maison pouvait paraître achevée à des yeux ignorants, bien qu'il y manquât des parties prévues par le plan que j'avais couché sur le papier et qui devaient donc venir s'y ajouter peu à peu. Nous descendîmes chez moi les trois vaches (car entre-temps le veau avait grandi) qui étaient restées chez mon père et emportâmes aussi le mobilier dont nous avions besoin ou qui était utilisable. Le valet qui avait continué d'habiter en haut durant l'année écoulée vint aussi loger à la maison d'en bas.

Après cela je fis abattre la chaumière paternelle. Une bonne partie des sculptures sur bois qui décoraient mon ancienne chambre trouvèrent place chez moi dans différentes pièces, notamment dans mon cabinet d'étude, je mis les autres de côté. De même, maintes autres choses me plaisaient, se rapportant de façon singulière au souvenir de mes années d'enfance, je ne les fis point détruire mais porter chez moi où on les installa en divers endroits. À l'arrivée du froid automnal, lorsque les prés se hérissèrent d'une belle gelée blanche, on ne voyait plus la chaumière. Le regard pouvait librement se porter jusqu'à la forêt qui commence plus loin, en amont, coupant de sa masse noire la pente neigeuse. Qui fût allé plus avant eût reconnu l'emplacement occupé jadis par la chaumière, aux traces de pas laissées par les démolisseurs, aux blessures infligées au gazon lorsqu'on avait jeté à bas nombre de poutres et de planches, enfin à la tache de terre noire qui s'étendait là. J'avais fait ameublir le sol et j'y semai de l'herbe qui lèverait au printemps suivant. J'ordonnai aux ouvriers de descendre chez moi les pierres disposées jadis sur le toit de la chaumière paternelle ainsi que celles qui avaient formé le foyer de la cuisine et celui de chaque poêle, l'année suivante, je les ferais mettre dans les murs de mon jardin, de manière à les avoir constamment sous les yeux désormais.

Les choses étaient donc dans un tout autre état que je ne l'avais pensé et si chèrement espéré.

Ce même été, j'eus sujet pour la première fois d'être content de l'eau que j'avais découverte. En juillet le père Inbuchsbauer descendit du haut Astung et vint me voir, il menait avec lui son jeune garçon qui avait précédemment gardé les poulains du père Gregordub, il me pria de bien vouloir donner au gamin quelque chose à manger le midi deux fois la semaine : ce dernier trouverait bien pitance chez de braves gens les autres jours et le père Beringer d'en bas lui avait donné permission de dormir dans son foin. Anna Keum avait été fort mal, l'état de son pied avait empiré, lui causant de grandes souffrances. Elle avait alors bu de l'eau curative qui jaillissait dans le Grundbühel, avait baigné son pied dans cette même eau, après qu'on l'eût fait chauffer chez le père Klum, et elle était tout à fait rétablie maintenant. Le père Inbuchsbauer avait donc résolu de mener également Gottlieb en bas, s'il y restait, s'il buvait de cette eau et s'y baignait, cela pourrait peut-être le guérir lui aussi. J'examinai le malade, ce n'était certes pas un spectacle humain que ces vilains ulcères qui avaient surgi sur la gorge et sur la nuque du jeune garçon. Je connaissais fort bien ce genre d'affection qui s'était présenté chez Anna Keum, je dis au père, comme il était tout à fait naturel, que j'offrirais volontiers un repas à son fils deux fois la semaine le midi mais aussi le soir, je voulais également étudier son cas plus à fond. Le père Inbuchsbauer est fort pauvre, il n'est fermier que de nom, il s'agit en fait d'un tout petit propriétaire forestier pauvre et vivant au plus épais des bois du haut Astung sans épouse ni autres parents. Lorsqu'il vit que son garçon pouvait demeurer ici en bas, il retourna chez lui réconforté. Je fis entrer le jeune homme dans ma chambre, l'interrogeai et l'examinai le dégoût est chose étrange, il ne doit point paraître (et il ne paraît point en effet) lorsque l'on est dans le cas de secourir un être humain doué d'entendement et capable de révérer l'auteur de ses jours. Je me lavai les mains, changeai de vêtements et descendis me promener au bord de la Siller. Des coups de marteau résonnaient joyeusement sous le couvert des arbres, l'on préparait des montants pour mes portes. Le garçon prit l'eau comme je le lui avais prescrit. Après un temps, je lui dis : Qu'iras-tu donc manger chez différentes gens ? et qui sait aussi ce qu'ils te donneront qui ruinera à nouveau l'effet de l'eau et de mes remèdes ? Viens donc manger chez moi tous les jours.

Le garçon me remercia avec reconnaissance, dès lors il vint chez moi chaque jour. Derrière la cuisine se trouvait une petite chambre destinée à loger une domestique le jour où la maison en accueillerait une de plus, on y installa pour lui une petite table commode que le charpentier avait confectionnée ainsi qu'une chaise douillette et mes gens lui donnèrent à manger ce que j'avais prescrit. Son état s'améliora grandement. Vers l'automne, je lui dis : Bientôt, il fera probablement trop froid pour dormir dans le foin, viens donc habiter chez moi, je verrai bien à t'héberger.

Étant si peu nombreux, nous disposions d'un certain nombre de pièces qu'on avait achevées peu à peu et dont nous n'avions point l'usage. Je choisis pour le garçon une chambre qu'on avait badigeonnée l'année précédente. Pour accéder à cette pièce, située à l'écart, on traversait la cour en se dirigeant vers la gauche depuis la porte, à côté l'on devait aménager une autre chambre et je comptais décorer celle-ci avec de belles solives et d'autres ouvrages sculptés mais elle était encore inachevée et encombrée de billes de bois, de planches et de terre amassée. Maria, ma vieille gouvernante, confectionna une paillasse y ajouta d'autre literie que nous n'utilisions pas et vint à bout de faire une couche convenable. On avait fabriqué un socle en assemblant des planches trouvées sur place. Gottlieb transféra dans cette pièce la chaise et la table de la chambrette où il avait mangé jusqu'ici. C'est là qu'il se tenait désormais lorsqu'il ne se promenait pas dans les environs comme je le lui avais prescrit.

Vers la Saint-Michel, le temps se refroidit et je lui dis de cesser de prendre de l'eau maintenant, nous n'utiliserions plus de remède jusqu'au printemps. Je le jugeais entièrement rétabli. Les lésions de la gorge et de la nuque s'étaient refermées sans laisser de traces, il avait les yeux plus clairs et plus brillants, les joues plus rouges. Son père était descendu le voir deux fois. À la fin de l'automne, au moment où l'on abattit la chaumière de mon père, il revint et voulut reprendre son garçon chez lui. Mais je lui fis remarquer que son enfant mangerait à nouveau toutes sortes de choses, là-haut sur l'Astung, cela pourrait lui être nocif, il lui fallait encore passer l'hiver chez moi où nous nous occuperions de lui ; pendant l'été, beaucoup de bûchettes et d'éclats de bois étaient tombés des troncs ouvrés par mes charpentiers, s'il en rassemblait et en empilait autant qu'il en voulait, il pourrait ainsi se chauffer avec le petit poêle vert qui se trouvait dans sa chambre. Le père accepta ma proposition. Tous deux me remercièrent avec une reconnaissance incroyable – et souvent par la suite en rentrant du travail, je vis le jeune garçon occupé à empiler les bûchettes contre le mur de sa chambre (surtout du côté d'où viendraient le vent et la tourmente de neige). Plus tard je lui donnai également un coffre à mettre chez lui, afin qu'il pût y ranger les chemises neuves et les vêtements que je lui avais fait confectionner.

J'engageai alors davantage de gens chez moi. Le jeune Thomas prenait soin des chevaux (à savoir : l'alezan et les deux jeunes bêtes dont le pelage était devenu d'un noir véritablement aussi beau et aussi brillant que de l'agate), ces animaux, confinés malgré eux dans l'écurie, y menaient grand tapage, se cabraient et faisaient tomber tout ce qui était à portée de leurs dents. Les quelques heures durant lesquelles on les promenait quotidiennement pendant l'hiver n'étaient pas suffisantes, au cours de l'été ils avaient passé la majeure partie du temps au grand air. En dehors du travail que lui donnaient les chevaux, Thomas effectuait toutes sortes de tâches dans la maison. Il y avait ensuite le valet qui avait pris soin des vaches l'année précédente, ce dernier bêchait tout le jardin (qui se trouvait déjà préparé), il se chargeait de me procurer du bois, clouait diverses choses chaque fois qu'une réparation était nécessaire et accomplissait aussi d'autres gros travaux. Il gardait également les vaches au pâturage. Il y avait encore Maria, la gouvernante, qui s'occupait des repas, du blanchissage, des vêtements, du nettoyage de la maison et ainsi de suite et enfin deux servantes – l'année précédente j'avais assisté l'une d'elles au cours d'une maladie qui eût pu être mortelle.

Il nous fallut supporter un rude hiver. Du plus loin qu'il leur souvînt, les plus âgés n'avaient vu autant de neige. Nous restâmes une fois entièrement ensevelis sous la grisaille d'une chute qui dura quatre semaines sans interruption, souvent avec du vent et souvent aussi avec de gros flocons qui tombaient sans vent mais dru. De tout ce temps nous ne mîmes point le nez dehors. Lorsque j'étais assis dans ma chambre avec les chandelles allumées, j'entendais un grésillement continuel aux fenêtres, lorsque celles-ci s'éclairaient et qu'entrait la clarté du jour, je ne distinguais point à travers les carreaux la forêt qui s'étendait derrière la chaumière que j'avais fait abattre car un rideau gris, clair mais impénétrable, me la cachait, je ne pouvais voir que les choses les plus proches en bas dans ma cour et aux environs de la maison ; ici une poutre devenue infiniment courte se dressait, couverte d'un bonnet de neige, là un long remblai blanc et laineux marquait l'endroit où gisaient les arbres abattus durant l'été en vue d'une construction ultérieure. Quand la tempête eut cessé, le ciel bleu et limpide réapparut au-dessus de la masse blanche ; tandis que nous descendions les versants, nous entendions souvent dans le silence absolu qui régnait alors les craquements produits par les arbres qui se brisaient et s'écroulaient sous leur fardeau, en haut dans la futaie. Les gens qui arrivaient par ici, venant des régions situées de l'autre côté de la crête, disaient qu'il y avait de telles quantités de neige dans les vallées montagnardes, où d'ordinaire coulent de clairs ruisseaux, qu'émergeaient uniquement les cimes des sapins hauts de cinquante coudées et plus. Dans ces conditions, nous ne pouvions utiliser que le traîneau le plus léger – j'en avais fait faire un second, un peu plus long mais aussi plus étroit que le premier. Il versait plus souvent que l'autre mais il se frayait plus facilement un chemin dans les gorges formées par les congères. Je ne pouvais plus circuler seul pour m'acquitter de mes devoirs car dans bien des cas mes propres forces ne parvenaient point à me tirer d'affaire. Et les malades étaient plus nombreux qu'ils ne l'avaient jamais été. Thomas m'accompagnait donc toujours maintenant, et nous pouvions nous prêter mutuellement assistance quand nous ne trouvions plus le chemin, quand il nous fallait faire sortir l'alezan de la neige où il s'enfonçait ou bien quand l'un de nous devait rester auprès du cheval tandis que l'autre rebroussait chemin pour aller chercher de l'aide. Après cette grosse chute de neige, vint un froid tel qu'on n'en avait guère connu de semblable jusque-là. D'un côté c'était une bonne chose, en effet l'épaisse couche de neige gela si bien qu'on put franchir des endroits et des gouffres qu'on n'eût jamais pu traverser en d'autres temps, mais la médaille avait aussi son revers, les gens qui faisaient un long trajet se fatiguaient et dans leur ignorance s'asseyaient, s'abandonnant à la douceur du repos, on les retrouvait ensuite gelés dans la position même qu'ils avaient prise en s'asseyant. Des oiseaux tombaient des arbres, était-on témoin de la chute de l'un d'entre eux, en prenant immédiatement l'animal dans la main, on constatait que celui-ci était dur comme une boule qu'on eût pu lancer. Si un flocon de neige tombé d'un arbre ou d'ailleurs se posait sur le dos d'un de mes deux jeunes moreaux durant leur sortie, il ne fondait pas pendant le retour quelque vifs, solides et fougueux que fussent ces animaux, le blanc et le gris ne disparaissaient de leurs dos qu'une fois arrivés à l'écurie. Quand on les sortait, j'apercevais parfois le jeune Gottlieb, celui-ci les accompagnait et restait derrière les bêtes auxquelles on faisait prendre différents chemins, c'était égal, le froid ne lui ferait rien et le garçon était bien emmitouflé dans la bonne pelisse que je lui avais fait confectionner dans une vieille à moi. Je descendais souvent aux chambres de mes gens, je vérifiais si tout était en ordre, si l'on avait le bois nécessaire à se chauffer, si le logis était bien clos partout de sorte qu'aucun vent coulis froid ne pût arriver jusqu'à l'un des occupants peut-être au lit et le rendre malade, je contrôlais aussi la nourriture, par un tel froid, il n'est pas indifférent que l'on mange telle ou telle chose. Gottlieb se chauffait uniquement avec des bûchettes, je fis porter chez lui une partie des grosses souches de hêtre. En haut, dans le bosquet de chênes, se produisit une explosion tout à fait extraordinaire. Le valet du père Beringer nous apprit qu'un des plus beaux fûts s'était fendu de haut en bas sous l'effet du froid, il l'avait vu de ses propres yeux. Thomas et moi allions emmitouflés de pelisses et d'autres vêtements de sorte que nous semblions deux paquets plutôt que des êtres humains. Cet hiver-là, dont nous pensions qu'il nous amènerait beaucoup d'eau, prit fin sur un événement prodigieux qui eût pu aisément devenir extrêmement périlleux pour nous s'il ne s'était ter-miné précisément de la façon dont il finit. Pendant toute la période de froid qui succéda à la grosse chute de neige, le temps fut au beau fixe, le ciel resta bleu, au lever du soleil la lumière et la neige fumaient ; la nuit davantage d'étoiles qu'en tout autre temps brillaient dans un ciel profond comme jamais auparavant. Mais un jour, vers midi, le froid nous quitta si brusquement que l'on put dire bientôt que l'air était tiède, l'azur limpide s'obscurcit, du sud de la forêt arrivèrent dans le ciel de gros nuages ronds et boursouflés, d'un bleu livide, qui flottaient dans une brume laiteuse comme lorsqu'un orage se prépare en été – une brise venait de se lever et faisait soupirer les pins d'où s'écoulaient des torrents d'eau. Vers le soir, les bois qui jusqu'alors étaient restés constamment couverts de givre et comme enrobés de sucre apparaissaient déjà, tout noirs dans l'amas de neige fondante blafarde. Nous eûmes un sombre pressentiment et je dis à Thomas qu'il demandât à tous de se relayer pour faire le guet, il fallait tenir à l'œil les portes de derrière, qu'il me réveillât au cas où la quantité d'eau se ferait trop grande. Mais on ne me réveilla point et quand j'ouvris les yeux le lendemain matin, tout était différent de ce que j'avais prévu. Le petit vent avait cessé, tout était si tranquille que pas la moindre aiguille ne bougeait parmi les sapins qui se dressaient sous mes yeux près des petits bancs que j'avais installés pour l'été à moins d'une portée de fusil de ma fenêtre, les gros nuages ronds, bleus, quelquefois plombés, avaient disparu du ciel, en revanche celui-ci était impassible et toute sa grande voûte était uniformément grise, je remarquai qu'il tombait une pluie fine mais dense devant l'entrée obscure du fenil dont la porte était ouverte ; cependant, en observant l'éclat chatoyant dont tout se parait, je vis qu'il n'émanait pas de la neige qui s'amollissait et suintait en se désagrégeant sous la pluie mais d'une pellicule blafarde dont toutes les buttes neigeuses étaient recouvertes. Dès que je fus habillé et que j'eus pris mon potage, je descendis dans la cour où Thomas préparait le traîneau. Je compris alors que le froid survenu derechef dans la région basse où nous habitions avait pris la couche de neige superficielle pendant la nuit, tandis que le radoucissement avait persisté en altitude dans le ciel : en effet la pluie tombait fine et serrée, non point sous forme de grésil, mais en eau claire qui coulait et gelait seulement en arrivant au sol, couvrant tout d'une fine couche d'émail telle qu'on a coutume d'en revêtir l'intérieur des poteries, pour éviter que le liquide ne se charge de couleur. Dans la cour, cette pellicule se brisait en menus morceaux sous les pas : il avait dû commencer à pleuvoir juste avant le point du jour. Je rangeai les affaires que je voulais emporter dans leurs compartiments qui furent installés dans le traîneau et ordonnai à Thomas de conduire l'alezan chez le maréchal-ferrant avant notre départ et de faire vérifier si ses fers étaient suffisamment tranchants parce que nous allions circuler sur du verglas ce jour-là – cette circonstance nous était grandement opportune et beaucoup plus agréable que si toute cette neige se fût changée en eau tout soudain. Puis je remontai dans ma chambre qu'on avait beaucoup trop chauffée, notai quelque chose, et songeai à l'ordre dans lequel j'allais faire ma tournée ce jour-là. J'observai aussi comment Thomas s'y prenait pour descendre l'alezan chez le maréchal-ferrant. Au bout d'un moment, étant prêts, nous nous disposâmes à partir. Je mis ma capote et mon grand bonnet de feutre d'où l'eau pouvait s'écouler. Je m'installai dans le traîneau et remontai la couverture de cuir autant que je pus. Thomas, assis devant moi, portait son manteau jaune sur ses épaules. Nous traversâmes tout d'abord le Taugrund, sur terre et dans les airs, tout était aussi paisible et uniformément gris qu'au début de la matinée ; nous pouvions entendre la pluie traverser les aiguilles de pin lorsque nous gardions le silence. L'alezan avait mal supporté le bruit des grelots de l'équipage du traîneau et avait pris peur à plusieurs reprises, je les ôtai donc dès que nous eûmes passé quelques bornes ; ces grelots font un tintement bouffon, aussi, lorsque je circulais de la sorte, préférais-je (et de loin) d'entendre maints cris d'oiseaux et maints sons venus de la forêt, ou de me livrer à mes pensées, plutôt que d'avoir toujours dans les oreilles un bruit tout juste bon à faire plaisir aux enfants. Certes le calme n'était point aussi absolu ce jour-là que d'autres fois où le traîneau avançait silencieusement dans la neige poudreuse comme dans du sable, les sabots mêmes du cheval restant inaudibles, car le fragile verglas faisait un bruit continuel en se brisant sous les pas de l'animal, mais le silence fut d'autant plus frappant quand nous dûmes faire halte pour que Thomas ajustât quelque courroie. Et la pluie qu'on pouvait entendre traverser les aiguilles des pins troublait à peine la tranquillité ; elle augmentait et, quand nous fîmes halte à nouveau un moment plus tard, nous entendîmes cette fois un bruit presque agréable à l'oreille, le givre accroché aux rameaux les plus fins et à la longue chevelure de la mousse des arbres se brisait et tombait, et nous tendîmes l'oreille, guettant tantôt ici tantôt là, en différents endroits du bois derrière nous, le faible tintement, le frémissement de la rupture, ainsi que le silence qui lui succédait aussitôt. Puis quittant le bois nous traversâmes les champs qui s'étendent à cet endroit. Le manteau jaune de Thomas brillait, comme huilé, des franges argentées bordaient la housse grossière du cheval, à un moment je tendis la main par hasard et saisis mon bonnet de feutre qui me gênait sur ma tête : je le trouvai raide, on eût dit que je portais un casque, sur le chemin ici plus large et plus ferme parce que plus souvent emprunté le sol était déjà recouvert de verglas, en effet l'eau qui s'était répandue la veille dans les ornières avait gelé elle aussi, de sorte que les sabots du cheval ne parvenaient plus à traverser ce revêtement et que nous

dûmes poursuivre notre route parmi les coups reten-
tissants des fers du cheval et les dérapages de notre
petit traîneau lorsque la surface du chemin était
quelque peu inclinée.

Nous passâmes d'abord chez le père Karbauer,
dont un des enfants était malade. Le toit de la maison était garni sur tout son pourtour de longues
chandelles de glace toutes raides, formant pour ainsi
dire une série de tuyaux d'orgue : certaines se brisaient, tandis que d'autres portaient à leur extrémité
une gouttelette d'eau qui les allongeait parfois et
parfois aussi préparait leur chute. En descendant du
traîneau, je remarquai que l'espèce de couvert formé
par ma capote que j'étends d'ordinaire sur moi et
sur le traîneau de façon à pouvoir bouger dessous et
remuer les bras était devenu un véritable toit, solide,
autour de moi, il produisit tout un carillon lorsque
je descendis et des glaçons tombèrent partout dans
le traîneau. Le chapeau de Thomas était raidi, son
manteau craqua en se détachant du traîneau lorsqu'il
en descendit lui aussi et chaque perche, chaque morceau de bois, chaque boucle, chaque petite partie du
traîneau tout entier nous apparut enrobé de glace
comme dans du sirop de sucre transparent, mille
gouttes d'eau gelées s'accrochaient jusque dans les
crins de l'alezan comme autant de perles pâles et se
fixaient aussi aux poils qui bordaient ses sabots, tels
des galons d'argent.

J'entrai dans la maison. On suspendit ma capote
à l'armoire, quand je posai mon bonnet de feutre sur

la table de l'entrée il me parut avoir sous les yeux une cuvette étincelante.

Au moment du départ nous brisâmes la glace restée sur nos chapeaux, sur nos vêtements, sur le cuir et sur les différentes parties du harnais et pulvérisâmes celle qui s'accrochait à la crinière et aux sabots de l'alezan, les gens du père Karbauer nous y aidèrent. L'enfant était presque entièrement remis. Derrière la maison, dans le verger, objet de la prédilection de son propriétaire, d'innombrables branches noires gisaient éparses sur la neige blanche, chacune de ces branches était recouverte d'une croûte de glace transparente, la petite blessure fraîche de la cassure apparaissait à côté de cette pellicule brillante. Les bourgeons bruns qui auraient dû donner des touffes de feuilles et de fleurs au printemps suivant passaient la tête à travers la glace. Nous prîmes place dans le traîneau et retrouvâmes la pluie, le calme gris et la solitude persistante du ciel.

En passant dans la Dubs, en haut du versant sur la gauche, la longue forêt qui monte ici jusqu'à la crête nous apparut non plus noire mais quasiment couverte de givre, de même qu'en hiver, pendant une longue période de froid, les aiguilles de pins sont saupoudrées de neige, mais ce jour-là le givre n'avait pas la blancheur du sucre auquel il ressemble ordinairement, on voyait partout l'éclat mat et la lueur uniforme qui règnent lorsque tout est humide par temps couvert, et cette lumière ne provenait point ici de l'humidité mais de l'énorme quantité de glace suspendue aux branches. Quand nous ralentîmes l'allure, après avoir monté un peu, nous entendîmes le craquètement des branches qui se brisaient en haut et la forêt parut animée. Le blême rayonnement de la glace sur les buttes de neige nous environnait de tous côtés, la grisaille du ciel était presque lumineuse et la pluie paisible continuait, uniformément fine et dense.

Nous avions à faire dans les derniers hameaux de la Dubs, comme ces endroits n'étaient guère éloignés les uns des autres je fis les trajets à pied et l'on mit l'alezan à l'écurie après l'avoir débarrassé à nouveau du givre cliquetant qu'il portait sur lui. Il fallut aussi ôter celui qui s'était accumulé sur le traîneau et sur les vêtements de Thomas, quant à mes effets, c'est-à-dire ma capote et mon bonnet de feutre, on se contenta de les battre et de les secouer superficiellement pour faire tomber une partie du givre mais on y laissa le restant, il me fallait circuler à nouveau sous la pluie et je me verrais charger de nouveaux fardeaux. Mes malades étaient plus nombreux que d'ordinaire en cette période de l'année. Mais tous se trouvaient rassemblés dans un rayon assez court, et j'allai de l'un à l'autre. La glace s'accrochait partout aux palissades, aux souches d'arbres fruitiers, et aux rebords des toits. Les interstices de nombreuses planches s'étaient enflés comme si le tout eût été enrobé d'une grande quantité de substance visqueuse qui se fût solidifiée par la suite. Plus d'un buisson ressemblait à un amas de chandelles entrelacées, ou à des coraux aqueux, lumineux, resplendissants.

Je n'avais jamais été témoin de ce phénomène comme ce jour-là.

Les gens firent tomber des toits un grand nombre de chandelles de glace qui avaient crû jusqu'à une dimension incroyable et qui sans cela emportaient avec elles des morceaux de bardeaux ou de gouttières en tombant à terre. Dans la Dubs, quelques maisons délimitent et entourent à la fois une jolie place, en passant à cet endroit, je vis deux servantes ramener chez elles, en traîneau, de l'eau qui sinon aurait coulé ici et là au cours du portage. La fontaine était située au milieu de la place, la neige avait déjà formé une congère autour de sa margelle de bois pendant l'hiver, pour y accéder les servantes devaient se tailler des marches à coups de hache. Au reste les gens ne mettaient pas le nez dehors et si par hasard quelqu'un se montrait, c'était la tête baissée sous son capuchon pour se protéger de la pluie et l'on progressait avec circonspection en s'agrippant avec les pieds pour ne point tomber sur le verglas glissant qui recouvrait tout.

Nous devions poursuivre notre route. Avec l'alezan, dont nous avions fait derechef affûter les fers, nous traversâmes les champs unis en direction du morceau de terrain situé à un coude de la Siller près du bois en amont, il y a là plusieurs chalets. En traversant les champs nous entendîmes quelque chose tomber avec un bruit sourd, mais nous ne pûmes déterminer ce que c'était. Nous vîmes briller un saule à la lisière du bois, ses branches résistantes argentées s'abaissaient, comme rabattues d'un coup de peigne. En nous approchant du bois, nous vîmes que le hameau forestier était couvert de givre, mais il jetait des étincelles scintillantes, il se détachait comme du métal poli au milieu de la grisaille claire, tranquille, mate qui régnait dans le ciel.

En quittant les chalets nous dûmes rebrousser chemin à travers champs, mais de biais, par le chemin menant à l'Eidun. Les sabots de notre cheval résonnaient sur la couche de verglas, il semblait que l'on jetât de grosses pierres contre des boucliers métalliques. Nous mangeâmes un morceau à l'auberge car nous serions arrivés chez nous trop tard pour le repas, après avoir ôté une nouvelle fois la glace accrochée au traîneau, au cheval et à nos effets, nous prîmes le chemin du retour. Il ne me restait plus qu'à me rendre aux dernières maisons de l'Eidun, nous pûmes ensuite traverser l'endroit occupé en été par les prés de l'Eidun, mais où passent en hiver tous ceux qui, se déplaçant tant à pied qu'en véhicule, ont à faire sur la pente boisée et plus haut dans le bosquet. De là nous rejoignîmes le chemin carrossable qui nous ramènerait chez nous en traversant le Taugrund. Une fois arrivés dans les prés (qu'en fait nous dominions alors d'une toise), nous entendîmes le même bruit sourd de chute qu'auparavant, mais nous ne le reconnûmes pas davantage que la première fois et nous ne sûmes point non plus déterminer avec précision sa provenance. Nous étions fort heureux d'arriver une bonne fois au logis car la pluie et l'humidité qui nous trempaient jusqu'aux os étaient très désagréables, tout comme le verglas glissant qui recouvrait entièrement la campagne de façon factice et contraignait le pied à s'agripper au sol avec précaution si l'on descendait du traîneau, d'où venait que l'on se fatiguait de façon incroyable, quoi qu'on ne marchât ni longtemps ni fort loin.

Lorsque nous atteignîmes enfin le Taugrund, à la lisière de la forêt qui descend des hauteurs jusqu'à notre route, nous entendîmes tout à coup, dans la forêt de résineux recouvrant le beau rocher qui se dresse à cet endroit, un bruit tout à fait extraordinaire, un bruit comme mon compagnon et moi n'en avions ouï de notre vie : il semblait que des milliers et des milliers, voire des millions de bâtons de verre clique-taient pêle-mêle et partaient vers le lointain dans cette confusion. Mais les conifères étaient trop éloignés sur notre droite pour que nous eussions pu distinguer très clairement le bruit, et celui-ci nous parut fort singu-lier au milieu du calme régnant dans le ciel et sur la terre. Nous fîmes encore un bout de chemin avant de pouvoir arrêter l'alezan, lequel avait pris son élan vers la maison, et aspirait probablement à terminer sa jour-née à l'écurie. Enfin nous fîmes halte, et perçûmes une sorte de bruissement confus dans les airs, mais rien d'autre. Ce bruissement ne ressemblait en aucune façon au fracas lointain que nous venions d'entendre au milieu des coups portés par les sabots du cheval. Nous repartîmes en direction de la forêt du Taugrund, l'entrée obscure du chemin sous le couvert apparut enfin. L'après-midi n'était guère avancé, le ciel gris était si clair qu'il semblait qu'on dût voir la lumière du soleil filtrer à travers les nuages ; c'était cependant un après-midi d'hiver, si sombre que les champs neigeux s'étendant devant nous commençaient déjà à changer de couleur, et que le crépuscule paraissait avoir envahi la forêt. Toutefois ceci n'était probablement qu'une illusion, produite par le contraste entre la luminosité de la neige et la couleur sombre des troncs qui se dressaient les uns derrière les autres.

Lorsque nous arrivâmes à l'endroit où nous devions pénétrer sous la voûte sylvestre, Thomas fit halte. Devant nous un pin fort svelte, ployé en cerceau, formait au-dessus de notre route un arc comme on en bâtit d'ordinaire pour le passage des empereurs. La glace qui pendait aux arbres était d'une splendeur et d'un poids inouïs. Les conifères debout comme des candélabres portaient d'innombrables chandelles renversées aux dimensions fabuleuses. Toutes ces chandelles scintillaient, argentées, les candélabres argentés eux aussi ne se dressaient pas tous à la verticale, beaucoup s'inclinaient en différentes directions. Le bruissement que nous avions précédemment entendu dans les airs s'expliquait maintenant, il n'était plus dans l'atmosphère mais auprès de nous, il régnait, ininterrompu, sur toute l'étendue de la forêt, tandis que branches et rameaux craquaient et tombaient à terre. Au milieu de l'immobilité générale ce bruissement paraissait d'autant plus effroyable ; dans ce paysage scintillant et resplendissant, pas la moindre branche, pas la moindre aiguille ne bougeait, hormis lorsque l'on voyait à nouveau, après un temps, un arbre courbé ployer davantage sous le poids de ses chandelles de glace. Nous attendîmes, regardant – était-ce sous l'empire de l'admiration, ou bien avions-nous peur de nous engager sous le couvert ? Notre cheval éprouvait peut-être des sentiments similaires aux nôtres, car la pauvre bête fit doucement quelques pas et imprima au traîneau plusieurs secousses qui le firent reculer un peu.

Nous restions là, écarquillant les yeux – nous n'avions encore rien dit – et la chute que nous avions déjà entendue par deux fois ce jour-là se produisit à nouveau. Mais nous la reconnûmes aisément cette fois-ci. On entendit d'abord un fort craquement, comme un cri, puis un souffle, un bruissement ou un frôlement bref et enfin le grondement sourd de la chute d'un énorme tronc jeté à bas. La détonation se propagea avec violence à travers le bois dans l'épaisseur des branches qui étouffaient le bruit, il y eut également un tintement et tout un chatoiement, comme si l'on eût poussé et ébranlé pêle-mêle une grande quantité de verre – puis tout redevint comme avant : les troncs restés debout s'enchevêtraient, rien ne bougeait, le bruissement paisible continuait. Et lorsque une branche, un rameau ou un glaçon tombait dans notre voisinage immédiat, l'effet produit était singulier, on ne voyait pas d'où cela venait, on apercevait seulement un éclair descendre vivement, on entendait peut-être le choc si l'on n'avait point vu la branche abandonnée et délestée se redresser d'un coup, puis tout retombait dans l'immobilité précédente.

Il était évident que nous ne pouvions pénétrer sous le couvert. Un arbre était peut-être couché avec tout son faix quelque part en travers du chemin, nous ne parviendrions ni à passer par-dessus ni à le contourner, la forêt était épaisse, les aiguilles d'arbres différents se mêlaient les unes aux autres, la neige montait jusqu'à l'entrelacs des branches inférieures. Si, revenant sur nos pas, nous avions voulu reprendre le chemin par lequel nous étions arrivés, peut-être dans l'intervalle un arbre y fût-il tombé aussi et nous serions restés bloqués. La pluie continuait sans relâche, nous étions nous-mêmes si bien enveloppés de glace que nous ne pouvions bouger sans mettre en pièces cette carapace, le traîneau était alourdi et comme vitrifié et l'alezan supportait lui aussi son fardeau. Pour peu que n'importe quoi dans les arbres acquît une once de plus, alors tout cela pouvait tomber, les troncs eux-mêmes tomberaient peut-être, ou bien les extrémités des chandelles de glace s'abaisseraient comme des coins, d'ailleurs bien des choses gisaient éparses sur le chemin qui s'allongeait devant nous, et nous avions pu entendre dans le lointain de nouveaux chocs sourds tandis que nous nous tenions là. Lorsque nous tournâmes la tête du côté d'où nous étions venus, nous ne vîmes nul être humain ou créature vivante sur toute l'étendue des champs et dans les environs, nous étions seuls en pleine nature, Thomas, moi-même et l'alezan.

Je dis à Thomas qu'il nous fallait revenir sur nos pas. Nous descendîmes du traîneau, secouâmes la glace de nos vêtements autant que faire se pouvait et ôtâmes celle qui était accrochée aux crins de l'alezan, il nous sembla qu'elle augmentait pour lors beaucoup plus vite qu'au cours de la matinée – mais peut-être,

tandis que nous surveillions et observions le phénomène le matin, son progrès nous paraissait-il plus lent
que l'après-midi, car nous avions alors d'autres choses
à faire et nous nous rendions compte seulement au
bout d'un moment que la glace s'était accumulée à
nouveau – ou bien il faisait plus froid maintenant et
la pluie s'était faite plus dense, mais nous n'aurions
pu dire ce qu'il en était exactement. Puis Thomas fit
faire volte-face à l'alezan et au traîneau et nous retournâmes le plus rapidement possible vers les maisons de
l'Eidun, toutes proches.

Au bout du hameau, en haut, à l'endroit où la colline commence tout doucement, nous retrouvâmes
l'auberge – le père Burmann l'a achetée cette année,
et n'y pratique plus que l'agriculture. C'est vers elle
que nous nous rendîmes le plus directement possible,
quittant le chemin pour avancer sur une neige qui
portait maintenant. Je demandai à l'aubergiste de bien
vouloir faire libérer et préparer une place dans son
écurie pour mon alezan. Il s'en occupa mais dut faire
passer un de ses bœufs de l'autre côté de l'écurie et
l'attacher en un endroit où il n'y avait provisoirement
que paille et fourrage destinés à être utilisés dans la
journée. Nous remisâmes le traîneau, puis nous nous
débarrassâmes une fois de plus de la charge accumulée
sur nous, ensuite, ayant sorti du traîneau ce qui m'était
nécessaire, j'annonçai mon intention de rentrer chez
moi à pied, il me fallait passer la nuit à la maison car
je devais préparer un certain nombre de choses dont
j'aurais besoin le jour suivant, en outre je prendrais un

autre chemin le lendemain, je me rendrais sur les hauteurs pour visiter des malades que je n'avais pas vus ce jour-là – je contournerais le Taugrund et traverserais toute la colline puis les prés du père Meierbacher en montant sur la gauche et les petits buissons d'aulnes qui ne présentent point de danger, en me dirigeant vers les pâturages du bosquet, de là je descendrais vers ma maison située dans la vallée.

Lorsqu'il entendit cela, Thomas, mon valet, ne voulut point me laisser partir seul, le chemin que j'avais indiqué était accidenté ; partant des prés, il montait jusqu'à des hauteurs où l'on rencontre à coup sûr des pentes enneigées en surplomb, et où il pouvait être périlleux de grimper dans la glace glissante. Thomas insista donc pour m'accompagner, nous nous aiderions mutuellement à nous relever si nous tombions dans les prés du père Meierbacher, nous nous prêterions assistance et réussirions à traverser l'aulnaie en nous hissant l'un l'autre. Nous pourrions laisser notre équipage à notre hôte, lui, Thomas, se chargerait de lui expliquer comment affourager l'alezan et prendre soin de lui. Il reviendrait chercher la bête le lendemain si le temps avait changé, et si je voulais partir de bonne heure je pourrais prendre les chevaux de l'aubergiste du Rotberg pour me déplacer, j'enverrais Gottlieb ou quelqu'un d'autre les chercher en bas, au cas où Dieu nous donnerait une journée telle qu'un être humain se hasardât à sortir sous la voûte céleste.

Je pesai toutes les paroles de mon valet et comme il ne me souvenait point non plus tout à fait exactement

– on ne regarde pas ces choses-là en détail – s'il n'y avait en effet nul arbre sur tout le trajet que je comptais parcourir, ou s'il ne me faudrait pas faire un détour beaucoup plus long, ou même revenir à nouveau sur mes pas au cas où la voie me serait barrée, je consentis à ce qu'il m'accompagnât, nous serions deux et maîtriserions mieux les événements avec nos forces réunies.

J'ai toujours des crampons empaquetés dans mon traîneau car il me faut souvent abandonner celui-ci pour franchir quelqu'une de ces collines aux flancs escarpés, fréquentes chez nous, pour aller visiter mes malades, lorsque tout est verglacé, je ne réussirais pas à gravir les chemins non entretenus, enneigés, verglacés, ou du moins je n'y parviendrais pas sans danger et sans peine. Il peut aisément arriver aussi que quelque chose se casse, j'en emmène donc toujours deux paires avec moi, pour ne point essuyer de désagrément. Comme j'avais dû marcher uniquement en terrain plat et que je ne veux point accoutumer mes pieds à un soutien constant, je ne les avais pas utilisés ce jour-là. Je les sortis du traîneau et en donnai une paire à Thomas. Puis je pris dans les compartiments du traîneau les objets et les ustensiles dont j'aurais besoin le lendemain. Des bâtons ferrés sont attachés au cadre du traîneau au-dessus du patin, le long de la banne, ils sont munis en bas d'un bout ferré très résistant, un peu plus haut se trouve un crochet de fer qui sert à les accrocher ou à les suspendre. Le bout supérieur de la partie en bois est garni d'un pommeau qui empêche le bâton de vous glisser facilement entre les doigts.

Par précaution, j'emporte également toujours deux de ces bâtons, j'en donnai un à Thomas après qu'il les eut détachés et j'en gardai un pour moi. Nous partîmes aussitôt sans faire halte davantage, en ces jours d'hiver la nuit tombe vite, en outre elle est alors fort sombre, c'est pourquoi Thomas avait pris aussi la lanterne sourde dans le traîneau et s'était pourvu d'un briquet.

Nous avançâmes sans nos crampons en plein champ avant d'arriver à nouveau à proximité du Taugrund, nous avancions avec la seule aide de nos bâtons, la marche était fort pénible. Arrivés près du bois dont l'effrayant bruissement nous parvint dere-chef nous obliquâmes à gauche en direction des prés du père Meierbacher, ceux-ci forment une éclaircie qui coupe le bois, ils devaient nous indiquer la route à suivre pour arriver chez nous. Nous atteignîmes les prés ou du moins, nous reconnûmes que nous foulions la neige qui en recouvrait la limite, parce qu'une rigole commençait de descendre doucement à l'endroit où le ruisseau aurait dû se trouver – toutefois il était caché sous deux toises de neige, voire davantage. Comme le terrain n'est pas crevassé et que la couche resplen-dissante était uniforme au départ, nous risquâmes la descente en nous aidant de nos bâtons et fûmes assez heureux pour réussir. Nous aurions mis un long moment à faire ce trajet avec nos crampons mais nous arrivâmes en bas en un instant de cette manière, l'air bruissait en passant contre nos visages et à travers nos cheveux. Une fois debout nous crûmes vraiment qu'une brise s'était levée mais notre déplacement en avait été la seule cause, alentour régnait le même calme que pendant tout le jour. La descente achevée, nous attachâmes nos crampons, ils nous permettraient de gravir la hauteur et la grande colline couverte de prés jusqu'aux buissons d'aulnes que nous voulions atteindre. Heureusement je fais toujours aiguiser et affûter les pointes de mes crampons par précaution. Nous franchîmes la colline qui nous présentait son colossal miroir cylindrique de verre en montant tout droit comme si chacun de nos pas nous eût attachés à la paroi lisse. Arrivés en haut, à l'orée de l'aulnaie, d'où l'on a une vue passablement étendue sur les alentours, nous crûmes que le soir tombait déjà car la neige avait un éclat couleur d'étain en bas, du côté d'où nous étions montés, à certains endroits des congères se voûtaient et une manière d'ombre grisâtre se logeait dans les rigoles et dans les trous qu'elles formaient, mais c'était probablement la lumière étrangement crépusculaire de cette journée qui faisait paraître le paysage aussi sombre en traversant la couverture blanchâtre et compacte du ciel. L'endroit donnait sur les diverses forêts s'étendant alentour de l'autre côté du sommet, celles-ci se détachaient en gris et en noir sur le fond du ciel et de la neige et la vie en leur sein, le bruissement assourdi, était presque perceptible – mais on pouvait entendre distinctement mainte chute, suivie d'un grondement qui se propageait de montagne en montagne.

Nous ne nous attardâmes point là, et tâchâmes à entrer dans l'aulnaie et à la traverser. Nous avions ôté nos crampons que nous portions sur le dos. Les branches touffues qui pointaient dans toutes les directions hors de la neige entravaient notre marche, elles tendaient vers nous leurs innombrables pointes raides comme autant de perches et de piques métalliques qui auraient pu nous blesser car elles se fichaient dans nos effets et dans nos pieds. Mais nous leur opposâmes nos bâtons ferrés, nous portâmes des coups dans la ramure et brisâmes et amollîmes si bien la glace et le bois que nous parvînmes à nous frayer un chemin au travers en peinant et en nous aidant mutuellement. Mais il nous fallut du temps pour en venir à bout.

Le soir tombait vraiment lorsque nous débouchâmes enfin près des pâturages du bosquet qui donnent sur la vallée où se trouve ma maison, mais nous étions déjà assez proches de chez nous et nous ne nous souciâmes plus de rien. On pouvait distinguer la maison malgré l'atmosphère d'un gris-blanc épais qui avait tout envahi, la fumée bleuâtre qui s'échappait du toit montait toute droite dans le ciel, elle provenait sans doute du feu sur lequel Maria, notre gouvernante, apprêtait notre repas. Nous attachâmes de nouveau nos crampons et descendîmes lentement jusqu'en terrain plat, où nous les ôtâmes.

Sur le seuil des maisons voisines de la mienne, des groupes d'hommes scrutaient le ciel : Eh bien, docteur, lancèrent-ils, d'où venez-vous donc par un temps si effroyable ?

— Je viens de la Dubs et des hameaux de l'Eidun, répondis-je, j'ai laissé là-bas cheval et traîneau et je suis rentré par les prés du père Meierbacher et par les pâturages du bosquet car je ne pouvais plus traverser la forêt.

Je m'attardai un peu auprès des gens. C'était vraiment une journée épouvantable. Le murmure des forêts nous parvenait déjà de partout, entrecoupé du bruit retentissant des chutes se succédant à un rythme de plus en plus rapide, on pouvait même entendre les arbres craquer et s'abattre tout en haut du bois à un endroit entièrement caché sous un épais brouillard. Le ciel restait blanchâtre comme il l'avait été toute la journée et il semblait même que sa lumière se fît maintenant plus claire à l'approche du soir, pas la moindre brise ne soufflait et la pluie fine continuait à tomber verticalement.

– Dieu ait pitié de celui qui se trouve maintenant en terrain découvert ou même dans la forêt, dit l'un de ceux qui étaient présents.

– Celui-là se sera bien sauvé à l'heure qu'il est, fit un autre, nul ne circule sur les chemins aujourd'hui.

Thomas et moi portions de lourdes charges qu'il était à peu près impossible de supporter plus longtemps, nous prîmes donc congé et rentrâmes chez nous. Sous chaque arbre s'étendait une tache noire circulaire car de très nombreuses branches avaient été arrachées, on eût dit qu'une violente grêle se fût abattue sur elles. La grille de bois destinée à séparer la cour et le jardin (mais celui-ci n'était pas encore terminé) se dressait, argentée, comme celle qu'on voit devant l'autel dans une église. À côté, un prunier datant du vieil Allerb s'était fêlé. On avait cherché à préserver du désastre le pin sous lequel se trouve un petit banc de jardin en faisant tomber la glace à l'aide de perches, aussi loin qu'elles pouvaient atteindre. Et comme la cime paraissait pencher dangereusement, Kajetan, le second valet, monta sur l'arbre, fit prudemment tomber la glace suspendue au-dessus de lui et attacha ensuite aux branches supérieures deux liures qu'il laissa pendre et qu'il allait secouer de temps à autre. On savait en effet que je tenais à cet arbre, en outre celui-ci est fort beau et porte des branches vertes si touffues qu'un énorme faix de glace s'y fût-il déposé, il aurait fait éclater le tronc ou voler les branches en morceaux. J'allai dans ma chambre qui était bien chauffée, posai sur la table tout ce que j'avais pris dans le traîneau et ramené, je quittai ensuite mes vêtements qui étaient trempés, afin qu'on en ôtât la glace au rez-de-chaussée et qu'on les suspendît dans la cuisine.

Une fois changé, j'appris que Gottlieb qui était descendu au bois du Taugrund n'était pas encore rentré, il savait en effet que je devais revenir en traversant le Taugrund avec mon traîneau. Je demandai à Kajetan de l'aller chercher et de se faire accompagner s'il pouvait trouver quelqu'un pour cela, il leur fallait se pourvoir d'une lanterne, de crampons aux pieds et de bâtons à la main. On ramena Gottlieb plus tard, il était quasiment bardé de glace car il n'avait pas toujours pu s'en garantir.

On m'avait mis de côté mon repas et je mangeai un peu. Le crépuscule était bien avancé, la nuit était déjà tombée. Le vacarme confus se faisait maintenant entendre jusque dans ma chambre, en bas mes gens remplis de crainte allaient et venaient dans la maison. Thomas avait mangé et s'était changé lui aussi, au bout d'un moment il entra chez moi et m'apprit que les gens des maisons voisines s'assemblaient, tout effarés. Je passai un habit épais et traversai la place verglacée en m'aidant d'un bâton pour rejoindre les maisons d'en face. Il faisait nuit noire, seul le sol couvert de glace émettait une lueur incertaine et une clarté neigeuse. La pluie tombait sur nos visages dans l'atmosphère humide et mouillait également la main avec laquelle je plantais mon bâton. Le fracas avait augmenté dans l'obscurité, on entendait de tous côtés, dans les ténèbres que l'œil ne pouvait plus percer, comme le bruissement de cascades lointaines – à chaque rupture le bruit devenait de plus en plus distinct, comme si une puissante armée ou une bataille sans cris approchait. En allant vers les maisons je vis que les gens étaient dehors, rassemblés en groupes noirs au milieu de la neige, loin des maisons et non devant le seuil ou contre le mur de celles-ci.

– Docteur, docteur, aidez-nous ! crièrent ceux qui me reconnurent à ma démarche en me voyant arriver.

– Je ne puis vous aider, fis-je en me joignant à eux : Dieu est grand et sa toute-puissance est prodigieuse ; de Lui viendront aide et salut.

Nous demeurâmes ensemble un moment, prêtant l'oreille aux sons qui nous parvenaient. Ainsi que je l'appris par la suite en écoutant leur conversation, les gens redoutaient que leurs maisons ne fussent écrasées pendant la nuit. Je leur expliquai que l'énorme quantité d'eau qui tombait s'accumulait sur les arbres, sur chaque branche, sur les plus petits rameaux et aiguilles, en particulier chez nous, où les conifères prédominent largement ; par le froid extraordinaire qu'il faisait, cette eau gelait, augmentant continuellement, elle pesait sur les branches, sur les rameaux et jusque sur les aiguilles les plus ténues et finalement ployait et brisait les arbres. Il n'en allait pas de même pour les maisons, l'eau s'écoulant presque entièrement du toit recouvert d'une couche de neige lisse et cela d'autant plus que la croûte de glace unie facilitait l'écoulement. S'ils arrachaient seulement des morceaux de cette glace en s'aidant de crochets, ils verraient sur quelle faible épaisseur l'écorce avait pu s'accumuler sur le plan incliné. Il semblait qu'une infinité de mains, de chevelures et de bras fussent suspendus aux arbres, sur les maisons, toute cette glace avançait vers le bord du toit dont elle descendait formant des chandelles peu résistantes qu'on eût pu détacher en les brisant, il suffisait de taper dessus pour les faire tomber. Je réconfortai les gens avec ces paroles et ils comprirent le cas qui les avait déroutés jusqu'ici car jamais on n'avait vu se produire semblable événement, ou du moins, on n'en avait pas connu de cette violence et de cette intensité.

Je regagnai ensuite mon logis. Mais je n'étais pas si tranquille moi-même, je tremblais dans mon for intérieur, qu'arriverait-il en effet si la pluie persistait comme maintenant et que le grondement de tonnerre des pauvres plantes augmentât aussi vite qu'actuellement où à peu près tout était porté à l'extrême ? Les fardeaux s'étant accumulés, des arbres centenaires pouvaient s'écrouler sous une demi-once, un rien, une goutte de plus. J'allumai des chandelles dans ma chambre et décidai de rester éveillé. Le jeune Gottlieb avait attrapé une fièvre bénigne à force de m'attendre dans le Taugrund, je l'avais examiné et lui fis porter quelque chose en bas.

Au bout d'une heure Thomas vint me dire que les gens étaient assemblés et priaient, le fracas était terrifiant. Je lui assurai que tout cela changerait sous peu et il repartit.

Je marchai de long en large dans ma chambre où le fracas entrait comme les vagues mugissantes de la mer, puis je m'allongeai un moment sur la banquette de cuir installée là, accablé de fatigue je sombrai dans le sommeil.

À mon réveil j'entendis au-dessus du toit un mugissement que je ne pus m'expliquer sur-le-champ. Mais je me levai, pris courage, allai à la fenêtre et ouvris un des battants, je découvris alors que ce bruit venait du vent, une véritable tempête traversait le ciel. Je voulus savoir s'il pleuvait toujours et si le vent était plus froid ou plus chaud. Je m'enveloppai d'un manteau et traversai la pièce de devant, en passant je vis de la lumière s'échapper de côté par la porte de la chambre de Thomas (j'ai logé mon valet près de ma propre chambre afin de pouvoir le sonner si j'ai besoin de quoi que ce soit ou si jamais il m'arrivait quelque chose). J'entrai donc chez Thomas et le vis assis à sa table. Il ne s'était pas couché de la nuit et m'avoua qu'il avait eu trop peur pour cela. Je l'informai que je descendais pour examiner le temps qu'il faisait, il se leva aussitôt, prit sa lampe et m'emboîta le pas. Arrivé en bas, je déposai ma chandelle dans la niche de l'escalier de l'entrée et mon compagnon fit de même avec sa lampe. Puis j'ouvris toute grande la porte qui donne sur la cour ; nous quittâmes les corridors froids et l'air tiède et doux du dehors vint donner contre nous. La situation insolite qui avait duré toute une journée avait cessé. La tiédeur venue du sud, qui avait jusqu'ici régné seulement en altitude, avait maintenant gagné aussi les zones basses ainsi qu'il arrive le plus souvent, et le courant d'air qui s'était sans doute déjà produit sur les hauteurs s'était rabattu en se changeant en une belle tempête. Le ciel même, aussi loin que je pouvais voir, était différent. Il ne présentait plus cette couleur particulière uniformément grise ; disséminés ici et là des pans sombres, noirs, apparaissaient. La pluie n'était plus aussi dense, elle venait s'écraser sur nos visages en grosses gouttes éparses. À ce moment-là quelques hommes s'approchèrent de moi – ils étaient probablement tout près de ma maison, en effet ma cour n'est pas gardée comme le sont généralement les autres et à cette époque elle l'était encore moins qu'aujourd'hui. Les murs du bâtiment forment un angle droit sur deux façades qui délimitent deux des côtés de ma cour. Le troisième était alors marqué par une simple planche derrière laquelle on ferait plus tard le jardin, auquel on accédait par une grille de bois. L'entrée destinée aux voitures se trouvait sur le quatrième côté borné alors par une planche qui n'était pas même bien fixée, une porte de bois grillagée y restait ouverte la plupart du temps. On prévoyait de faire une fontaine au milieu de la cour mais les travaux n'étaient point encore commencés à cette époque. Il arrivait donc aisément que l'on entrât dans ma cour pour venir me voir. Malgré leur grande frayeur ces gens étaient restés dehors pour observer la situation. S'avisant que la lumière s'éteignait aux fenêtres de ma chambre et la voyant descendre aussitôt après derrière celles de la cage d'escalier, ils avaient compris que j'allais sortir dans la cour, et ils s'étaient approchés. Avec l'arrivée de la tempête, ils redoutaient d'autant plus des dévastations et des horreurs inconnues. Mais je leur affirmai que tout cela était bon et que le pire était derrière nous maintenant. On pouvait s'attendre à ce que le froid qui régnait seulement dans les régions basses et non en altitude cessât sous peu. Le vent était si tiède qu'il ne pouvait plus se former de glace et celle qui était déjà là allait diminuer. Contrairement à ce qu'ils croyaient et craignaient, le vent ne pouvait jeter à bas davantage d'arbres qu'il n'en était tombé durant le calme, car lorsqu'il s'était levé, il n'avait certes pas acquis la puissance nécessaire pour ajouter au fardeau dont plus d'un arbre se trouvait accablé une poussée si forte que le tronc se fût brisé, mais il était déjà assez fort pour secouer et faire tomber les gouttes d'eau légères en suspens dans les aiguilles et les glaçons qui ne tenaient aux branches que par un faible soutien. La rafale suivante s'était abattue sur un arbre déjà allégé et elle avait encore diminué sa charge. Ainsi le calme au sein duquel tous ces fardeaux avaient pu s'accumuler sans qu'on s'en doutât était-il devenu un sujet d'épouvante, mais la tempête avait donné le signal de la délivrance en ébranlant ces charges amassées. Certes le vent jetait à bas plus d'un arbre, mais il en sauvait certainement bien davantage, en outre le calme n'eût fait que reculer un peu la chute d'un arbre déjà prêt à s'écrouler. Le vent n'avait pas seulement fait tomber la glace en secouant les branches, de sa chaude haleine il l'avait aussi corrodée, d'abord dans ses tissus les plus délicats, puis dans les plus robustes et il n'avait point laissé dans les branches l'eau ainsi obtenue, non plus que celle venue du ciel, ainsi qu'eût fait un air tiède mais sans vent. Aussi, bien que le mugissement de la tempête nous empêchât d'entendre comme avant le bruissement de la forêt, les chutes sourdes dont le bruit continuait assurément à nous parvenir s'étaient-elles faites beaucoup plus rares.

Au bout d'un moment pendant lequel le vent était devenu de plus en plus impétueux et aussi, à ce qu'il nous sembla, de plus en plus chaud, nous nous souhaitâmes la bonne nuit et rentrâmes chez nous. J'allai à ma chambre, me dévêtis, me mis au lit et dormis à poings fermés jusqu'au matin, il faisait grand jour à mon réveil.

Je me levai, passai les vêtements que j'aime à porter le matin, et allai à la fenêtre. La tempête était encore

151

plus forte que la veille. Dans le ciel une écume blanche allait au grand galop. La fumée bleue qui s'élevait de la chaumière du père Klum se dispersait en voltigeant comme un voile mis en lambeaux. Lorsqu'un nuage noir surgissait de derrière une forêt, il tournoyait dans le ciel et disparaissait aussitôt. Il semblait que toute nuée dût être chassée pour faire place aussitôt à l'azur limpide mais l'épaisse fumée blanche jaillissait sans trêve comme enfantée par les abîmes du ciel et des zones brunâtres, grises et rougeâtres s'y déplaçaient avec une grande rapidité. Les toits des chaumières voisines luisaient d'humidité, les cuvettes formées par la glace qui recouvrait la neige étaient remplies d'une eau qui se ridait et se dispersait dans les airs en fines éclaboussures, ailleurs la glace mouillée brillait avec un éclat aussi vif que si toute la blancheur du ciel s'y fût déversée, les bois avaient pris la couleur noire de la tempête et dressaient vers la nue leurs ramures les plus sombres, souvent, l'espace d'un instant, un éclair traversait quelque arbre rapproché dont les branches se balançaient au vent, l'éclair s'évanouissait, mais il passait encore de temps à autre, même au-delà des contreforts boisés plus éloignés, comme des lueurs ou un rayonnement perdu. Ma cour était pleine d'eau et de grosses gouttes isolées venaient s'écraser contre l'autre mur de ma maison et contre les fenêtres de celui-ci, quant à celles de ma chambre, elles n'étaient pas orientées du côté du vent, mais vers l'orient. Je vis poser des échelles contre le pin sous lequel se trouve mon petit banc de jardin (alors caché sous une épaisse

couche de neige) et je vis Kajetan y grimper pour détacher les deux liures.

Le danger qui nous menaçait maintenant était
autre et plus redoutable que la veille où seuls jardins et
forêts avaient couru le risque de subir de gros dégâts, si
l'eau produite par l'énorme quantité de neige tombée
durant l'hiver venait à être libérée toute à la fois, elle
pouvait dévaster nos champs, nos prairies et nos maisons. Ainsi que je pus m'en rendre compte en ouvrant
les fenêtres du couloir, le vent était encore plus chaud
que pendant la nuit écoulée. Si l'épaisse couche protectrice de verglas qui avait recouvert le sol la veille
était corrodée, alors la neige et l'embrouillamini lâche
que formaient les fines aiguilles de glace se désinté-
greraient promptement, les torrents des forêts, tels
des monstres furieux, se précipiteraient en grondant
hors des vallées et inonderaient champs, prés, terrains
plats, des rubans mousseux dévaleraient toutes les
montagnes, aux endroits où s'élèvent des rochers et
des versants escarpés les flots devenus turbulents bar-
reraient la route aux ruisseaux et aux avalanches roulant pierres, neige et arbres et enfanteraient un océan
d'eau devant eux.

Je m'habillai, pris à la hâte mon déjeuner et m'ap-
prêtai pour mon travail de ce jour. Je descendis chez
le jeune Gottlieb m'informer de son état. Il allait tout
à fait bien et avait fort bonne mine. J'envoyai en bas
demander au cousin Martin, l'aubergiste du Rotberg,
qu'il me prêtât un véhicule ce jour-là, car le chemin
qui traversait le Taugrund se trouvait barré par des

arbres abattus et ne pourrait être dégagé de sitôt, bien qu'actuellement on ne courût plus aucun danger parmi les arbres. Seule la voie qui montait du Rotberg était restée libre car le ramage des hêtres était solide, ces arbres avaient courbé jusqu'à terre leurs branches accablées mais ils avaient résisté et ne s'étaient point brisés. Thomas ne put parvenir à l'Eidun (où se trouvait l'alezan) par le chemin que nous avions pris la veille, la glace ne portait plus et un profond et périlleux affaissement en était immanquablement résulté dans la neige fondante. Aussi mon valet annonça-t-il son intention d'essayer de grimper vers midi au-delà des arbres tombés pour arriver ainsi à l'Eidun. Tôt dans la matinée un messager était monté des hameaux du Rotberg pour m'apporter des nouvelles d'un malade, il m'avait également informé que le chemin qui montait chez nous depuis le Rotberg, en passant à travers le Haidgraben puis dans la pente couverte de hêtres, était resté dégagé.

En attendant l'arrivée du valet que l'hôte du Rotberg devait m'envoyer avec un véhicule, j'examinai la croûte de glace recouvrant la neige. Celle-ci n'avait pas encore été détruite mais elle était si mince en beaucoup d'endroits situés au voisinage de chez moi que je pouvais la briser de la main. L'eau vive ruisselait déjà sur le fond poli des fossés en forme d'auges. La pluie avait entièrement cessé, tout au plus quelques gouttes isolées étaient-elles encore projetées par le vent. Mais ce vent persistait, en chassant l'eau qui recouvrait la glace sur une faible épaisseur il ponçait cette dernière jusqu'à ce qu'elle fût parfaitement polie et sa tiédeur dissolvait la rigidité du gel en même temps que tout ce qui se pouvait fondre en eau.

Le valet envoyé par l'hôte du Rotberg arriva, j'enroulai mon vêtement autour de moi pour me protéger du vent et pris place dans le traîneau. Je vis beaucoup de choses ce jour-là. Le bruissement, limité la veille aux sommets et aux forêts, s'étendait maintenant à toutes les vallées ; le jour précédent les glaçons avaient tiré vers le bas les crins de l'alezan, ceux du cheval qu'on m'avait prêté ce jour-là flottaient à tous les vents. Au moment où nous allions contourner une congère, un jet d'eau en jaillit droit sur nous, cela froufroutait dans tous les fossés, un ruissellement et un bouillonnement se faisaient entendre jusque dans les rigoles les plus petites et les plus insignifiantes. La Siller, qui est d'ordinaire une belle et riante rivière, sortait en grondant de la forêt, l'eau de neige avait gonflé ses flots insolites, laiteux, écumants, qui tranchaient sur la sombre cavité sylvestre d'où le cours d'eau débouchait et où les arbres abattus gisaient encore les uns sur les autres, barrant la rivière, dans la position même où la glace les avait fait tomber la veille. Il était impossible de traverser la forêt, nous dûmes suivre le chemin communal qui traverse les pâturages du bosquet, cette année-là exceptionnellement cette voie était utilisée par les habitants de Haslung (ceux-ci ne pouvaient traverser la forêt à cause de l'épaisseur de la neige mais devaient prendre ce chemin détourné pour transporter leur bois chez eux depuis le pont de la Siller). Nous avançâmes dans la neige fondante et dans l'eau, peu s'en fallait que le traîneau ne flottât, quant au valet, il dut conduire la bête avec la plus grande prudence et je fus moi-même obligé de marcher avec de l'eau de neige jusqu'à la poitrine.

Vers le soir, le temps fraîchit, le vent était presque entièrement tombé.

En rentrant chez moi je me changeai, puis je m'enquis de Thomas, ce dernier monta me voir et m'informa qu'il était rentré à bon port avec l'alezan. Il avait réussi à passer par-dessus les arbres abattus, des gens munis de scies l'avaient accompagné pour débarrasser au moins la voie des troncs les plus encombrants et à son retour le chemin était déjà assez bien dégagé. Il avait fait glisser le traîneau sur les arbres les plus petits et sur les branches. Pourtant le ruisseau du Taugrund avait bientôt été un obstacle sur sa route – à vrai dire, ce n'était point le ruisseau, mais l'endroit où celui-ci eût dû couler (on eût pu en fait être gelé sous la neige) était occupé par une large rigole dans laquelle de l'eau ruisselait en grande quantité. S'il avait mené mon alezan dans cette rigole celui-ci se fût enfoncé dans la neige qui se trouvait au-dessous de l'eau, Thomas lui avait donc fait rebrousser chemin puis il avait cherché lui-même en pataugeant, et avait fini par rencontrer le sol ferme du chemin que les traîneaux empruntaient cette année, il y avait ensuite conduit alezan et traîneau. Mais il eût été impossible de passer par la suite car un grand lac occupait maintenant tout le fond du Taugrund.

Des nouvelles analogues nous parvinrent de différents points du voisinage mais je n'en pus recevoir au sujet de lieux plus distants, personne n'osait s'écarter davantage dans les conditions actuelles. Et même, deux messagers qui devaient m'informer de l'état de malades éloignés ne se présentèrent pas.

La nuit tomba donc, enveloppant tout dans ses ténèbres, nous n'entendîmes plus que les mugissements du vent qui traversait le paysage de notre contrée, blanc, imbibé d'eau, menaçant.

Le lendemain le ciel était dégagé, seuls quelques petits nuages voguaient dans l'azur lavé, leur allure n'était plus rapide mais lente. Le vent avait beaucoup faibli, il ne venait plus du midi mais du couchant. Il s'était fait aussi plus froid, le gel n'avait pas repris mais la neige avait du moins cessé de fondre. Je réussis à passer presque partout, sauf par deux fois : l'eau coulait en bouillonnant au milieu d'une telle quantité de neige fondue et fondante qu'il était impossible de traverser à pied ou en véhicule. À un autre endroit où l'eau, paisible certes mais large et profonde, occupait tout le fond de la vallée, les gens lièrent ensemble des arbres et me halèrent de l'autre côté sur ce radeau improvisé car je me rendais chez un grand malade. À la vérité, je serais volontiers allé voir également les autres si ma visite avait été indispensable et j'espérais bien pouvoir arriver jusqu'à eux le lendemain.

Le beau temps continua le jour suivant. Pendant la nuit le froid avait été suffisamment vif pour recouvrir les eaux d'une croûte de glace. Celle-ci ne fondit pas pendant la journée, elle se brisa et les eaux se précipitèrent jusqu'à épuisement dans la couche de neige qui se trouvait au-dessous. J'avais bien fait de descendre la veille chez Franz Kumberger avec le radeau, le remède que j'avais laissé à mon malade avait agi, mon patient allait beaucoup mieux ce jour-là et se trouvait pratiquement hors de danger. Je réussis également à me rendre chez les deux autres. Il était impossible de se déplacer en véhicule, le sol inondé étant trop inégal, cependant je parvins à passer en m'aidant d'une perche à laquelle j'attachai un bâton ferré. Quant à mes effets trempés, on les logea dans le traîneau, à l'auberge de Goll, une fois que j'eus mis ceux que j'avais apportés pour me changer.

Le lendemain il me fut à nouveau possible de traverser le Taugrund et de rejoindre l'Eidun et la Dubs.

Le beau temps persista pendant les jours qui suivirent. Une brise légère venait sans discontinuer du levant. Le gel nocturne continuait et le dégel reprenait pendant la journée. Les eaux accumulées durant la tempête baissèrent et tarirent peu à peu, il devint impossible d'en déceler la moindre trace et l'on put recommencer de circuler d'abord à pied puis en traîneau et enfin en voiture sur tous les chemins habituellement praticables en hiver. De même, l'énorme quantité de neige qui nous avait tant effrayés avait disparu si graduellement que nous nous demandions où elle pouvait bien être passée, des plaques dénudées apparurent ici et là et finalement on ne vit plus de taches blanches que dans les bas-fonds, dans les gorges et en altitude dans les forêts.

Dans les premiers jours qui suivirent l'épisode survenu avec la formation de la glace, les gens se risquèrent peu à peu sur des chemins plus écartés, l'on put alors mesurer beaucoup mieux l'ampleur des ravages. En bien des endroits où la forêt était épaisse et où l'air et la lumière ne pouvant pénétrer, les troncs étaient plus sveltes, plus grêles et plus frêles, sur les versants aussi où les arbres croissaient sur un sol plus aride ou bien avaient déjà poussé de travers sous l'influence de vents dominants, les dommages étaient effroyables. Les troncs, tels des tiges fauchées, gisaient souvent pêle-mêle, ils avaient entraîné dans leur chute les branches de ceux qui restaient debout, les avaient fendues, ou avaient éraflé et arraché leur écorce. Les conifères avaient souffert le plus, premièrement, leur fût est plus svelte et plus fragile, notamment en forêt dense, ensuite, leurs branches épaisses et bien fournies même en hiver offrent à la glace une surface portante beaucoup plus grande que celles des autres arbres. Au contraire, c'étaient les hêtres qui avaient été le moins souvent emportés, ensuite venaient les saules et les bouleaux. Ces derniers n'avaient perdu que leurs branches pendantes les plus ténues qui jonchaient le sol autour d'eux comme une litière, les troncs suffisamment minces s'étant ployés en cerceaux ; au printemps suivant on en put voir de semblables en grand nombre aux alentours et effectivement on continua d'en voir plus d'un l'été d'après et même au bout de plusieurs années. Cependant pour considérables que fussent les ravages, pour importants que fussent les dégâts causés aux forêts, ils étaient moins sensibles dans notre région que cela n'eût été le cas ailleurs car nous avions suffisance de bois et l'abondance plutôt que la pénurie régnait en ce domaine, nous pûmes donc aisément nous consoler des pertes que nous avions subies, nous réussîmes également à récupérer le bois tombé pour nos besoins immédiats, du moins dans la mesure du possible, lorsque les morceaux ne gisaient pas dans des ravins ou n'étaient pas restés accrochés à des rochers inaccessibles. Mais les dégâts causés aux arbres fruitiers pouvaient se révéler plus importants et plus graves, leurs branches s'étaient brisées, leurs troncs s'étaient fendus ou avaient éclaté, or les arbres fruitiers sont plus rares dans notre région que partout ailleurs, ils ont aussi besoin de davantage de soins et de sollicitude et ils se développent plus lentement que dans des lieux situés à quelques heures seulement de chez nous dans la contrée plus égale qu'on rencontre plus loin : par exemple à Tunberg, à Rohren, à Gurfeld, et même à Pirling, localité plus proche de nous et avec laquelle nous partageons les mêmes conditions de vie dues à notre assiette forestière.

Dans mon pré et aux environs, plusieurs de mes massifs d'arbres préférés avaient souffert. Quelques arbres avaient éclaté ou avaient perdu leurs branches et trois frênes avaient été purement et simplement jetés à bas.

La forêt de Tur est peut-être la plus élevée qu'on puisse apercevoir depuis le bosquet ou depuis la pente, une avalanche y descendit emportant les arbres sur son passage de sorte que toute une bande de terrain bien visible reste dégagée aujourd'hui encore.

Au bout de quelque temps, une fois les chemins redevenus libres dans notre contrée, on apprit aussi des malheurs et des sauvetages miraculeux. Sur la crête opposée un chasseur qui n'avait pu renoncer à monter à son terrain de chasse le jour où la glace s'était formée fut tué par une multitude de chandelles de glace qui s'abattirent sur lui, elles s'étaient détachées du rebord supérieur d'une paroi rocheuse et avaient tout emporté sur leur passage. Le lendemain on le trouva gisant au milieu de ces colonnes de glace, on était monté le chercher avec mille peines en dépit de la tempête et de la neige molle, son jeune aide savait où son maître était allé, il y mena les chiens, qui lui firent connaître en aboyant l'endroit où le chasseur se trouvait. Deux paysans arrivant du Rotberg où ils avaient passé la nuit avaient voulu rejoindre la Rid par les hameaux du bois, des arbres tombèrent sur eux les tuant sur le coup. En bas de l'Astung un jeune garçon qui désirait seulement se rendre chez un voisin périt noyé. Il s'enfonça dans la neige molle qui recouvrait un creux de terrain, et ne parvint point à en sortir. Ainsi qu'on le dit par la suite, il avait vraisemblablement voulu s'écarter du chemin de quelques pas car celui-ci était incliné et verglacé, le garçon s'était ainsi engagé dans la neige qui recouvrait un large fossé, mais de l'eau s'était accumulée durant tout le jour sous cette croûte de neige qu'elle avait sournoisement minée… Un valet habitant les hameaux forestiers du Rotberg se trouvait dans le bois, il ne prit point garde au bruissement qui commençait et à la chute des branches, ne sachant comment s'enfuir, il ne trouva son salut qu'en entrant dans la cavité formée par deux arbres tombés en croix l'un sur l'autre, il se trouva ainsi à l'abri des arbres qui eussent pu s'abattre par la suite à cet endroit et n'eut plus rien à redouter de la glace qui tombait, soit qu'elle vînt à s'écraser sur le cercle formé par les grands troncs, soit qu'elle fût catapultée. Seulement il ignorait, au cas où un troisième gros tronc fût tombé sur les deux qui étaient déjà couchés là, si ceux-ci n'auraient pas cédé sous le choc et changé de position, s'affaissant et l'écrasant sous eux. Il passa une demi-journée et toute la nuit suivante dans cette situation avec des vêtements trempés et sans rien pour restaurer ses forces ou apaiser sa faim. C'est seulement au point du jour sous les mugissements du vent qu'il se hasarda à sortir, n'entendant plus tomber glace ni arbres ; s'enfonçant parfois profondément dans la neige à travers la couche de verglas qui se brisait sous lui, il rejoignit le chemin le plus proche situé à une faible distance et celui-ci le conduisit chez lui.

On crut aussi que Josi-le-Colporteur avait été victime d'un accident. Le matin du « jour de la glace », il avait quitté le Haslung pour rejoindre la cluse par le bois de Duster. Mais il ne gagna point la cluse et on ne le vit dans aucun lieu des environs trois jours durant après son départ du Haslung. On supposa qu'il avait péri en haut du bois de Duster où le sentier est d'ailleurs fort périlleux. Mais, après avoir passé les derniers sommets encore visibles depuis Haslung, il était descendu à l'endroit où la vallée se dirige vers les murailles sauvages et les nombreux rochers du bois de Duster et s'élève jusqu'à une région désertique, puis il avait obliqué en montant vers la paroi exposée au midi, celle-ci est couverte d'éboulis et d'arbres chétifs, à son pied bruit en été un ruisseau dont la surface était gelée et recouverte d'une énorme masse de neige à ce moment-là. Comme le chemin qui grimpe le long de la pente se trouvait obstrué, tantôt par des pierres qui avaient roulé en bas depuis le sommet tantôt par de la neige qui glissait vers l'abîme, le colporteur avait mis ses crampons ; certes la neige ne pouvait s'accumuler en raison de l'escarpement et l'on ne courait donc pas grand risque de s'enfoncer dedans mais la pluie qui tombait et gelait sur place était familière à notre homme, qui craignit de glisser sur une des multiples déclivités du terrain et de tomber dans le précipice. Il passa avant midi devant le crucifix que le père Söllibauer avait pieusement fait édifier jadis à la sortie de la pente et commença d'entendre à ce moment le cliquetis de la glace et ses chutes de plus en plus violentes. Tandis qu'il poursuivait son chemin, l'affaire prenait un tour de plus en plus grave et l'inquiétude finit par l'emporter, le colporteur se glissa dans une cavité de rocher qu'il connaissait, il s'était déjà souvent abrité de la pluie dans cette cavité, sèche et située non loin du chemin, et il décida de laisser passer, ce jour-là encore, le plus fort du péril à cet endroit. Il connaissait ce genre de pluie qui forme de la glace et à laquelle un radoucissement succède habituellement et il avait provision de pain et d'autres vivres (car il prenait souvent son dîner au milieu de quelque forêt), il ne s'inquiéta donc pas outre mesure. Lorsqu'il se réveilla le lendemain matin, une cascade d'eau passait au-dessus de sa caverne. Le vent du midi s'était engouffré droit contre la paroi située en face de lui ; comme les arbres qui avaient crû sur les rochers étaient frêles, le vent qui soufflait sur la neige la fit fondre sous son haleine à une effroyable vitesse. Lorsque le colporteur regarda au-dehors, de biais à cause de la chute d'eau, il vit des rubans bleus, mousseux, bondissants, dévaler toutes les pentes. Il ne pouvait rien entendre à cause du mugissement de l'eau qui couvrait tout autre bruit. Portant ses regards vers le bas, il vit aussi beaucoup de poussière de neige s'élever des avalanches qui descendaient incessamment de tous côtés ; car, tout contre l'arête supérieure de la paroi rocheuse, se termine le flanc d'une cuvette où s'accumule chaque hiver une énorme quantité de neige, celle-ci, arrivant du ciel, tombe d'abord dans cette dépression, puis s'écoule le long de la paroi lisse inclinée encore assez haute. Une eau sans fin s'échappait maintenant de cette neige, et s'écoulait tout le long de la pente où passait le chemin du colporteur, en direction du précipice dans lequel le torrent coule d'ordinaire, mais pour l'heure le fond était rempli d'un bizarre mélange de neige et d'eau. Mainte plaque de neige avait avancé peu à peu en haut sur le sol détrempé, elle avait fini par se détacher du sommet et allait se pulvériser au pied des arbres. Après le premier jour, le colporteur en passa encore deux dans sa caverne. Pour résister au froid qui s'emparait de lui pendant cette longue inaction, il avait choisi dans son ballot un morceau d'étoffe grossière qu'il utilisa pour s'en faire une couche et une couverture. Et il ne se rendit point à la cluse à sa sortie mais, l'après-midi du quatrième jour qui suivit l'écroulement de glace, on le vit passer avec son ballot devant le bosquet. Il partit en direction de Gurfeld où il comptait faire remettre en état l'étoffe dont il s'était servi.

Vers la fin de l'été, je découvris un jour les restes desséchés d'un chevreuil abattu par un arbre.

Jamais je n'oublierai la splendeur et la majesté de ce spectacle. Je fus peut-être le seul à pouvoir le connaître entièrement car je me trouvais constamment dehors à le voir tandis que les autres restaient chez eux et quand bien même il leur arrivait de s'y trouver mêlés par hasard cette vision ne suscitait en eux que de l'effroi.

Je ne l'oublierai pas non plus pour une autre raison, le printemps suivant vit commencer quelque chose qui demeurera éternellement dans mon cœur… Ah ! Dieu de miséricorde ! Cela, je ne pourrai jamais l'oublier !

La neige fondit très progressivement laissant à découvert un paysage plus verdoyant que de coutume ; au sein des gorges les plus profondes les ruisseaux avaient repris leurs murmures à une époque où d'ordinaire l'on voyait encore maints îlots blancs au milieu des champs. Le temps se réchauffa bientôt et les eaux de la fonte des neiges que nous avions tant redoutées tarirent. Ou bien elles s'étaient infiltrées sous la terre ou bien elles s'étaient mêlées aux jolis ruisseaux jaseurs qui descendaient toutes les vallées. Peu après les arbres se couvrirent de feuillage, on eût dit – ô miracle ! – que la blessure infligée par l'hiver avait été plus bénéfique que nocive. Ils portaient de jeunes pousses qui croissaient gaiement, si l'un d'eux avait été endommagé au point que ses branches se dressaient comme des moignons, ou si plusieurs arbres voisins avaient été coupés net, apparaissaient une multitude de rejets ténus et le filet vert qui enfantait les feuilles les plus luxuriantes s'épaississait continuellement. Les arbres fruitiers ne restaient pas en arrière. Des touffes drues de grosses fleurs apparaissaient sur les branches qui subsistaient et lorsque les fins rameaux faisaient défaut, des touffes de fleurs fort grosses et bien accrochées sortaient des yeux des grosses branches ou des troncs, alors que les autres années, si elles poussaient, elles restaient chétives et dépérissaient peu après.

Le colonel vint s'installer dans notre région à la fonte des premières neiges, au moment où les dernières ne tenant plus (mainte journée d'avril nous en apporta encore) l'on put commencer d'ameublir et de bêcher la terre. Il avait acquis presque tout le bosquet d'en haut et il entreprit de faire creuser les fondations d'une maison auprès du bosquet de chênes, presque à l'endroit dont j'avais déjà pensé parfois qu'il serait un emplacement idéal pour une habitation, celle-ci jouirait d'une vue fort agréable sur les forêts environnantes.

Je ne connaissais point le colonel. Je savais seulement, pour l'avoir ouï dire à l'aubergiste du Rotberg, qu'un riche étranger négociait l'achat du bosquet d'en haut et qu'il voulait s'y établir. On raconta par la suite que l'affaire s'était conclue et on avança même le montant de la somme. Je ne m'attardai guère là-dessus, je connaissais ce genre de rumeur qui s'écarte d'ordinaire si volontiers de la réalité à partir d'un fond de vérité, en outre cet hiver-là m'apportait justement beaucoup plus de malades que les autres et je n'avais donc pas le temps d'aller m'informer des faits à la bonne source. Au printemps de nouveaux bruits coururent, les travaux de construction commençaient, des voitures chargées de pierres circulaient, l'on taillait dans la forêt de la Siller le bois de construction que le charpentier avait fait abattre l'automne précédent et l'on creusait les fondations. Je me rendis sur place un après-midi où j'étais libre, l'endroit n'est guère éloigné de chez moi, de plus, je monte volontiers de ce côté-là lorsque j'ai un petit moment pour me promener. La rumeur publique avait dit vrai, je trouvai une foule d'ouvriers occupés à creuser sur le lieu où l'on comptait bâtir la maison. La plupart de ces gens me connaissaient et soulevèrent leur chapeau, ou me saluèrent d'autre façon. Beaucoup avaient travaillé chez moi lorsque j'avais moi-même fait construire. Mais l'ouvrage était entrepris ici avec bien plus d'hommes et aussi bien plus de moyens, comme si l'on voulait que les travaux fussent achevés très rapidement. Je constatai également qu'on avait déjà apporté une grande quantité de matériaux de construction et dans une cabane de bois plusieurs personnes étaient occupées à ciseler les dosserets des futures portes et fenêtres. Même le jardin qu'on prévoyait de faire auprès de la maison était déjà tracé à côté du bosquet de chênes. Je ne vis nulle part le propriétaire de la construction ; lorsque je m'enquis de lui, on me répondit qu'il était rarement présent pour lors, il n'était venu qu'une fois, avait tout inspecté et avait ensuite chargé l'architecte du soin de faire poursuivre les travaux. Lorsqu'il ferait plus chaud, il viendrait s'installer ici pour de bon, il logerait dans un chalet qu'il faisait bâtir près du bosquet de chênes, à l'automne, il irait habiter les pièces qui se trouveraient prêtes les premières dans la nouvelle maison, d'ici là on les aurait dûment séchées.

J'observai attentivement la manière dont le travail avait été entrepris et le plan, tel que le contremaître me l'exposa, me plut fort. Je m'informai aussi incidemment de celui qui faisait construire et j'appris qu'il s'agissait d'un vieux colonel. Les gens n'en savaient pas davantage.

Je redescendis ensuite chez moi.

Je repris moi-même mes travaux de construction ce printemps-là. Comme nous avions déjà rassemblé une provision de pierres suffisante nous commençâmes d'élever le mur du jardin. Les beaux petits arbres fruitiers que j'avais fait apporter prenaient fort bien pendant le printemps chaud et humide qui régnait partout, les feuilles étaient à leur manière presque trop grandes et trop foncées, les branches luxuriantes se déployèrent très largement et en peu de temps autour des jeunes troncs. Les belles planches de légumes aussi (les premières que je plantais) s'étiraient, verdoyantes, sous les rayons du soleil. Les fleurs, rosiers, lilas et autres, absolument tout commençait de bouger. Je dus m'aboucher avec le négociant de Gurfeld avant que d'entreprendre la culture des tulipes, des jacinthes, des œillets et des autres fleurs, tout en effet ne se pouvait faire en même temps. Cet été-là il fallait apprêter toutes les pièces du premier étage, installer un poêle dans chacune et les achever pour que je pusse commencer de les meubler. Je désirais les affecter toutes à mon logement, savoir : la pièce d'angle où l'on accède par la porte rouge du jardin (j'y apporte toujours la clef), j'en ferais ma chambre à coucher (elle l'est dès à présent), il suffisait d'en changer entièrement le mobilier. Outre le lit, il fallait y installer divers rayons pour la paperasserie et les livres, afin que je pusse également m'adonner en paix à mes besognes. Le véritable bureau et le séjour seraient attenants à cette chambre — bien des années s'écouleront encore avant que je puisse faire exécuter le pupitre dont je rêve, j'en ai dessiné différentes esquisses au cours des dernières années mais la réalisation n'a point encore commencé à ce jour — cela viendra, je dessinerai moi-même les tiroirs et les ferai confectionner. Il fallait aussi préparer et disposer les autres pièces de façon que l'on pût passer de l'une à l'autre. La chambre octogonale que j'avais fait ménager tout exprès à la jonction des deux ailes de la maison ressemblait à une chapelle et pouvait être utilisée comme telle si on le désirait. La salle où se dérouleraient les repas, que je fusse seul ou en compagnie, se trouverait au rez-de-chaussée, à gauche, là où mon plus bel escalier part de la cour et prend son essor, le corridor permettant d'accéder à la cuisine et au garde-manger passe à droite. Donnant sur l'autre porte, située plus loin au fond de la cour (il en part un second escalier intérieur), après la chambre de Thomas (celui-ci dort à côté de chez moi) – donnant sur cette porte, donc, devait être aménagée, derrière la chambre où Gottlieb logeait maintenant, en allant vers le jardin, une pièce que je voulais faire orner de lambris et de toutes mes sculptures sur bois préférées. Je comptais, si Dieu favorisait mon activité, faire peut-être lambrisser plusieurs pièces, pour la beauté de l'effet produit. On devait agrandir la maison à côté de chez Kajetan et contre la grange et la remise à voitures car je m'étais acheté un nouveau champ.

Hélas ! Tout le premier étage devait être achevé cet été-là, et à l'heure où j'écris ces lignes, nous en sommes au troisième été et l'on vient à peine d'installer aux fenêtres les rideaux blancs que Maria, ma vieille gouvernante, a montés ici pour moi et que cédant à ses prières j'ai fini par accepter de bon gré.

Quand donc seront achevés des aménagements qui me comblaient de joie et qui même (il faut bien que je le dise) faisaient bondir mon cœur de joie ?

Vint le plus beau des printemps, toute la nature fleurissait avec exubérance dans une bousculade frémissante. Partout sur les collines les champs palpitaient, même les plus récents qui n'étaient plantés que de cette année-là en haut dans le Mitterweg (on aura une fort belle vue sur cet endroit depuis les fenêtres de la maison du colonel) ondulaient et avaient la belle couleur gris-bleu du froment. Auprès du petit banc de jardin mon beau pin s'était couvert de petits chatons coniques jaunes et odorants, les jeunes couronnes des arbres à feuilles caduques se balançaient, plus claires, plus vertes, les forêts de conifères elles-mêmes paraissaient moins sombres à l'horizon, avec leurs pousses récentes venues au commencement de la belle saison, elles prenaient la teinte crépusculaire plus douce et le vert lointain plus tendre dont elles s'enveloppent au printemps, lorsqu'on y pénétrait le couvert embaumait partout la résine fraîche, branches et rameaux frémissaient en quelque sorte de cris, de chants et du vacarme des oiseaux. Nous avions sorti nos jeunes moreaux et nous commençâmes de les atteler parfois mais fort modérément, de sorte qu'ils se contentèrent d'apprendre ce travail et qu'ils s'accoutumèrent ensemble à le faire, ils s'exercèrent au cours de l'été et pendant l'hiver suivant si bien qu'on put les utiliser tour à tour l'année d'après. La voiture légère que j'avais commandée pour les y atteler (j'avais indiqué moi-même les compartiments et les aménagements dont j'avais besoin) n'était pas encore prête au début de l'été mais une place lui était déjà assignée dans la remise à voitures. Pour hâter l'achèvement des travaux nous avions pris beaucoup de monde. Quand je rentrais au logis, j'observais l'activité qui régnait dans toute la maison. Après le souper chacun s'en allait et je contemplais souvent alors le beau spectacle, à la fois douloureux et joyeux, offert par l'éclatant brasier rouge des nues qui s'étiraient dans le couchant, là-bas, derrière la ligne noire dentelée que la forêt dessinait à l'horizon, puis j'allumais la chandelle, je baissais les rideaux et je couchais sur le papier les événements de la journée écoulée et ceux du lendemain.

Je ne m'étais pas trompé au sujet du jeune Gottlieb. Dès le début j'avais jugé qu'il guérirait et cela s'était vérifié. De fait il jouissait d'une excellente constitution, et seule une mauvaise alimentation l'avait fait tomber si bas. Il avait maintenant la mine riante et florissante, quand l'été viendrait, pensais-je, je cesserais de lui faire prendre de l'eau curative s'il continuait ainsi. Je m'étais aperçu qu'il se trouvait toujours quelque occupation auprès des poulains, il aimait ces bêtes, cela venait peut-être de ce qu'il les avait gardées auparavant avec d'autres chez le père Gregordub. En somme il se fût volontiers chargé de s'occuper des moreaux mais ce travail ne valait point pour lui. J'engageai un homme avec mission de venir chez nous chaque jour pour instruire le garçon auquel je fis confectionner un nouvel habit dans des vêtements à moi, je ne me séparerais plus de lui. Pour ce qui est des chevaux, je les confiai entièrement à Thomas qui s'était fort attaché à l'alezan et l'avait soigné avec tant d'habileté jusque-là.

Nous apprîmes alors l'arrivée du colonel et de sa fille dans leur nouvelle patrie. Ils s'étaient fait construire un chalet très confortable, celui-ci comportait trois chambres, une jolie cuisine et une grande pièce pour les servantes. Un valet arrivé en même temps que le colonel dormait dans un débarras situé auprès de la chambre de son maître. Ils vivaient ainsi provisoirement en attendant que quelques pièces fussent habitables dans la nouvelle maison, ils s'y installeraient par la suite. J'eus vent de ces événements et n'y prêtai pas davantage attention. Quelque temps auparavant, j'avais effectivement vu le chalet s'élever et j'avais remarqué que les travaux pour la construction de la maison proprement dite allaient de l'avant. Mais je n'étais plus monté d'assez longtemps au chantier et j'ignorais où en était l'affaire, cependant je ne me rendis point là-haut pour autant.

Un dimanche à l'église, j'aperçus pour la première fois le père et la fille – lorsque j'en ai le temps, je prends volontiers la voiture pour aller assister à la grand-messe, autrement je me dois contenter de la première messe, en été, je quitte la maison très tôt et me rends même souvent loin de chez moi, je l'écoute donc dans une église de campagne – le curé de Sillerau d'un âge vénérable arrivait justement de son presbytère lorsque je descendis de voiture : Vous avez fait le trajet avec votre nouveau voisin, docteur, me dit-il.

– Non, répondis-je, et je n'ai point encore fait sa connaissance.

– Il sera donc venu seul, repartit le curé, sa voiture est déjà là, il vient chaque dimanche à l'office, vous voyant ici vous aussi j'ai cru que vous aviez voyagé de concert.

– Il est vrai que je n'ai pu venir à l'église ces derniers dimanches, répliquai-je, trop de gens réclamaient mon assistance et je me suis vu contraint d'aller écouter la parole divine tantôt dans une église, tantôt dans une autre, dans la Dubs ou le Haslung et une fois même à Pirling.

– Ainsi va la vie, dit le vieux curé, vous avez bien de l'occupation, il vous faut apporter votre aide en maints endroits – et il existe d'autres églises que celle-ci. Ainsi le nombre des malades s'est de nouveau accru ?

– Non, répondis-je, ils sont au contraire moins nombreux que la semaine dernière et de beaucoup, le printemps vient à mon aide et j'ai grande joie à voir tous ces gens guérir grâce au bon air, j'ai donc pu venir à vous en toute quiétude.

– Voilà qui est heureux, en effet. Vous verrez maintenant dans l'église votre nouveau voisin, c'est un homme de grand mérite point glorieux pour un sou, pourtant chacun le dit fort riche et de qualité – je vous souhaite une très bonne matinée, docteur.

À ces mots le curé s'inclina, la tête toujours un peu penchée il traversa la belle pelouse qui s'étend devant l'église et passa la petite porte qui donne sur la sacristie.

Je lui avais rendu son salut avec beaucoup de déférence et je m'attardai un instant à considérer la voiture du colonel. Les deux chevaux qui formaient l'attelage n'étaient plus tout à fait jeunes, en revanche ils paraissaient en bonne santé et très frais. Pour la voiture, elle était bonne et bien construite. Le valet me dit qu'il dételerait dans un moment et qu'il irait alors à l'église, Thomas en use toujours ainsi. Les chevaux sont suffisamment bien installés dans l'écurie sèche et claire de l'aubergiste. Les petites voitures de toutes sortes qui appartiennent aux paysans, lesquels, lorsqu'ils habitent loin, viennent à l'église en véhicule, restent tout attelées dans la rue, on attache les bêtes, et quelques-uns des gens employés à l'auberge sont aussi chargés de les surveiller.

J'aperçus le colonel dans l'église. Je le reconnus sur-le-champ au milieu de l'assemblée. Il était assis avec sa fille à l'avant dans la stalle transversale – mon prie-Dieu se trouve dans la rangée du milieu auprès des habitants de la Pente. Je ne pus en passer commande que bien après la mort de mon père. Le colonel portait un habit de velours noir sur lequel brillait doucement sa courte barbe blanche. J'admirai sa chevelure d'un blanc éclatant et plus longue qu'on ne la porte d'ordinaire, fort proprement peignée elle retombait en arrière sur la nuque, faisant ressortir le visage aux mille rides fines et aux cils blancs. Sa fille avait aussi un vêtement de velours mais vert sombre. Ses cheveux noirs se séparaient en bandeaux sur son front. Je n'aime guère les perruques poudrées que l'on met souvent, j'eus donc plaisir à les voir tous deux en cette toilette.

En sortant de l'église je montai en voiture et rentrai chez moi, à un moment je tournai la tête et vis que mes voisins me suivaient à quelque distance. Seulement Thomas, qui s'enorgueillit de l'excellence de notre alezan et savait sans doute que les chevaux bais trottaient derrière nous, ne nous fit point arrêter. Puis

ils bifurquèrent vers leur maison en direction du bosquet, à l'endroit où le chemin descend à Val-sur-Pirling. Ainsi que nous pûmes le constater, les chevaux
bais étaient bons coureurs et tenaient bien la direction,
la poussière du chemin communal volait sous leurs
sabots…

Le lieu où ma maison est sise s'est toujours appelé
« La Pente », ou même « La Pente boisée ». Il en
allait ainsi du temps où mon père vivait dans sa chaumière, c'était toujours le cas à l'époque où je revins
de Prague, mais les maisons se firent plus nombreuses
et elles reçurent des numéros, nous donnâmes alors
au hameau qu'elles formaient le nom de Val-sur-Pirling, en effet nous nous trouvons dans la même vallée que Pirling mais nettement en amont de ce village vers lequel descendent les cours d'eau venus de
chez nous. Pour ma part je ne puis m'accoutumer à
n'utiliser qu'une seule de ces appellations, comme les
gens d'ici j'emploie tantôt l'une, tantôt l'autre dans
la conversation et dans mes écrits : « La Pente » ou
« Val-sur-Pirling ».

Le nombre de mes malades allait diminuant,
comme si le printemps eût voulu tourner en bien tout
ce que l'hiver avait fait de mal, surtout sur sa fin qui
avait apporté avec elle tout un cortège de maladies,
même s'il n'y avait eu que peu de morts – j'eus donc
du temps pour surveiller les travaux chez moi et aussi
pour me promener à pied parfois dans les environs,
j'ai d'ailleurs accoutumé de marcher et lorsque mes
malades me laissent quelque répit il faut que j'aille

dans les bois, j'observe des plantes, j'en rapporte chez moi, je reste assis sous un arbre à lire ou à écrire sur un morceau de papier ou tout simplement à regarder les vallées et les crêtes boisées si belles, l'aimable azur les domine et un gracieux filet de fumée, fin et clair, monte parfois de leur sein. C'est ainsi qu'un jour au sortir de mon cher bosquet de chênes je décidai de jeter un coup d'œil sur la maison en construction. J'avançai au milieu de l'herbe, le colonel enjamba une planche et vint à moi, il souleva sa barrette et me salua : Vous êtes donc le jeune médecin dont on dit tant de bien dans toute la région, fit-il.

— Je suis effectivement le médecin, répondis-je, et je suis jeune aussi, ceux qui disent du bien de moi dans la région oublient de remercier Celui sans lequel il n'est point d'heureux succès, je ne puis rien faire autre qu'employer ce que j'ai appris. Si l'on me devait remerciement ce serait plutôt parce que je tâche aussi parfois de faire quelque bien aux gens en dehors de l'exercice de mon art.

— Puisque je vous vois près de l'ouvrage que j'ai en chantier, poursuivit le colonel, je désirerais vous adresser une prière. Je vais passer le restant de mes jours ici, dans cette contrée encore sauvage. Aussi souhaiterais-je commencer un commerce agréable et entretenir des rapports amicaux avec quelques voisins qui accepteront que j'entre en relation avec eux et que je puis estimer par avance sur leur réputation. Permettez-moi donc de me rendre chez vous un jour prochain, la bienséance veut que je fasse cette visite comme nouvel arrivant et comme étranger et cela pourrait signifier le début d'un bon voisinage. Vous devrez excuser ma fille, je ne l'amènerai point avec moi : vous êtes célibataire et il ne serait peut-être pas convenable que je la fisse venir chez vous. Quand vous dérangerai-je le moins dans votre travail ?

— Je tiendrai à honneur de recevoir votre visite, repartis-je, et puisque vous êtes assez bon pour vous régler sur mes occupations, choisissez un après-midi vers deux, trois ou quatre heures, je ne suis jamais là le matin car je dois me rendre au chevet de ceux qui m'attendent.

— Je viendrai donc l'après-midi, répondit mon voisin, vous faites construire vous aussi, poursuivit-il, par conséquent vous attachez de l'intérêt à cette matière, venez donc voir un moment les travaux, vous pourrez vous faire une idée au moins en partie de ce que sera la construction une fois achevée. Je voudrais voir terminé à l'automne un petit logement provisoire où je pourrais passer l'hiver avec les miens. Voyez-vous, j'ai résolu de ne plus repartir d'ici en laissant l'ouvrage commencé se poursuivre sans moi. Les travaux reprendront l'été suivant. Mais je désirerais me voir à l'abri d'ici la mi-été.

Après ces mots j'entrai dans la maison en construction, le colonel m'accompagna, tout en circulant avec moi à l'intérieur il m'exposa le plan général de l'habitation. Nous parlâmes de choses et d'autres mais surtout de construction puis je pris congé et me mis en route pour mon logis. Mon voisin me reconduisit jusqu'à la limite de sa propriété marquée par des piquets plantés très écartés les uns des autres.

Tel fut donc le début de nos relations.

En redescendant vers la Pente je reconnus aussitôt que le colonel bâtissait avec bien plus de savoir-faire que moi, les travaux s'enchaînaient beaucoup mieux et avançaient aussi beaucoup plus vite. Mon voisin devait avoir sensiblement plus d'expérience que moi en la matière.

Arrivé chez moi j'allai voir mes gens, ceux-ci me saluèrent avec cordialité et continuèrent joyeusement leur travail, un air tiède circulait dans les pièces vides, depuis les fenêtres on voyait approcher les beaux nuages blancs printaniers qui passaient au-dessus de la forêt. Kajetan rentrait les bœufs par la porte de la grille, les servantes portaient de l'eau (on n'avait toujours pas commencé les travaux de la fontaine qu'on prévoyait de faire au milieu de la cour), depuis ma chambre au premier étage j'entendis Thomas chanter dans l'écurie où il s'occupait des chevaux.

Deux jours après, le colonel descendit du bosquet pour me rendre visite. Il portait encore un habit sombre sur lequel ressortaient agréablement ses cheveux blancs. Il ne portait point de barrette sur la tête ce jour-là mais un chapeau semblable à ceux qu'on voyait ordinairement aux soldats et il tenait à la main un jonc avec une jolie pomme.

Je fis monter mon hôte dans ma chambre car, l'ayant vu arriver, j'étais allé à sa rencontre. Nous nous assîmes et conversâmes un moment. Il me questionna sur mon travail et je le lui exposai. Puis nous parlâmes des gens que l'on rencontre dans le bois, de leur caractère accommodant ou indocile. Nous évoquâmes les devoirs imposés par l'Église ou l'école, ceux des bourgeois et ceux des sujets. À cette occasion j'appris que le colonel avait acquis sa propriété de façon à ce qu'elle fût tout à fait libre, entièrement quitte de corvée et de redevance. Mon hôte se leva et je lui fis visiter ma maison de même qu'il m'avait montré la sienne, je lui expliquai mes projets d'aménagement. Il loua le tout et fit pourtant à un moment ou à un autre quelques remarques telles que je pusse en tirer un enseignement. Je lui montrai aussi mes jeunes chevaux qu'il avait fort admirés. Il avait probablement beaucoup monté à cheval dans le passé. Il loua également la manière dont Kajetan élevait le bétail et me demanda de bien vouloir lui céder quelques veaux le jour où j'en vendrais de cette race. Je le lui promis volontiers.

À son départ je reconduisis le colonel tout comme il l'avait fait pour moi. Je montai avec lui jusqu'à ce que nous eussions passé l'endroit où la chaumière de mon père s'était dressée naguère. Une fois là je lui dis que ma propriété se terminait et que j'allais prendre congé de lui. Quand nous nous séparâmes il me tendit la main, nous étions l'un près de l'autre ; lui, un vieillard, moi, un tout jeune homme – tandis qu'il s'éloignait je le suivis quelques instants du regard, puis je redescendis vers mon logis et je pensai : il est bon que cet homme soit venu, il est bon que je puisse jouir de sa conversation, avoir commerce avec lui et en apprendre quelque chose.

Deux jours après, ayant à nouveau tout un après-midi libre je lui rendis sa visite, je n'avais pas jugé que notre rencontre fortuite auprès de sa future maison dût compter pour la première. Un vieux serviteur auquel je m'adressai me fit entrer dans le chalet. Dans le couloir principal qui passait devant la cuisine, deux portes étaient pratiquées en vis-à-vis, l'une à droite, l'autre à gauche. Le domestique me fit passer la porte de droite et m'introduisit chez le colonel. Celui-ci, assis sur une chaise basse en bois, donnait lui-même à manger à deux beaux chiens-loups que je vis alors pour la première fois et qui sont si attachés à moi aujourd'hui. Les chiens grognèrent à mon arrivée, leur maître leur dit quelques mots et ils se calmèrent aussitôt comme s'ils comprenaient. La pièce construite avec de simples planches clouées était fort sommaire, elle contenait quelques coffres, des papiers et des livres éparpillés, ainsi que quelques rares meubles façonnés dans du bois tendre.

En me voyant entrer, le colonel se leva et, posant ce qu'il tenait à la main : Soyez le bienvenu, docteur, dit-il, maintes fois je dois nourrir moi-même ces fous présomptueux, ils s'imaginent recevoir qui sait quoi d'excellent quand j'ajoute à leur nourriture des morceaux que j'ai découpés. Nous avons traversé le bosquet de chênes et sommes allés tout en haut des pâturages. J'ai pris mon déjeuner sur le tard et j'ai ensuite donné le leur à mes deux compagnons. Je vous inviterais à vous asseoir s'il y avait ici quelque siège digne de ce nom.

J'ôtai ma barrette et pris place sur une chaise de bois à côté du colonel, qui se tenait debout devant la table en sapin. Mon voisin donna rapidement aux chiens impatients le reste de leur repas qu'il avait mis de côté lorsque j'étais entré, puis il approcha une seconde chaise de la table et s'assit près de moi.

Nous parlâmes à nouveau de choses et d'autres ainsi qu'il est d'usage en de semblables visites. Puis mon interlocuteur déclara qu'il désirait me montrer sa future maison comme je lui avais montré la mienne. Nous entrâmes dans le bâtiment, regardâmes tout le bas puis gravîmes les échafaudages et observâmes l'avancement des travaux. Le colonel me conduisit à la cabane où l'on taillait les pierres, ainsi qu'au chaufour où l'on s'activait à cuire et à éteindre la chaux. Je compris vite qu'on pourrait difficilement achever la maison cet été-là, comme mon voisin le souhaitait, en procédant comme on l'avait fait jusqu'alors. Le colonel ne pourrait pourtant continuer de loger dans ses pièces en planches quand l'automne puis l'hiver arriveraient, même si les appartements où il voulait s'installer dans sa maison neuve n'étaient pas dûment séchés. Je lui offris donc de lui prêter pour l'été tous les gens qui travaillaient à ma maison, puisque autrement il n'en trouverait point d'autres. Pour moi, il m'était indifférent de les utiliser ou non chez moi. Nous pourrions vivre encore dans les pièces déjà aménagées à cet effet, il n'y manquait plus rien, et les autres salles pourraient demeurer vides et inachevées aussi bien cette année que l'année précédente. Je les ferais bien terminer l'été suivant, il nous serait alors facile de nous partager les ouvriers dans la mesure où nous le jugerions opportun.

Le colonel trouva ma proposition avantageuse et l'accepta bien volontiers.

Lorsqu'il m'eut aussi montré tout son chalet de planches et l'organisation de celui-ci, assurément mauvaise et répondant seulement aux nécessités de la saison estivale, lorsque nous eûmes enfin visité la remise où logeaient provisoirement les chevaux bais et la voiture, nous retournâmes à la chambre où j'avais trouvé mon hôte en compagnie de ses chiens à mon arrivée. Nous longeâmes le couloir dont la porte de droite donne sur l'appartement du colonel mais celui-ci ouvrit la porte de gauche qui se trouvait vis-à-vis et appela : Margarita, viens donc chez moi un instant.

Au bout d'un petit moment, comme nous étions assis de nouveau à la table de sapin, elle apparut dans l'embrasure de la porte. Ce jour-là, elle était toute vêtue de blanc et ces habits l'enveloppaient harmonieusement. Elle s'avança en rougissant très fort. Le colonel se leva, j'en fis autant sur-le-champ, il prit sa fille par la main et la conduisant à moi : Margarita, dit-il, je te présente le médecin qui habite en bas de la pente. C'est un homme fort honnête. Nous ne le connaissons guère encore mais la renommée dit partout du bien de lui. J'ose espérer que tu auras désormais à son égard tout le respect qui s'attache à la personne d'un bon voisin et d'un ami.

Puis il se tourna vers moi : Voici ma fille, Margarita, ajouta-t-il, elle n'a que moi au monde et partage actuellement ce chalet avec moi, lorsque ma maison sera prête nous y vivrons ensemble.

La jeune fille n'avait rien dit tandis que son père parlait, elle s'était contentée de baisser les yeux et de faire la révérence.

– Tu peux maintenant regagner ta chambre, mon enfant, dit le père.

Sur quoi elle fit une nouvelle révérence et quitta la pièce. Nous restâmes encore un moment assis ensemble puis je pris congé et regagnai mon logis.

Le jour suivant j'informai mes ouvriers de l'arrangement que j'avais conclu avec le colonel, ils allaient travailler chez lui désormais s'ils acceptaient ce nouveau contrat, mon voisin entendait leur donner un salaire un peu plus élevé que celui qu'ils recevaient chez moi, en considération de l'urgence des travaux à effectuer. Nous (c'est-à-dire lui et moi) en avions décidé ainsi. Ils consentirent tous à ces nouvelles dispositions et quittèrent les lieux le jour même, en emportant leurs outils et leurs instruments, le lendemain ils étaient à pied d'œuvre chez le colonel.

Après ces deux premières visites, qui nous avaient vus tous deux vêtus de nos plus beaux habits, l'affaire prit un tour plus aisé. Les maladies hivernales s'étaient fort heureusement terminées et la santé des gens s'était bien améliorée pendant la belle saison, de sorte que j'avais beaucoup de temps libre dont je pouvais disposer à ma guise. Les travaux de construction étaient devenus pour moi d'un tel agrément et mes chambres et ma maison me paraissaient si vides depuis que j'avais fait monter mes gens chez le colonel que je me rendais moi-même assez souvent au bosquet pour regarder les travaux qui s'y faisaient. En vérité ceux-ci allaient nettement plus vite qu'auparavant, maintenant que le colonel avait davantage de bras à sa disposition (bien qu'ils eussent avancé, même au début, beaucoup plus rapidement que chez moi à une certaine époque, ainsi que je l'ai déjà dit). De son côté le colonel me venait voir fréquemment, très vite nous ne considérâmes plus lequel devait une visite à l'autre d'après les règles de la civilité, lorsque l'un avait le sentiment que c'était à lui de se rendre chez l'autre il prenait sa barrette et se mettait en route. Pouvoir écouter les conversations de cet homme devint pour moi une véritable joie et pouvoir lui parler de mes pensées, de mes recherches, de mes projets, me fit aussi du bien. D'ordinaire j'en avais fini avec mes besognes quotidiennes dès avant le déjeuner. L'après-midi, lorsque le soleil estival tel un bouclier resplendissant avançait peu à peu vers les bois derrière lesquels il se couchait, je montais volontiers chez mon voisin et je passais avec lui le temps qui restait jusqu'à l'arrivée du soir tiède, à ce moment je regagnais mon logis où je m'occupais de mes recherches et des préparatifs à faire pour le jour suivant. S'il m'arrivait une fois d'être retardé, d'avoir peut-être à prendre après le déjeuner davantage de dispositions qu'à l'ordinaire, par exemple lorsque les courriers envoyés par divers malades éloignés attendaient chez moi les remèdes qu'ils devaient emporter, alors il descendait, il voulait s'assurer, expliquait-il, si j'étais malade ou si j'avais eu trop de travail pour pouvoir monter chez lui. Et lorsqu'il voyait que je ne m'étais point rendu chez lui uniquement parce que j'avais eu trop à faire, il trouvait bon qu'il en fût ainsi.

Margarita, sa fille, était fort belle. J'avais autrefois connu une jeune fille très belle, Christine, fille d'un négociant de Prague mais Margarita était beaucoup plus belle.

Le seul progrès survenu chez moi cet été-là fut la voiture que j'avais commandée pour les deux jeunes chevaux, elle arriva et nous la fîmes essayer aux bêtes, le colonel qui se trouvait là donna maints conseils qui nous furent de grand profit pour améliorer des détails. Un jour il harnacha ensemble lui-même les sveltes moreaux auxquels il fit ainsi longer le chemin aussi adroitement que s'ils eussent été ses chiens-loups qui lui obéissent en tout. La voiture était fort maniable, son aménagement et sa configuration me satisfirent. Le colonel indiqua à Thomas plusieurs dispositions concernant la manière de s'occuper des jeunes chevaux de façon que leur développement se poursuivît au mieux.

Quelques jours après le solstice d'été, l'on posa le toit sur la maison du colonel. Il y avait là le juge des hameaux d'en haut dont dépend le bosquet, le vieux curé de Sillerau, qu'on avait fait venir dans la voiture du colonel, le seigneur de Tunberg accompagné de sa femme et de ses filles, mon cousin l'aubergiste du Rotberg ainsi que, conviés par le colonel, plusieurs paysans et voisins qui vivaient aux alentours dans la forêt. Lorsqu'on eut monté le dernier chevron auquel on fixa la cime d'un pin où flottaient des rubans bariolés pour la plupart en soie rouge et bleue (mais j'ignorais encore la raison du choix de ces couleurs), lorsqu'on eut cloué au bas du toit la première latte et immédiate-ment après la suivante un peu plus haut contre la pre-mière, lorsque le travail eut grimpé rapidement et en cadence grâce aux nombreux bras qui s'y employaient jusqu'à ce que la plus haute latte, la dernière, fut enfin fixée sur la panne faîtière et que trois coups eurent encore retenti l'un après l'autre après le roulement des coups de hache, en signe que tout était achevé main-tenant, alors un garçon charpentier tout endimanché se dressa près de la cime du pin, il portait deux longs morceaux de rubans en soie rouge et bleue accrochés à son chapeau, debout au bord de la planche posée sur les plus hautes pannes soutenant les chevrons, il prononça pour nous le discours du charpentier. Nous le regardions d'en bas, debout dans l'herbe. Quand il eut fini son discours, il prit une bouteille de vin en cristal posée derrière lui sur la planche, se versa du vin dans un verre qu'il tenait à la main et le but d'un trait à notre santé, avec un salut à notre adresse. Puis il lança bien haut son verre vide en direction du bosquet de chênes. Le verre décrivit un arc et vola en éclats au milieu des branches. Après quoi l'ouvrier remit la bou-teille au compagnon qui se trouvait immédiatement derrière lui sur la planche, celui-ci se versa également une rasade de vin dans un verre, il but, puis lança son verre dans le bosquet. Tous les compagnons qui se tenaient sur la planche firent successivement de même jusqu'à ce que vint le tour du dernier, celui-ci emporta la bouteille qu'il venait de vider, tous avancèrent de côté sur la panne, descendirent sur les lattes avec agilité jusqu'au rebord inférieur du toit et gagnèrent les échafauds, une fois le dernier échelon descendu ils débouchèrent sur la pelouse où ils nous rejoignirent. La bouteille vide fut confiée au propriétaire de la nouvelle maison, on mettrait dedans divers objets puis on scellerait le goulot et on enterrerait le tout sous la première pierre lorsque l'on célébrerait la fête de sa pose.

On servit ensuite une collation sur plusieurs tables de différentes formes, faites d'ais grossièrement façonnés. Tous ceux qui avaient apporté leur aide à la pose du toit étaient assis à la même table, l'usage veut en effet que tous les gens de la région qui le désirent se rassemblent pour prêter leur concours, lorsqu'on installe les lattes sur le toit d'une maison neuve. C'est donc un sujet de fierté lorsque l'on a pu obtenir une cadence rapide dans le roulement des coups de hache (dont on utilise le dos en fer pour planter les clous servant à fixer les lattes), et lorsqu'on peut se vanter dans le voisinage d'avoir posé les lattes d'un toit de tant et tant de toises carrées en un temps fort court de telle et telle durée. Le maître charpentier se tenait avec ses compagnons à la seconde table, il prononça également quelques mots quand tous eurent rempli leurs verres et furent sur le point de les porter à leurs lèvres. Nous autres invités étions à la troisième table avec le colonel, quiconque arrivait des environs, en particulier les pauvres, pouvait prendre place à l'une des autres tables et se servir à volonté du vin à boire et un morceau à manger. Quand le maître charpentier eut fini son allocution et que l'on eut porté alentour les premiers tostes de politesse nous eûmes licence d'aller aussi à la table des compagnons charpentiers, les autres purent venir de notre côté et il fut loisible à tous de s'aller voir réciproquement et de converser ensemble. Lorsqu'on eut achevé la collation, notamment en laissant aux hôtes les plus pauvres le temps de manger tout ce qui se trouvait sur leurs tables, on s'égailla et les ouvriers démontèrent les tables aussi rapidement qu'on les avait fabriquées la veille sur le vert gazon alors vierge encore de toute trace.

Le jour suivant on commença de couvrir le toit puis on fit l'intérieur des pièces où le colonel se proposait de loger l'hiver suivant (celles-ci étaient déjà planchéiées) de sorte qu'on pût les décorer, garnir les cheminées, poser les fenêtres et badigeonner les murs avec une couleur douce lorsqu'ils auraient été convenablement séchés.

Cependant l'on avait rarement vu un été aussi extraordinairement clément dans nos belles forêts. On assistait fréquemment à une succession de journées plus belles les unes que les autres, si des nuages se montraient parfois ce n'était que pour orner le ciel, le jour ils étincelaient, tout d'argent et de pierres précieuses, le soir leurs bandes et leurs voiles vermeils apparaissaient au-dessus des arbres, des montagnes et des champs de blé. Comme la grande quantité de neige tombée pendant l'hiver précédent avait été fort longue à fondre nous ne connûmes point la sécheresse, en dépit de l'absence persistante de pluie l'humidité contenue en profondeur par la terre faisait verdoyer nos forêts et nos champs – le cœur vous en riait d'aise – et dans les vallées, sources et ruisseaux jaillissaient et bondissaient comme alimentés sans trêve secrètement, par des esprits ou des anges, sans que leur eau se tarît.

Lorsque l'on eut couvert la maison du colonel, posé partout planches et planchers, crépi les murs extérieurs de haut en bas et posé les fenêtres, le bâtiment vu du dehors parut déjà tout à fait achevé et ceci avant même que les ardentes journées du mois des récoltes fussent passées. On ôta les échafauds, les poutres et les outils grossiers qui avaient servi à la construction, et la maison surgit au milieu des zébrures de la forêt et des champs du Mitterweg et se détacha sur le fond sombre du bosquet de chênes, elle était aussi belle que dans mes prévisions. Dès lors on se contenta d'avancer les travaux intérieurs d'aménagement, de nettoyage et de décoration. On retourna le jardin sans plus attendre et on l'entoura d'une grille, le colonel en effet désirait y mettre à l'automne divers bulbes, plants et arbres qu'il serait heureux de voir lever au printemps suivant. Il semblait pressé, il se sentait vieux et souhaitait passer le peu de temps qu'il lui restait à vivre dans une maison terminée dont le cadre fût agréablement disposé.

Lorsque les voitures remplies d'orge et de grain dorés regagnèrent les granges, d'autres voitures chargées de coffres et de caisses à claire-voie arrivèrent jour après jour, elles contenaient des affaires appartenant au colonel et ce dernier désirait s'installer au milieu d'elles dans les appartements de la nouvelle maison qui se trouvaient terminés. Lorsque toutes ces choses eurent été déchargées et sorties de leurs caisses, lorsqu'on leur eut affecté une place (et tout cela prit deux jours) le colonel me fit visiter les locaux. Au contraire de la mienne, sa maison n'a pas d'étage et les appartements sont bâtis à quelques degrés seulement du sol, on avait ménagé au-dessous les offices, une fruiterie et d'autres pièces fraîches analogues dont les petites fenêtres grillagées s'ouvraient peu au-dessus du sable recouvrant l'allée du jardin. À l'intérieur la maison comprend un couloir fermé sur un côté par de très grandes baies vitrées donnant sur une serre avec des plantes. De l'autre côté s'ouvrent les portes conduisant aux appartements, l'une mène aux deux chambres du colonel, une autre à celles de Margarita. La bibliothèque se trouve entre les deux mais l'on peut passer de l'appartement du colonel à celui de Margarita par son intermédiaire. À un bout, juste à côté de la porte de Margarita, le corridor se termine par une salle percée de plusieurs grandes fenêtres où l'on met fleurs et plantes en hiver. Il donne à l'autre bout sur trois pièces non encore aménagées. Au-delà des deux extrémités du couloir se situent, de biais, d'un côté les appartements des domestiques, la cuisine et ainsi de suite, de l'autre l'écurie et la remise à voitures. Plus loin derrière, vers le bosquet de chênes, l'on rencontre la grange près de laquelle on construit des écuries pour d'autres bêtes. Lorsque le colonel m'eut montré ses deux chambres il me fit également visiter celles de Margarita, de l'autre côté. La propreté s'annonçait avant même qu'on fût entré, sur le large seuil devant le chambranle de la porte (pratiquée dans un mur fort épais) était posé un fin paillasson de jonc jaune (de la largeur exacte de la porte) pour s'essuyer les pieds. Le colonel frappa : Entrez ! répondit-on de l'intérieur. Nous entrâmes, la jeune fille debout au milieu de la première pièce se disposait probablement à regarder l'arrangement des objets pour voir s'il y fallait rien changer. Et une servante portant diverses choses sur le bras la quittait à cet instant. La chambre avait été parfaitement balayée, on n'y trouvait pas un grain de poussière et tout était dans le plus bel ordre. La beauté des cheveux bruns qui couvraient la tête de Margarita et la clarté du regard de ses yeux bruns étaient celles-là mêmes qui régnaient dans la pièce. Cette jeune fille est si saine qu'il est impossible d'imaginer qu'une maladie ait jamais pu se frayer un chemin jusqu'en elle. Elle nous fit voir comme les objets étaient disposés et nous demanda s'ils pouvaient rester ainsi. Sur la réponse que nous lui fîmes que leur disposition était fort bonne, elle repartit qu'elle aurait tout cela chaque jour sous les yeux, il faudrait bien qu'on vît alors s'il fallait en changer l'ordre. Nous visitâmes également la seconde pièce où se trouvait son petit lit derrière de hauts rideaux fermés. Un crucifix en bois – un très bel ouvrage était posé sur une toute petite table. Vis-à-vis se trouvait un coffre contenant des livres fort propres, à côté une petite table qu'elle pouvait utiliser pour lire et pour coucher ses courts écrits sur le papier. Le colonel me ramena ensuite dans son appartement en passant par la bibliothèque, mais il n'y avait point encore de livres dans cette pièce dont les parois étaient entièrement nues.

Cet été-là les murs séchèrent avec une rapidité presque incroyable. Le colonel et Margarita n'y prirent pas garde, ils continuèrent de dormir dans leur chalet et ils ne restaient dans leur appartement que pendant la journée quand toutes les fenêtres étaient ouvertes. Il fallait que tout fût aussi sec que possible, disait le colonel et ils n'iraient habiter pour de bon leur appartement qu'à la fin de l'automne, lorsqu'il ferait trop froid pour rester dans le chalet. Il en usa de même pour les chambres des domestiques et pour l'écurie que l'on aurait pu aller occuper car elles étaient déjà prêtes elles aussi.

Lorsque les travaux de la maison et par conséquent également leur surveillance diminuèrent nous allâmes très souvent dans les environs l'après-midi, la chaleur s'atténuait et les journées plus douces de l'automne approchaient. Nous partions chaque jour en promenade. Je menai le colonel à maints endroits du bois où le « jour de la glace » avait causé de gros dégâts l'hiver précédent, les arbres s'y desséchaient couchés les uns sur les autres, j'avais connu beaucoup de ces lieux au cours de mes pérégrinations à travers bois dans toutes les directions, ou, fréquemment, lorsque je quittais tout chemin frayé pour franchir directement une colline ou une crête boisée, ils m'étaient donc tout à fait familiers. De même, nous avions été visiter la cavité du bois de Duster dans laquelle Josi-le-Colporteur avait dû passer trois jours et trois nuits pendant l'hiver. Margarita nous accompagnait la plupart du temps. Assez souvent nous traversions tout le bosquet de chênes et ressortions de l'autre côté pour rejoindre au-delà des marais du pacage des bourgades plus éloignées, ou une cime, si bien que plus d'une fois nous regagnâmes la maison du colonel par un sentier forestier à la clarté des étoiles, accompagnés par le léger bruissement nocturne des frondaisons, au-dessus de nos têtes.

Parfois c'étaient nos voisins qui me venaient voir. La première fois que Margarita descendit chez moi, je lui montrai mes moreaux, puis ma basse-cour, grand enclos où les volailles vaguent librement, je lui montrai ensuite les réserves engrangées ainsi que mes belles vaches – Kajetan et la servante en ont la charge et les tiennent très propres, à ma satisfaction. Lorsqu'elle vit les veaux, la jeune fille me fit une demande : si j'acceptais d'en céder un à son père comme il était prévu, il fallait que c'en fût un en particulier ; elle avait porté son choix sur un animal à la tête fort belle, au fanon blanc, et aux reins brun foncé, on n'en voit pas souvent avec une telle robe dans nos alpages. Je répondis que j'avais eu la même idée qu'elle, je ferais monter ce veau chez eux dès que l'étable du bosquet serait habitable, on enverrait la bête en même temps qu'une seconde, d'aspect presque identique, qui ne se trouvait point ici pour l'instant, ils feraient plus tard une belle paire de bœufs, splendides et familiers.

L'hiver suivant fut si clément qu'il ne me souvient pas d'en avoir connu un semblable dans nos campagnes. Le colonel et Margarita s'installèrent dans leur nouvelle demeure à la fin de l'automne, d'ordinaire à pareille saison frimas et gelées étaient apparus depuis longtemps sur nos prairies, mais cette année-là le doux soleil de l'arrière-saison les réchauffait de ses rayons souriants. Sur mes conseils mes voisins utilisèrent eux aussi la potasse calcinée, mais celle-ci après avoir passé quelque temps dans leur logis montra si peu d'accroissement d'eau qu'on put regarder avec certitude les épaisseurs extérieures des murs comme parfaitement sèches. Le colonel fit poursuivre les travaux pendant tout l'hiver sans interruption dans les pièces encore inachevées.

À l'arrivée d'une saison plus humide et plus sombre, les maux des hommes se multiplièrent comme toujours, mon temps libre diminua et je ne pus continuer à passer d'aussi longs moments en compagnie de mes voisins. Il m'arriva une fois de descendre du chemin des pacages en pleine nuit, venant de la déclivité ; malgré la pluie d'hiver qui tombait dru, je voyais le bosquet de chênes à ma gauche mais celui-ci m'apparaissait de façon indistincte, comme une vapeur noire, cependant une lumière brillait à côté, distincte et claire, et je crus qu'elle provenait de la chambre du colonel, ce dernier était peut-être assis là avec Margarita s'adonnant à la lecture ou à quelque autre occupation analogue. Je résolus donc d'aller vers la lumière et de m'arrêter un peu chez mes voisins. Seulement tout en marchant sur un terrain qui m'était pourtant familier je me retrouvai dans les prés du père Meierbacher puis dans un marécage qui selon moi n'eût point dû se trouver là. Chaque pas en avant m'y eût engagé davantage, je revins donc en arrière et regagnai la terre ferme que j'avais quittée. Je compris alors qu'un feu follet m'avait abusé, il était impossible que je fusse à l'endroit où je pensais être. De semblables lumières apparaissaient parfois dans la dépression, en l'état où elle se trouvait avant que le colonel l'eût fait défricher, et des gens en avaient aperçues à différentes époques. Elles vagabondaient tantôt ici, tantôt là pour ainsi dire ou bien prenaient naissance ici ou là. Au moment où l'on en voyait une distinctement, on s'apercevait soudain qu'elle n'était nullement là, puis telle une lanterne elle descendait au bois en défens et elle n'en ressortait pas, en général on ne la voyait plus. Mais elle surgissait tout à coup au loin, en bas près des frênes comme si elle attendait. Ces lumières me sont tout à fait familières car il me faut souvent circuler de nuit (ce que les gens d'ici n'ont point accoutumé de faire, ils restent au logis) ; je suis dehors par mainte soirée humide du début de l'hiver, de la fin de l'automne ou du pernicieux mois de mars et même en été après minuit lorsque de douces rayures blanches s'étirent sur les prés. Une fois revenu à l'endroit où j'avais quitté le chemin pour m'engager sur le pré, il me sembla cependant que cé n'était pas le même lieu – les trois pins sylvestres que j'avais vus tout à l'heure se dressaient bien là mais c'était comme s'il se fût agi de trois autres pins et je n'arrivais pas non plus à me rappeler si j'avais pris bien garde au chemin que je suivais car je songeais à une malade dont je prenais le cas très à cœur. Mon grand-père qui tenait lui-même la chose d'un vieux Suédois (un des premiers colons arrivés dans le Haslung après la guerre) m'avait appris que si jamais l'on commence à trouver embrouillé et insolite un chemin familier, il faut sur-le-champ retourner sur ses pas et revenir en arrière jusqu'à ce que tout retrouve une apparence bien connue, puis il faut rester un moment sur place et reprendre ensuite le bon chemin. Je dépassai donc les trois pins et continuai de revenir en arrière. Les buissons ténébreux blottis dans la pluie et nichés les uns contre les autres défilèrent devant moi puis des pins éparpillés se dressèrent, couverts de bas en haut de broussailles maigres, enfin une clôture noire s'approcha. Je ne connaissais rien de tout cela. Une fois de retour à l'endroit où l'ornière aurait dû abandonner la route pour se diriger vers le bois de la Siller je constatai que l'ornière n'était pas là du tout. Je revins donc encore plus loin en arrière, à mon grand étonnement cela menait en amont. Soudain je me retrouvai tout à fait en haut, sur la crête et je compris tout à coup que je n'étais pas encore arrivé en aval du bosquet de chênes (d'où l'on eût pu apercevoir, en face, la maison du colonel) mais que je me trouvais encore loin en amont de ce dernier, j'étais en fait sur la crête qui terminait le versant des marais du pacage ; je compris également que c'était dans la dépression que j'avais vu le feu follet, je m'étais engagé dans l'eau marécageuse

197

de celle-ci. Pendant tout le temps où j'étais revenu sur mes pas, j'avais tourné la tête assez souvent, mais le feu follet était resté invisible : partout régnait la même obscurité noire et uniforme. Cependant, tandis que je me tenais encore sur le versant, regardant autour de moi, une zébrure un peu claire apparut au ciel et je vis que je m'étais trompé en croyant voir le bosquet, un nuage d'automne accroché au lointain Dürrwald avait métamorphosé celui-ci en un massif forestier plus proche. Je continuai de regarder tout cela et mon feu follet réapparut soudain au loin de l'autre côté, dans la même direction mais en un autre endroit que celui où je l'avais vu naguère. Je scrutai avec attention cette lumière. Et la longue, svelte, paisible flamme qui se dressait de l'autre côté, tel un ange de feu vêtu d'un vêtement blanc, la haute futaie sombre qui s'élevait là derrière, la nuit toujours silencieuse et obscure qui continuait à faire tomber une pluie si fine, alors qu'il n'y avait nul autre que moi à la ronde – tout cela était presque beau à voir. Comme j'avais maintenant sous les yeux le paysage familier exigé par mon aïeul et par le Suédois, je repris le bon chemin. Je descendis le sentier qui longeait la clôture noire – je le reconnaissais fort bien pour lors – les buissons ténébreux qui s'étaient déguisés naguère m'étaient bien connus eux aussi et je les avais déjà vus à maintes reprises. Je les dépassai successivement en suivant mon chemin. Et tandis que les buissons de pruneliers s'avançaient près de moi tel un noir convoi rampant et que les aulnes venaient intercepter la lumière sur ma gauche,

je continuai de penser à la fièvre de Maria Hartens
sans cesse présente à mon esprit et à mon cœur, soudain la petite lumière s'abaissa avec beaucoup de légèreté – et elle s'évanouit. D'ailleurs elle ne réapparut
point. Je descendis tout le chemin, et c'est seulement
au moment où le véritable bosquet de chênes que
j'avais maintenant sous les yeux s'avança vers moi de
l'autre côté que les lumières venant effectivement de
la maison du colonel apparurent – elles formaient une
rangée très claire, très distincte et très amicale. Mais
je ne passai point de ce côté-là car j'étais tout souillé
de boue, je descendis aussitôt chez moi et cette nuit-là
encore se passa à consulter divers livres au sujet de la
pauvre Maria.

Souvent différents incidents marquaient ainsi mes
randonnées.

L'hiver avançait, après les premières neiges lorsque
je rentrais chez moi sur le tard (et c'était presque quotidiennement le cas) je montais assez souvent à la maison du bosquet vers le soir ou même à la nuit noire. Le
colonel avait fait mettre dans sa bibliothèque un très
grand poêle muni d'une fine grille derrière laquelle on
pouvait voir brûler les bûches qu'on y fourrait. Il avait
aussi installé tout autour des meubles choisis parmi
ceux qui étaient arrivés de sorte qu'on pouvait rester
assis à contempler la lueur que le feu projetait sur le
parquet. Lorsqu'on apportait pour la poser sur la table
la grosse lampe qui remplissait la salle de lumière,
nous regardions des manuscrits (le colonel en possède plusieurs, datant d'époques différentes, reculées

et singulières) ou des livres dont on lisait quelques pages, ou bien, heureux d'être assis dans cette pièce si accueillante, nous parlions des différentes choses du monde. Puis je rentrais chez moi ; lorsqu'il faisait une tourmente de neige ou lorsqu'un champ de neige molle jetait devant moi une faible lueur au sein des ténèbres les plus épaisses, les deux chiens-loups m'escortaient de bonne grâce, ils m'accompagnaient souvent jusqu'à la colline boisée de frênes puis rebroussaient chemin en courant, soulevant un nuage de poussière neigeuse, tandis que je descendais vers la maison je pouvais encore entendre maint aboiement joyeux isolé.

Des caisses à claire-voie arrivèrent aussi pendant l'hiver, elles contenaient des tableaux que le colonel avait acquis à différentes époques de sa vie passée. Et par un clair et beau jour où j'étais monté le voir il me les montra, il m'apprit à les connaître et à sentir leur perfection. Margarita accrocha quelques-uns des plus beaux dans son appartement, le colonel fit installer les autres chez lui à différents endroits qu'il choisit et dont il fit l'essai avec beaucoup de soin. De ma vie je n'ai vu de choses aussi belles – ou je ne les ai point reconnues dans le passé.

Cette année-là, le printemps commença plus tôt qu'on ne s'y attendait, le colonel fit reprendre ses travaux dès que la neige eut fondu et que la terre se fut ameublie. Il fit nettoyer le bosquet de chênes jusqu'aux limites de sa propriété, on dut ôter les broussailles inutiles assez épaisses, on débarrassa le sol de tous ces vilains débris et on le ratissa avec un râteau de fer de façon que de la belle herbe pût y pousser. On abattit les arbres morts à la hache, chaque fois qu'apparaissait ne fût-ce qu'une seule branche sèche sur un arbre, on la scia avec un soin qu'on n'eût guère pris pour un arbre fruitier. Ainsi que je l'ai déjà dit au début de cet ouvrage le colonel avait fait l'acquisition de la dépression, marécage insalubre brun clair où ne poussaient que les petits pins mughos et les baies rouges de la canneberge au milieu d'une herbe jaune dont l'extrémité brunissait, j'ai raconté plus haut comment il entreprit d'en faire un pré. De même on travailla et on prépara pour les semailles les champs qu'il avait achetés en même temps que son terrain à bâtir. Il avait donc engagé des garçons de ferme et acheté des bêtes de trait, il leur avait donné dans sa maison les locaux déjà prêts qui avaient pu sécher convenablement au cours de l'hiver car celui-ci avait été clément. Il voulut faire réussir dans cette région la culture du froment, qu'à peine quelques-uns avaient entreprise, à l'essai pour ainsi dire et sur une petite échelle. C'est pourquoi il avait fait venir de régions montagneuses au climat rigoureux et hivernal du blé de printemps afin de voir comment il prendrait chez nous. À vrai dire il avait eu des semailles d'automne plus belles qu'on ne les voit en général dans nos forêts. On cultiva aussi le jardin désormais entouré d'un treillis de bois, et les châssis sous lesquels allaient pousser les primeurs et autres furent posés sur leurs couches entourées de murs de terreau.

Les livres arrivèrent aussi à cette époque. Ils remplissaient plusieurs gros coffres de bois douillet qu'on déchargea, puis on les déballa. Le colonel avait fait ôter de la pièce les meubles au milieu desquels nous avions passé l'hiver, des piles de livres les remplacèrent. On acheva de confectionner les différentes armoires où ils allaient prendre place et on les rangea contre les murs à leurs places respectives. J'aidais moi-même à classer les livres et à les ranger à la bonne place lorsque le colonel, que divers travaux réclamaient et retenaient tantôt ici, tantôt là, n'avait pas le temps de le faire.

Une telle bibliothèque eût réellement fait mes délices. Souvent, juché sur l'échelle double qu'on avait fait faire (les pieds étaient recouverts de tissu pour ne point endommager le parquet), je rangeais les livres un à un aux endroits qui me paraissaient convenir et dans l'ordre où ils devaient s'aligner d'après leur genre. Margarita me les tendait d'en bas. Nous notions ensuite leurs emplacements respectifs sur des fiches grâce auxquelles on pourrait les retrouver et aussi rédiger un catalogue général permettant de repérer sur-le-champ la position et l'emplacement de chacun des ouvrages recherchés. Par la suite, une fois les livres rangés, des meubles intimes et accueillants allaient faire leur apparition dans la pièce conformément à l'intention du colonel, notamment plusieurs bons sièges confortables, la grande table sur laquelle on poserait la lampe, et d'autres choses dont nous nous aviserions bien et qui nous permettraient de passer fort agréablement, au milieu des livres et à la lueur du grand poêle, le nouvel hiver qui s'annonçait.

Margarita avait accroché dans sa chambre plusieurs autres tableaux qu'elle y avait fait porter. Elle me mena en voir plus d'un et m'expliqua pourquoi tel ou tel lui plaisait, puis tel ou tel autre.

À l'approche des beaux jours l'herbe verte et moelleuse couvrit les coteaux, bien que le rude arbre fruitier ne bourgeonnât point encore et que les broussailles, en bas près des ruisseaux, puis les sureaux et les saules, se fussent à peine couverts de petites feuilles et de chatons gris, on célébra alors la fête de la pose de la première pierre chez le colonel. Les assistants étaient à peu près les mêmes que lorsque le charpentier avait prononcé son allocution, le jour où l'on avait installé la ferme du toit. On ouvrit la dalle de marbre de la pierre sous l'entrée principale de la maison (cette entrée conduisait au jardin d'hiver, par une antichambre qui donnait sur le couloir attenant aux chambres du colonel et de Margarita). La dalle de marbre une fois soulevée, apparut la cavité carrée fermée par une plaque de verre très épaisse. On souleva également cette plaque et l'on put voir le compartiment vide destiné à loger les objets commémoratifs qu'on allait y déposer. Ce compartiment était entièrement revêtu de verre à l'intérieur car celui-ci ne pourrit pas. On y plaça la bouteille utilisée par le charpentier pour servir à boire lors de l'allocution qu'il avait prononcée depuis le comble du toit. La bouteille contenait toutes les pièces de monnaie d'or et d'argent en usage aujourd'hui, frappées l'année précédente, elle renfermait aussi un jaunet carré fait tout exprès afin qu'y fût gravée la date de la pose de la première pierre, elle contenait enfin un parchemin où l'on avait inscrit les étapes essentielles de la marche des événements. Le goulot de la bouteille était scellé par un morceau de verre. Une fois cet objet commémoratif installé, beaucoup d'assistants y ajoutèrent d'autres objets qu'ils avaient apportés à cet effet ou dont ils s'avisèrent seulement alors : un livre, une petite bague, une coupe de porcelaine, une clef de pendule, des feuillets écrits, quelqu'un jeta dans la cavité une rose qu'il avait cueillie dans sa serre et les jeunes filles et les femmes mariées y mirent des rubans pour que l'on sût un jour quelle avait été la mode de notre époque pour ces choses-là. Puis les compagnons reposèrent la plaque de verre sur l'ouverture de façon qu'elle s'y emboîtât exactement, et l'emboîture fut jointoyée tout autour de la plaque avec du ciment solide qui durcit et ne laissa passer ensuite ni air, ni pluie, ni vapeur. On remit le couvercle de marbre dans sa rainure pardessus la plaque de verre et on le scella pareillement avec du ciment, après quoi on posa sur la dalle la pierre ordinaire utilisée pour le dallage de tout le corridor et d'une bande de terre tout autour de la cour, de sorte qu'il fut désormais impossible de distinguer sous quel endroit reposaient les objets que l'on venait de mettre en terre. Là-dessus toute l'assistance se rendit dans le jardin d'hiver aménagé pour la circonstance en salle de rafraîchissement. Sur tout le pourtour de la pièce on avait confectionné des étagères vertes avec les plantes que le colonel y avait fait mettre dès l'hiver précédent, les endroits restés à découvert avaient été cachés par des branches possédant déjà leurs premières feuilles printanières, tendres et vertes. Une table chargée de vin et de mets était dressée au milieu de la pièce. Le vieux curé de Sillerau bénit la nourriture en prononçant une prière dont il prit prétexte ensuite pour évoquer le motif qui nous avait rassemblés autour de cette collation et il demanda aussi au Seigneur de bénir la maison et tous les habitants qui s'y succéderaient. Il conclut aussitôt après par une harangue adressée à l'assemblée, en quelques mots il lui souhaita de vivre constamment dans ces sentiments de concorde et de paix et dans des relations d'aussi bon voisinage que ce jour-là où tous, remplis de bienveillance, avaient assisté à cette cérémonie collective. Après quoi l'on mangea une partie de la collation en bavardant de choses et d'autres, puis les invités s'en furent les uns après les autres, enfin le dernier prit congé du colonel et celui-ci se retrouva seul au milieu de ses gens qui commençaient à remettre le jardin d'hiver en l'état où il se trouvait avant la fête. Pour moi j'étais reparti sitôt après la prière du curé car il me restait trop à faire et la conclusion de la fête me fut narrée plus tard par Margarita et le colonel. Cette fois-ci l'on avait songé aux pauvres d'une autre manière, certainement meilleure pour eux, et de loin ; comme l'hiver touchait à sa fin et que les provisions de l'année précédente ne pourraient aisément durer jusqu'à l'arrivée des prochaines récoltes, le colonel leur avait porté à la dérobée diverses choses de première nécessité et les avait données à ceux qui paraissaient les plus indigents.

À ce que je crois, le colonel n'organisa les deux fêtes données à cette époque que pour rassembler tous ses voisins, établir des relations avec eux et manifester qu'il voulait cultiver des sentiments amicaux et en faire naître à son égard. Après cette fête, sa maison redevint aussi paisible qu'auparavant et elle le resta dorénavant.

Il avait chez lui les seuls ouvriers nécessaires aux travaux qu'il restait à effectuer pour qu'on pût considérer la maison comme terminée en quelque sorte. S'y ajoutaient les serviteurs dont il avait besoin pour apprêter et cultiver son fonds et accomplir les travaux domestiques. Cette année-là encore, sans qu'il le sût, je lui avais cédé des gens en nombre suffisant pour satisfaire aux besoins qu'il pouvait avoir. Je ne fis rien pour hâter les travaux chez moi, j'étais encore jeune et pouvais rattraper un retard, mon voisin, lui, était âgé, il trouvait son bonheur dans ce qu'il avait entrepris ici et il lui fallait le savourer autant qu'il le pourrait durant les jours qu'il lui restait encore à vivre.

On ne rencontrait maintenant chez lui aucune des visites et des personnes qu'on se fût attendu à voir. J'étais le seul à me rendre chez lui presque quotidiennement tandis que le printemps revenait avec toute sa splendeur et toute sa magnificence, entraînant comme de coutume une forte diminution de mes activités professionnelles – et je crois qu'on m'y voyait maintenant d'un fort bon œil, car le jour où survenait un empêchement, par exemple lorsqu'un événement se produisait à l'improviste, m'obligeant de rouler ou de marcher jusque fort avant dans la nuit ou lorsqu'il me fallait pour ne point commettre d'erreur rester assis au milieu de mes livres ou plongé dans de difficiles réflexions à cause d'un cas qui me donnait sérieusement à penser, le colonel envoyait immédiatement quelqu'un demander si j'allais bien ou si quelque chose importante était survenue et m'avait retenu. Je lui faisais toujours dire scrupuleusement le motif qui m'avait arrêté. Seulement il me vint à l'esprit une idée qui me fit beaucoup réfléchir, le colonel ne descendait presque plus jamais me voir alors qu'il était venu bien souvent chez moi auparavant avec Margarita ; il avait observé tous mes préparatifs – oui, ils étaient même allés voir mes grands récipients remplis de remèdes et s'étaient informés du nom de tel ou tel d'entre eux, de sa composition, de l'effet qu'il produisait et des vertus qui y étaient enfermées, je répondais toujours de bonne grâce et avec joie à ces questions et il m'avait fallu leur parler de plus d'un malade, leur donner de ses nouvelles et indiquer comment je comptais procéder avec lui par la suite. Parfois le colonel allait jusqu'à demander à voir le livre traitant la maladie dont il était question et il le consultait attentivement. Avec sa franchise caractéristique il me donna lui-même un jour la raison pour laquelle il ne descendait plus me voir, il ne voulait point donner l'impression qu'il conduisait sa fille chez moi comme une fiancée, en quelque sorte offerte, or les gens auraient tenu de semblables propos. Étant donné mes visites quotidiennes chez lui, répondis-je, ils auraient pu dire tout aussi bien que j'allais voir

Margarita à titre de fiancé, mais la réponse du colonel fut qu'il n'y avait point de mal à ce qu'ils le fissent.

Je montais donc chaque jour à la maison du bosquet, pour autant que mes activités professionnelles me le permettaient, et suivant le temps qui m'était nécessaire ce jour-là pour remplir mes obligations. Une période agréable, d'une beauté presque ineffable, nous était accordée, mes champs étaient véritablement splendides, ceux du colonel également et nous nous en réjouissions. Je montrai un jour mes moreaux à Margarita (car je commençais à circuler parfois avec eux) et elle aima ces belles bêtes élégantes, magnifiques, si joyeuses et si juvéniles, si douces et si dociles. Nous fîmes des promenades dans tous les champs et les bois des environs. J'enseignai à Margarita les noms des petites fleurettes fréquentes en ces lieux, les plus ténues qui font éclore un petit bouton qu'on ne distingue point dans la minuscule verdure, et comme elle s'étonnait que je connusse leur nom, je fis remarquer que toute chose en possède un, il en allait donc ainsi pour ces fleurs si petites et si insignifiantes et le leur était souvent aussi beau que celui des grosses fleurs superbes que nous avons dans notre jardin. Elle me demanda alors de lui donner ceux de toutes les plantes et de lui montrer les petites fleurs et les herbes, et c'est ce que je fis, je lui nommai les différentes plantes qu'on rencontre dans notre région et les lui montrai à l'époque de leur floraison puis je lui indiquai les espèces qui les rassemblent d'après des caractéristiques communes et je lui expliquai la beauté de l'arrangement qui réglait leur existence sur notre terre. Nous cueillîmes des bouquets, les portâmes à la maison, conservâmes mainte plante : je la nommais, je décrivais la vie qui lui convient, la société dont elle a besoin, et je disais ce que nous connaissons d'elle. Elle m'écoutait puis repassait mes leçons, elle apprit ainsi à connaître les vertus des plantes et à en parler. Par la suite, combien de fois jugea-t-elle la chose de rien qui croît dans l'herbe de la montagne (chose qu'elle n'avait point regardée jadis ou qu'elle avait presque méprisée) plus belle en vérité que d'autres grosses fleurs du jardin, lesquelles n'ont pour elles que leur beau coloris et leur taille ! – Mais je ne me bornai pas à lui enseigner les noms des plantes que nous voyions, je lui nommai aussi les pierres, les différents genres de sols, les petits éclats de mica rencontrés ici et là sur notre chemin, car non seulement j'avais appris jadis ces choses avec grand plaisir et les avais repassées fréquemment dans mes livres mais j'avais continué de m'y intéresser à mon retour au pays en les retrouvant lors de mes randonnées. Je les aimais comme ma société à moi qui m'entourait pendant mon travail. Margarita avait fait mettre dans son cabinet, devant une fenêtre, une petite table basse noire sur laquelle étaient maintenant disposés de petits cailloux, des éclats de pierres brillants et ainsi de suite, elle y ajouta de petites fiches sur lesquelles elle avait inscrit leurs noms.

Le colonel ne pouvait souffrir nulle part quelque chose qui fût inutile ou tout à fait inopportun sans tenter de lui redonner la destination qu'il jugeait être la sienne, aussi me fit-il ce printemps-là une proposition qui me parut d'abord singulière mais qui me plut fort par la suite. Au débouché du bois de Kirm, à l'endroit où l'on rejoint le Reutbühl, se trouve, à l'écart de ce dernier, un lieu caillouteux passablement étendu, terrain fait d'un peu d'argile, de terre assez aride et de rocher tout effrité presque réduit à l'état d'éboulis. Les gens l'appellent la Muraille de pierre bien que ce lieu soit plat, sans paroi rocheuse, mais on a coutume chez nous d'appeler « muraille de pierre » tout endroit de ce genre. Et le colonel me proposa d'acheter avec lui cette « muraille de pierre », on pouvait l'acquérir facilement et à bas prix à ce moment-là. Lorsque je lui demandai ce que nous allions bien pouvoir faire d'une terre stérile, il répondit que le sol n'était plus stérile, la petitesse des éclats de rocher indiquait que la désagrégation avait commencé, le terrain était peut-être déjà prêt à porter une pineraie. Et comme je demandais derechef ce que nous ferions d'une pineraie alors que partout à la ronde s'étendaient tant de forêts au bois bien supérieur à celui que les pins pourraient fournir, il répliqua : La pineraie sera encore là lorsque beaucoup d'autres forêts dont nous tirons notre bois aujourd'hui auront disparu ou auront été converties en champs et prés. La pineraie sera toujours là parce que le terrain ne sera point encore assez bon pour pouvoir porter des champs ou des prés, les hommes s'y approvisionneront en bois à une époque où le bois sera plus cher qu'aujourd'hui. En outre les aiguilles des pins tomberont et les arbres retiendront sous eux la pluie et l'humidité, peu à peu, le sol s'amendera et s'ameublira, au bout de mille ans, peut-être pourra-t-on convertir aussi la pineraie en pré si la population est devenue plus dense et si le produit d'un champ apparaît plus précieux que le bois fourni par les pins.

Après ces paroles, j'acquiesçai avec joie à la proposition du colonel et j'eus honte d'avoir eu un but aussi mesquin.

Nous fîmes fort aisément, et pour peu d'argent, l'acquisition de la « muraille de pierre » et plus d'un voisin jugea la chose peu sensée lorsqu'il vint à l'apprendre, tout comme je l'avais fait moi-même au début. Le colonel envoya là-bas un homme qui creusa de petits trous de place en place dans les rochers, là où l'on allait planter les arbrisseaux et qui ameublit le fond de ces cavités où l'on mit ensuite de la terre, mais une terre seulement un peu meilleure que celle qu'il y avait auparavant dans les fissures de la « muraille de pierre », de la sorte les jeunes plants qui se fussent accoutumés à la bonne terre s'ils avaient pu s'y enraciner ne mourraient point ensuite lorsqu'il leur faudrait enfoncer leurs filaments dans le rocher. Puis le colonel choisit des graines provenant de pins qui croissaient en amont sur la pente dans un sol encore plus caillouteux que le nôtre, une terre meilleure leur conviendrait, elles y prendraient bien. Et un jour, avec l'aide de quelques personnes nous disposâmes les graines dans les creux remplis de terre et les recouvrîmes soigneusement. Margarita avait préalablement trié les plus belles.

Le colonel avait aussi un autre projet qui lui semblait toutefois difficile à réaliser, mais il ne se découragea point pour autant, conformément à son tempérament. Il voulait que les gens de chez nous pussent améliorer encore les chemins (déjà en bon état) pour les rendre semblables à de véritables routes. Il comptait sur le temps, disait-il. En attendant il fit cependant construire sur ses terres un morceau de route de ce genre à titre d'exemple, il choisit pour ce faire l'endroit où le chemin reliant Sillerau à Haslung traverse sa propriété, bien des gens avaient l'occasion de passer là, qui à pied, qui en voiture et d'examiner cette nouveauté.

L'été avait enfin succédé au printemps. Tout prospérait, l'arbre dans la forêt, l'arbrisseau dans le bosquet, les fruits dans les vergers, l'herbe dans les prairies et les récoltes dans les champs. Si je partais vers trois ou quatre heures du matin, j'avais terminé mon travail vers midi et je montais passer l'après-midi à la maison du bosquet. Lorsque les chiens ne venaient pas à ma rencontre en bondissant, je savais que le colonel n'était pas chez lui mais dans un de ses champs avec eux. Puis j'apercevais Margarita coiffée de son joli chapeau de paille parmi les domestiques en pleine activité ou parmi les valets de ferme à l'œuvre, nous allions ensemble chercher son père ou bien nous nous dirigions vers un champ ou vers la forêt tout en parlant de choses et d'autres. Je posais doucement son bras sur le mien.

Nous prîmes un jour le chemin du bois des Lids. Elle avait mis son vêtement gris cendré, lustré, si beau

– elle ne porte point de ces robes bouffantes autour des hanches dont la mode commence à se répandre chez les femmes, les siennes descendent doucement le long de son corps dont elles épousent joliment la jeune forme. Quelques années auparavant, le bois des Lids avait été éclairci en plusieurs endroits de sorte qu'on peut se promener dans de nombreuses clairières unies garnies de recrû et d'herbe haute. Diverses fleurs souvent plus rares et sans doute plus belles que celles que l'on pourrait trouver dans les prairies habituelles croissent en désordre dans les coupes. Là, je demandai à Margarita si elle m'aimait vraiment… Nous étions devant une plaque d'herbe où croissaient de jeunes pousses hautes et fort grêles, se terminant en panaches gris ou argentés dans lesquels bourdonnaient des escarbots et jouaient moucherons et papillons. Plus d'un arbre isolé avait repoussé et se dressait dans la coupe et l'on distinguait de l'autre côté, dans le lointain, la vapeur si paisible du bois de Kirm. Il régnait un tel calme que les détonations venues de Pirling, dont le bruit traversait l'azur limpide à intervalles, nous parvenaient comme un lointain tonnerre très affaibli : l'aubergiste d'en bas, le vieux père Bernsteiner, creusait son cellier en faisant exploser les rochers du Steinbühel… En entendant ma question, Margarita baissa les paupières sur ses si beaux yeux bruns, posa ses regards sur les jeunes pousses, rougit jusqu'aux oreilles et hocha légèrement la tête… Je restai silencieux et nous reprîmes notre chemin. Nous fîmes un bouquet avec les fleurs que nous jugeâmes en valoir la peine. Margarita donna leurs noms, lorsqu'elle les ignorait je les disais pour elle. Nous revînmes sur nos pas et retournâmes chez elle. Son bras reposait toujours paisiblement sur le mien où je l'avais mis comme d'ordinaire à la sortie du bois lorsque nous avions débouché sur la prairie.

En arrivant chez elle nous trouvâmes le colonel dans la bibliothèque. Assis à table il avait devant lui un peu de vin, avec quelques-uns de ces pains blancs et ronds qu'il affectionne. Une grande faim lui était venue tandis qu'il était aux champs, nous dit-il, et il avait voulu goûter. Margarita s'assit auprès de lui, elle dit quelques mots, puis se tut, pensive. Je ne m'attardai pas, lorsque le colonel se rendit au jardin après sa collation je pris congé et rentrai chez moi.

Je cheminais, descendant la colline couverte de frênes ; le soleil tel un splendide bouclier doré se coucha parmi plusieurs monts de nuages, qui commencèrent aussitôt à flamboyer. Le ciel entier ne fut plus que magnificence et celle-ci s'étendit à toute la terre. J'étais dans une félicité intérieure si grande qu'il m'eût été tout à fait impossible de l'exprimer.

Quand j'entrai dans ma cour, le jeune Gottlieb vint à ma rencontre, il me montra son livre d'écriture et les grands progrès qu'il avait déjà faits. Et je lui appris une chose que j'avais décidé de lui cacher, à savoir que j'avais acheté pour lui un morceau de pré, je le lui donnerais plus tard et d'ici là je continuerais à m'occuper de lui s'il étudiait avec zèle jusqu'à ce qu'il fût devenu un brave honnête homme capable de prendre en mains sa propre affaire – Ensuite j'allai dans ma chambre.

Vint alors une époque heureuse. J'aimais mes malades, et j'étais beaucoup plus peiné maintenant lorsqu'il m'arrivait de voir un petit enfant alité fixer ses pauvres yeux sur moi, et que je ne pouvais hâter l'évolution de la maladie pour que l'innocente créature en fût bientôt délivrée – ou bien lorsqu'un adolescent dont la fièvre rougissait et ombrait les joues roses, leur donnant une couleur plus dure, me priait de lui donner seulement un remède pour faire tomber cette chaleur, il serait alors tout à fait guéri – mais je me rendais compte que cette fièvre qu'il croyait chasser si aisément pouvait trancher net son joyeux et rose avenir – ou bien enfin lorsque j'arrivais chez une bonne vieille qui n'avait plus personne, tous les siens avaient été emportés par la mort et elle attendait la sienne avec résignation, pourtant elle attachait ses regards aux miens, au moment de mon départ, essayant d'y lire de l'espoir... Je donnais souvent au malade en même temps que son remède un jaunet avec lequel il pourrait se procurer un potage.

Je remontai à la maison du bosquet le lendemain du jour où j'avais posé ma question à Margarita ; la jeune fille vint à ma rencontre, me prit par la main et me conduisit à sa chambre. Elle m'amena devant la petite table où elle a disposé ses pierres mais leurs fiches étaient retournées et elle me donna les noms de toutes les pierres qui se trouvaient là sans en manquer un seul. Puis elle me conduisit vers sa bibliothèque, sur la table je vis les plantes que nous avions rapportées la veille. Elle dit également les noms de toutes les plantes sans en manquer un seul. En compagnie du colonel, nous allâmes jusqu'au pré situé en bas de sa propriété, nous assistâmes à la fenaison et nous vîmes ramener à la maison le foin bien sec.

Margarita me montra aussi ses poules et les autres animaux de sa basse-cour, elle me mena à l'étable et me fit admirer les deux veaux qui avaient déjà achevé leur croissance. Lorsqu'ils seraient d'âge à faire souche eux aussi on se déferait petit à petit des autres bestiaux et on garderait seulement ceux qu'ils auraient engendrés.

Lorsque j'étais allé jusqu'à Tunberg ou Pirling je lui rapportais tantôt une fleur, tantôt un caillou qu'elle ne possédait point encore, ou bien un ruban ou quelque autre objet destiné par exemple à ranger aiguilles et ciseaux. Elle entreprit de broder des fleurs sur une étoffe de soie et annonça qu'elle en recouvrirait la grande poche où je mettais mes papiers, puis elle orna des rubans avec de l'or et de la soie et m'expliqua qu'il faudrait les fixer aux colliers des moreaux lorsqu'en grands atours je sortirais avec eux au cours de l'hiver.

Les dimanches et les jours de fête nous allions en voiture à l'église de Sillerau. Elle s'asseyait dans la stalle transversale à côté de son père au premier rang et tous les hommes tendaient le cou pour admirer sa beauté. Pour les fêtes importantes le colonel arborait sur sa poitrine la chaîne que l'empereur lui avait donnée jadis et Margarita portait son vêtement de soie, pourvu d'une sorte de petite traîne. Mais je la préférais encore lorsque je la voyais dans son vêtement d'intérieur à côté de nous dans la bibliothèque ou encore en forêt ou aux champs, elle n'était pas obligée d'y prendre autant garde qu'à celui de soie.

Vers la fin de l'été, je grimpai jusqu'à la crête du bois de Duster, j'étais à la recherche d'une fleur rare (je savais qu'elle y fleurissait à cette époque) que je lui rapportai. Elle en conçut une très grande joie.

Ainsi s'écoula l'été. Nous reprîmes nos randonnées de l'été précédent, dans tous les bois, prés et champs des alentours, mais nous allions beaucoup plus loin cette année-là et nous empruntions parfois des chemins plus difficiles pour atteindre quelque endroit d'où l'on embrassait toute la splendide beauté des forêts ou qui offrait un spectacle de majesté terrible : rochers amoncelés, cascades impétueuses et arbres imposants.

De tout l'été je ne lui avais plus demandé si elle m'aimait. Cependant à la fin de l'automne un jour où nous étions dehors dans le bosquet de chênes, sous le grand chêne de son père (les buissons perdaient déjà toutes leurs feuilles jaunes ; seule la parure brun-rouge des chênes restait encore solidement accrochée aux branches), je lui demandai à nouveau : M'aimez-vous bien, Margarita ?

– Vous m'êtes très cher, répondit-elle, je vous aime plus que tout. Après mon père, vous êtes l'homme que j'aime le plus au monde.

Cette fois-ci, elle n'avait point baissé les yeux, au contraire : elle me regardait, mais une rougeur très douce et très belle envahit ses joues tandis qu'elle parlait.

– Je vous aime aussi du plus profond de mon cœur, répliquai-je, je vous aime plus que toute autre personne sur la terre, tous mes parents sont morts et vous êtes mon amour suprême en ce monde. Je vous aimerai éternellement – vous seule en ce bas monde aussi longtemps que je vivrai et dans l'au-delà également.

Elle me tendit la main, je la pris ; nous nous pressâmes mutuellement les mains – nous ne nous les lâchâmes point ensuite, nous les laissâmes ainsi. Nous demeurâmes là un moment encore, silencieux, les yeux baissés vers l'herbe desséchée où se détachaient quelques feuilles jaunes tombées des broussailles qui croissaient sous les chênes, les rayons rougeâtres du tiède soleil de l'arrière-saison se jouaient entre les troncs et les branches.

Nous regagnâmes ensuite la maison du bosquet, ce jour-là Margarita dut faire la lecture à son père pendant un long moment encore. Je restai à l'écouter et regagnai mon logis à la nuit.

Oui, la terre entière était si belle alors – indiciblement belle. Je m'agenouillai un jour sur l'escabelle placée devant la fenêtre de ma chambre, dehors s'étendait la nuit, d'innombrables étoiles scintillaient dans le ciel automnal, je rendis grâce à Dieu pour le bonheur que j'avais reçu.

Depuis la mort des miens je n'avais pas connu de moments aussi beaux.

Je montais chaque jour à la maison du bosquet. Même après l'arrivée de l'hiver lorsque je dus consacrer non seulement la matinée comme auparavant mais aussi l'après-midi le plus souvent à mes occupations – la nuit étant longue je ne pouvais plus sortir assez tôt le matin, en outre, les malades étaient plus nombreux maintenant – je continuai pourtant à monter chez mes voisins si la nuit n'était pas trop avancée, et je contemplais les dernières bûches qui s'éteignaient peu à peu dans le grand poêle de la bibliothèque. Il m'arrivait parfois de rentrer chez moi trempé jusqu'aux os car il n'était pas rare qu'il fallût quitter voiture ou traîneau pour grimper jusqu'à la chaumière d'un malade alité en traversant des congères anarchiques ou des eaux vives, alors je me changeais et passais des vêtements secs puis je ressortais, longeais le champ enneigé du père Meierbacher et franchissais la colline aux frênes.

Lorsque la foule des consultants était moins nombreuse et que j'avais annoncé mon arrivée pour le lendemain, dès l'après-midi avant le coucher du soleil, elle se postait à la porte de la maison, mettant sa main en visière pour protéger ses yeux de la réverbération des nuages et de la neige qui couvrait les sommets, elle examinait la plaine qui s'étendait à ses pieds – elle me disait ensuite qu'elle m'avait cherché du regard.

L'hiver s'écoula ainsi peu à peu. Nous lisions quelques-uns des livres ou des curieux manuscrits appartenant à la collection du colonel ou nous causions de choses et d'autres. Le colonel me questionnait sur toutes les circonstances possibles de la vie des gens de la forêt, mais quand je lui disais ce que j'en savais, je voyais qu'il les connaissait déjà au plus juste. Souvent il y avait aussi chez mes voisins quelqu'un des environs, le colonel offrait au visiteur un verre de vin et du pain, avant que la nuit fût avancée l'homme se levait à nouveau et rentrait chez lui.

Lorsque les après-midi avaient cette lumière dont j'ai parlé plus haut, Margarita et moi regardions avec grand plaisir les tableaux accrochés dans la maison. Elle me montra et m'expliqua une foule de choses, elle en savait plus que moi dans ce domaine car depuis son enfance elle avait toujours vécu au milieu de tableaux et son père lui avait donné l'intelligence de ceux-ci – ces œuvres sont d'une beauté miraculeuse, incroyable. Nous sortions souvent ensuite pour regarder les nuages et d'autres spectacles, les tableaux en étaient la copie fidèle : cette découverte nous enchantait. Un autre jour elle me récitait à nouveau tout ce que je lui avais appris et elle me demandait si elle n'avait pas commis d'erreur.

À plusieurs reprises le colonel dessina esquisses et croquis à sa table, suivant qu'il voulait modifier, décorer ou installer différemment telle ou telle chose. Nous regardions ces dessins, qui étaient fort beaux et toujours très propres – comme si un jeune homme s'y fût adonné avec grande ardeur et grande joie. J'acquis ainsi plus d'intelligence de ces choses qu'auparavant et je modifiai de nouveau complètement le projet que j'avais élaboré à différentes époques pour mon futur pupitre, je le ferais tailler tout entier dans du bois de chêne résistant. Je décidai de montrer l'étude au colonel avant de faire entreprendre le travail du bois.

Quelquefois même mon voisin descendait me voir avec Margarita, à sa deuxième visite je fis remonter en secret ses chevaux bais à la maison du bosquet et je le reconduisis ensuite chez lui avec sa fille. J'avais attelé mes moreaux qui portaient pour la première fois les jolis rubans confectionnés par Margarita.

Nous passâmes plus d'une fois la fin de la soirée ensemble, dehors régnait un froid rigoureux, à l'intérieur, les grosses billes de bois se consumaient lentement dans le grand poêle, mêlant dans la pièce leur lueur rougeâtre à la blanche clarté de la lampe, le colonel était installé dans le fauteuil et le brasier projetait sa lueur rose sur sa belle barbe blanche ; vis-à-vis, Margarita et moi étions côte à côte et elle posait volontiers sa main sur la mienne, les mains enlacées nous restions ainsi longtemps, la conversation roulait sur des circonstances du monde extérieur fort éloignées, sur d'autres qui nous touchaient de plus près. Le colonel voyait notre attitude mais ne fit jamais la moindre remarque là-dessus. D'autres, qui ressentent l'un pour l'autre une inclination, s'efforcent de la tenir secrète, nous n'agissions point ainsi mais nous ne disions rien non plus et continuions à vivre de la sorte. Nous n'avions plus reparlé ensemble de notre inclination depuis le soir où nous nous étions fait mutuellement l'aveu de notre amour, au bosquet de chênes. Je n'avais pas le courage de la demander en mariage à son père – il me semblait aussi que le moment n'était pas encore venu. Lui, le sachant, ne parlait jamais de sujets qui auraient pu se rapporter à cela, constamment affable et enjoué, il évoquait tout le vaste domaine de ses méditations ou ce dont il pouvait tirer de la confiance, pour une action ou pour quelque réalisation qui lui était familière.

L'hiver avait passé ainsi, le printemps, douce joie de nos forêts, était de retour. Mais un événement survint, il allait tout changer.

À vrai dire le colonel, lui, ne changea point – même lorsqu'on agit mal à son égard il discerne qu'il s'agit d'une méprise, il a pitié et ne conserve pas de rancune. Le bel entretien qu'il eut avec moi ne le marque-t-il pas ?

Je me suis attardé avec complaisance sur le temps de mon arrivée, le temps où je commençai de construire et de conduire mon ménage, c'était une époque de simplicité et d'innocence – j'ai longuement raconté l'installation du colonel, avec Elle, Amour et Bien – c'était une époque de félicité… tout cela a pris fin… et c'est Elle, oui, c'est Elle qui m'a infligé une telle douleur, mais non, je le reconnais bien aujourd'hui, la faute en revient à moi seul – une longue période de souffrance s'étend devant moi et il me faudra plusieurs années pour m'accoutumer à cela.

Je vais tout rapporter.

La saison des fleurs était arrivée – chez moi l'opulente couronne du grand beau merisier que j'avais rapporté d'Allerb était couverte d'un océan de fleurs, dans les bois le treillage des branches laissait encore

222

apparaître le ciel à travers leur jeune feuillage mais je roulais déjà souvent au milieu d'un nuage de brume légère et de pollen qui remplissait les espaces dégagés – tout, tout était d'une telle beauté – Vois donc, pensais-je, quel été se prépare ainsi ! – et maintenant, je dis : Quel été viendra !...

Comme je l'ai dit plus haut, la saison des fleurs était là, alors se présenta à la maison du bosquet une visite inattendue : le neveu du colonel, nommé Rudolph, arriva. On imaginerait difficilement un jeune homme mieux fait de sa personne. Sa sombre chevelure brune peignée en arrière encadrait un visage rosé aux grands yeux bien dessinés. Son père et sa mère étaient morts depuis longtemps. Il était venu pour partager avec son oncle, autrefois victime d'une injustice, une grosse somme qui s'était retrouvée et un prêt qu'il n'espérait pas se voir rembourser mais qu'il avait recouvré. Le colonel l'accueillit avec beaucoup de joie, fit paraître un grand amour pour lui et lui donna plusieurs présents qu'il emporterait dans son château en souvenir de son séjour chez son parent et qu'il garderait. Pour ce qui est de la somme d'argent il n'accepta point la part que son neveu lui voulait remettre mais, de même qu'autrefois, il préleva la plus petite quantité qui fût compatible avec ses devoirs envers Margarita. Rudolph vivait seul au château avec un ancien bailli de son père qu'il aimait et respectait fort, et faisait fructifier son bien. On me le présenta le jour où je vins chez le colonel et il se montra toujours fort modeste et respectueux avec moi. Il céda aux instances qui lui furent faites et demeura chez son oncle beaucoup plus longtemps qu'il ne l'avait effectivement projeté.

Un jour j'étais grimpé sans prévenir personne sur les renflements rocheux qui surplombent le voisinage de la coupe dans le bois du Lid (je savais y trouver plusieurs espèces fort rares de saxifrages qui devaient être en fleur, je les voulais apporter à Margarita), tout à coup je vis Margarita et Rudolph déboucher au-dessous de moi sur le chemin qui traverse le bois du Lid. Il n'était pas de plus beau couple au monde. Aussi svelte qu'elle, il la dépassait d'une demi-tête, il portait un vêtement modeste et ses yeux noirs lançaient des regards doux et bienveillants, Margarita, elle, était aussi resplendissante et lumineuse que de coutume, dans sa robe blanche, auprès de son compagnon elle paraissait presque plus belle que d'ordinaire. Des larmes amères jaillirent de mes yeux… Qui étais-je donc ? qu'étais-je donc !… Je n'étais rien… rien du tout… J'aurais dû descendre et contourner les rochers, je les aurais rejoints – mais il m'était impossible de le faire alors. Ils cheminaient près des fleurs qui poussaient dans l'herbe haute de la coupe, ils avançaient auprès des tendres buissons et broussailles qui envahissent le chemin ici et là – il lui parlait, elle lui répondait – il avait passé son bras sous le sien, elle avait posé sa main sur la sienne et la pressait et la caressait doucement.

Je décidai de ne pas descendre les rejoindre mais je pris mon bâton (que j'avais posé dans l'herbe) et m'en servis pour déchiqueter toutes les saxifrages dont en réalité la floraison n'avait pas encore commencé, de sorte que l'endroit devint un désert désolé, puis je descendis du rocher en reprenant le chemin par où j'étais monté – car cette protubérance n'est guère accessible par d'autres voies – je descendis si vite que je me déchirai les mains jusqu'au sang. Je ne regagnai point mon logis bien que mon déjeuner m'attendît. Je fus bientôt rendu chez mes patients et bientôt de retour, de sorte que j'aurais eu le temps d'aller chercher les saxifrages et de les lui rapporter avant le repas si j'en avais trouvé quelques-unes. Mais les fleurs n'étaient plus nécessaires maintenant et il n'était pas nécessaire non plus que j'allasse prendre mon repas chez moi. En revanche je passai le bois du Lid et continuai à descendre vers le fond de la vallée en direction du lit du Lid, cet endroit est très peu fréquenté, le cours de la rivière, en effet, est fort resserré entre les versants boisés escarpés, de plus il est peu profond et un chaos de pierres rend partout impossible l'établissement d'un chemin qui longerait la rigole de cette vallée. Plus loin vers les rochers gris surgissant en divers endroits sur la paroi verte et noire, apparaît la masse sombre et paisible du bois de Kirm ; mais les arbres qui ondulaient et se balançaient de côté et d'autre pendant ma descente disparurent enfin, et le ciel mélancolique s'étendit seul au-dessus des hautes herbes, du recrû, des tiges desséchées, des pierres. Je redescendis jusqu'au fond de la cuvette, occupé par une eau dormante où des taches d'un bleu métallique brillent au milieu d'îlots verts flottant à la surface – à côté se dresse le fût humide du sapin et le rocher gris-brun sûr lequel l'eau scintillante ruisselle continuellement comme un vernis. Les lueurs bleues de notre gentiane sylvestre, les gros boutons verts du tussilage m'avaient salué au passage tandis que mon pied enfonçait dans le sol moelleux et détrempé de la forêt, je ne leur prêtai point attention.

Non, je ne suis pas aussi courroucé d'ordinaire – cela n'est point dans mon caractère. Il s'agissait peut-être d'un retour au temps de mon enfance, alors ma mère (trop tôt disparue) « s'amollissait », comme disait mon père, de sorte que souvent, rencontrant un obstacle je me jetais à terre comme enragé…

Quittant la cuvette du Lid je remontai à travers l'éboulis sablonneux, je donnai à nouveau des coups dans les buissons avec la main jusqu'à ce qu'elle fût en sang et m'accrochai aux rochers aigus qui saillaient pour ne pas rouler en bas – Je débouchai au Roteck, j'étais au sommet de la montagne, là où les rochers de l'Oker s'entassent à découvert, l'endroit donne sur l'autre côté où s'étire la longue crête du Rotberg et où apparaissent les vagues bleues des collines boisées.

La maison du cousin Martin n'était pas visible, des nuages blancs restaient immobiles dans le ciel, et le sable que je foulais était d'une couleur si rouge que j'en salis mes chaussures, j'obliquai à gauche et m'engageai dans le peuple ténébreux des sapins.

À ce moment, j'avais arrêté la conduite que j'allais tenir. Je passai dans la grande courbe décrite par la forêt, de sorte que je débouchai peu avant le soir en amont du bosquet de chênes, je le traversai et me rendis chez le colonel. Celui-ci ne se trouvait pas chez lui.

Margarita était au jardin, me dit-on. Je passai la porte de la cour et entrai dans le jardin mais je ne l'y aperçus point, voyant ouverte la grille de derrière je présumai que la jeune fille pouvait être sortie au champ voisin. J'allai jusqu'à la grille et regardai au-dehors, effectivement elle marchait sur la large lisière du pré à côté du blé, dans la belle lumière tiède de cette fin d'après-midi son ombre allongée avançait sur le grain. Elle était seule – il n'y avait rien d'extraordinaire à cela mais je m'en étonnai. Seuls l'accompagnaient, paisibles, les deux chiens-loups de son père (ces bêtes fort attachées à Margarita recherchent constamment sa compagnie et sont beaucoup plus calmes lorsque la jeune fille est avec nous). Quand j'apparus à l'ouverture de la grille du jardin, ils m'aperçurent et vinrent à moi avec des danses et des bonds joyeux, Margarita me vit accourir vers elle, elle vint aussi à ma rencontre en hâtant un peu le pas. Dans sa robe blanche elle était aussi belle et svelte que pendant la matinée et elle tournait vers moi un visage clair aussi resplendissant et aussi doux qu'il l'avait été à ce moment-là.

Elle m'adressa la première la parole : Vous voici enfin de retour, me dit-elle, nous nous demandions déjà avec inquiétude s'il vous était arrivé quelque chose, mon cousin Rudolph est parti, il est descendu chez vous cet après-midi pour vous dire au revoir – vos gens ont dit que vous étiez déjà passé à la maison avec les chevaux mais que vous étiez reparti et n'étiez pas même rentré ensuite à midi pour manger. Mon père jugea que vous aviez dû vous rendre chez quelqu'un

227

qui avait besoin d'aide et qu'il n'y avait rien d'extraordinaire à cela. Il a accompagné mon cousin Rudolph jusqu'à l'auberge du Rotberg où l'on a retenu des chevaux de poste ; il rentrera ensuite avec nos chevaux.

– Margarita, vous ne m'aimez point ! m'écriai-je.

Elle leva les yeux vers moi : Comment pouvez-vous dire une chose pareille ? fit-elle. Je vous aime beaucoup plus que vous ne pouvez l'imaginer, j'éprouve un tel bonheur quand vous montez ici et de la tristesse quand vous partez, je pense à vous en votre absence...

– Vous ne m'aimez point, repris-je – et elle put voir mon visage se crisper de douleur.

– Qu'avez-vous donc ? dit-elle. Vous n'avez aucune raison de parler ainsi. Êtes-vous malade ? Je vois à vos vêtements que vous avez dû parcourir un long chemin. Avez-vous pris votre repas ?

– Non, je n'ai point encore mangé, répondis-je.

– Venez donc vite à la maison, répliqua-t-elle, je vais vous donner quelque chose, il reste de quoi manger, il faut que vous preniez quelque chose à l'instant.

– Je ne prendrai rien, repartis-je.

– Vous désirez peut-être parler à mon père, dit-elle, venez, nous allons nous asseoir sur le banc de jardin d'où l'on voit sur une bonne longueur le chemin qu'il empruntera en revenant.

– Je ne souhaite point parler à votre père, répondis-je, mais j'ai une chose à vous dire, vous aimez votre cousin Rudolph infiniment plus que moi.

– J'aime mon cousin Rudolph de la façon qui convient, fit-elle, mais je vous aime davantage – lui, je l'aime différemment – dites-moi donc, en est-il indigne lui qui s'est montré si affable à l'égard de gens qui sont de ses parents ?

– Oui, oui, il en est digne et vous l'aimerez de plus en plus, éternellement, répliquai-je.

– Et je l'aimerai beaucoup, en effet, repartit-elle, s'il revient assez souvent chez nous comme il nous l'a dit.

– Eh bien, c'est parfait ainsi, tout est dans l'ordre, répondis-je.

Marchant l'un à côté de l'autre, silencieux, nous atteignîmes la grille du jardin, là croissent des rosiers dont nous avions ensemble marcotté les rejets. Elle s'arrêta, puis, tournant son visage et ses regards vers moi : Je vous en prie, mon cher, mon précieux ami, dit-elle, je vous conjure instamment, du plus profond de mon âme, de chasser ces choses et ces paroles de votre cœur.

– Oui, j'abandonne tout cela, répondis-je, vous ne m'aimez point, je chasse toutes ces choses de mon cœur.

– Au bosquet de chênes je vous ai dit qu'après mon père vous êtes l'homme que j'aime le plus au monde, répliqua-t-elle.

– Oui, vous l'avez dit, fis-je, mais est-ce bien vrai aussi ? Elle ne répondit rien à ces paroles et n'ajouta plus un mot. Elle repassa la grille et entra dans le jardin où je la suivis, elle tira de sa poche une clef, ferma la grille et la verrouilla avec cette clef. Puis elle traversa le jardin par le chemin conduisant directement à la seconde grille, qui donne accès à la cour – je me tenais à ses côtés et il me semblait qu'elle s'écartait de moi, comme effarouchée. Quand nous eûmes rejoint la grille, elle la passa et la ferma derrière elle sans la verrouiller (on ne la verrouille jamais). Une fois dans la cour, elle reprit la parole : Si vous désirez attendre mon père, dit-elle, je vais m'asseoir auprès de vous sur le banc et demeurer jusqu'à son arrivée.

— Vous pouvez lui souhaiter la bonne nuit de ma part, répondis-je, car je rentre chez moi.

— Ainsi ferai-je, fit-elle, immobile.

Je lui tournai le dos, passai près du jardin d'hiver, sortis par la grande porte et redescendis par le chemin conduisant chez moi.

Le lendemain, j'avais prévu de n'aller voir que le père Erlebauer (il avait une maladie de quelque conséquence) puis Mechtild atteinte de fièvre bilieuse et enfin quelques autres personnes, pour des broutilles. Je partis en voiture très tôt de façon à en avoir fini vers midi avec tous mes malades et avec le travail d'écriture indispensable.

Après avoir mangé mon potage (la seule nourriture que je pris ce midi-là) je montai à la maison du bosquet.

Je me rendis tout d'abord auprès du colonel, celui-ci était en train de lire, il se leva, me salua comme d'ordinaire et eut à mon égard un comportement en tout point semblable à celui qui lui était accoutumé. Nous échangeâmes quelques propos insignifiants puis il m'informa que son neveu Rudolph était parti la veille, il m'avait beaucoup cherché mais ne m'avait point trouvé, il avait donc chargé le colonel de me transmettre ses meilleurs compliments. Ce jeune homme était une personne accomplie, ajouta le colonel, lui-même se réjouissait de voir que la discorde entre parents était terminée, si Rudolph gardait la même disposition il serait plus tard un homme simple et énergique, au cœur bon. J'acquiesçai car ces paroles étaient conformes à la réalité.

Le colonel ne dit mot de nos autres affaires.

Après un moment d'entretien j'annonçai qu'il me fallait passer chez Margarita, mon hôte se leva et je pris congé. J'avais toujours eu permission d'entrer seul chez la jeune fille et le colonel n'avait jamais fait en sorte de me l'interdire.

Je traversai le couloir et passai chez elle. J'ouvris la porte, j'aperçus Margarita debout devant sa petite table, il me sembla qu'elle m'avait attendu. Dans le passé, lorsqu'elle savait que je me trouvais chez son père, elle venait nous rejoindre, remplie de joie : elle ne l'avait pas fait aujourd'hui. Elle portait de beaux vêtements mais autres que ceux de la veille. Le bouquet de fleurs des champs qu'elle avait cueilli alors était encore sur la table placée contre le mur près de la porte, les fleurs étaient fanées et les tiges étaient encore liées par le brin d'herbe qu'elle avait pris pour cela. Je vis dans ce bouquet quelques fleurs que notre herbier ne contenait pas encore ou que nous avions mal séchées.

Je m'approchai d'elle, attachant mes regards sur les siens, elle prit alors la parole : Je vous attendais aujourd'hui, dit-elle, je dois vous dire les mots auxquels j'ai pensé cette nuit et qu'il est nécessaire que vous entendiez. J'ai désiré ardemment de devenir votre femme, mon père vous chérit de son côté – mais tout est changé maintenant, il me faut vous dire que cela ne pourra être désormais.

Je la regardais. J'étais monté à la maison du bosquet sans savoir encore ce que j'allais dire. Seul était clair en moi le sentiment qu'il me fallait monter là-bas dès que possible, mais les paroles de Margarita me remplirent d'effroi. Je lui pris la main qu'elle m'abandonna sans résistance et la conduisis à la fenêtre. Voyant que je voulais parler avec elle, elle s'assit sur la banquette de fenêtre capitonnée qui était installée dans l'embrasure. Je m'assis sur l'autre banquette placée vis-à-vis, et m'adressai à elle. Je parlai longuement – mais je n'ai plus souvenance de mes paroles et suis incapable de les rapporter ici. Je ne me souviens pas non plus de ce qu'elle me répondit, mais ce que je sais, c'est que la chose n'allait pas comme je l'aurais voulu et que Margarita ne changea pas de résolution. Au bout d'un moment elle se tut tout à fait, je continuai de parler avec ardeur et précipitation, elle s'enferma dans un silence de plus en plus obstiné, enfin comme je la pressais avec une grande véhémence elle dit tout à coup : Il faut maintenant que j'appelle mon père à l'aide.

À ces mots, je me levai d'un bond : Non, vous n'avez pas le droit de faire cela, m'écriai-je, cela n'est pas nécessaire – tout va bien, tout est pour le mieux.

Un oubli total de tout ce qui se trouve dans le ciel et sur la terre tomba alors sur moi… Je tournai le dos, me dirigeai vers la porte, sortis à l'air libre et descendis chez moi en toute hâte…

Tout m'était égal désormais. J'aurais voulu déchiqueter, anéantir, châtier tout ce qui existait au monde…

Au début de ce livre, j'ai raconté que je montai en courant dans le bois de Kirm, jusqu'à un bouleau que j'avais en tête, j'ai dit comment le colonel me suivit à cet endroit et comment il me parla dans le bois…

C'est une action très immorale que j'ai voulu commettre et mon âme en a été profondément effrayée. Autrement j'ai accompli mes besognes avec calme et j'ignore comment il a pu se faire qu'une telle pensée se soit formée en moi – je l'ignore encore présentement…

Je dois exercer ma fonction avec encore plus de zèle, je dois descendre jusque dans ses domaines les plus reculés, il me faut vaincre les plus grandes difficultés, remplir jusqu'aux plus petits devoirs de ma charge pour qu'un équilibre soit retrouvé.

J'ai déjà parlé de cela au tout début de ce livre, j'ai été si effrayé, simplement par la possibilité que l'idée d'accomplir une telle action ait pu se présenter à mon esprit et à ma pensée !

J'étais fort affligé. Je rentrai chez moi dans la soirée et me mis au lit – mais ce ne fut pas pour trouver le sommeil. Le lendemain je passai la journée seul. Et le jour suivant je montai chez le colonel. Il me raconta l'histoire de sa vie, j'en fus bouleversé. Puis il me demanda si je désirais passer chez Margarita pour parler calmement avec elle ; j'acquiesçai et il me conduisit au cabinet de sa fille, nous traversâmes le couloir et enjambâmes le paillasson de jonc jaune.

Margarita n'était pas dans son cabinet, le colonel me dit alors d'attendre sur place tandis qu'il l'irait chercher – lui-même ne repasserait point par ici mais regagnerait son appartement par la bibliothèque. Il ne réapparut point en effet – un des battants de la porte, laissée entrebâillée par le colonel, s'ouvrit légèrement et Margarita fit son entrée. Ses yeux étaient fixés sur moi. Elle avait la simple beauté de la fleur dont elle porte le nom : « Margarita » signifie « la perle » en latin. Je compris bien que le colonel ne lui avait pas dit ce que j'avais voulu faire, car elle n'aurait plus jamais souffert de me revoir. Elle s'avança vers moi jusqu'au centre de la pièce, je lui tendis la main comme nous avions accoutumé de faire auparavant à chacune de nos rencontres, elle me la serra puis nos mains se séparèrent à nouveau.

– Margarita, dis-je, votre père est intervenu auprès de vous pour que je puisse venir ici et parler avec vous. Nous nous verrons désormais moins souvent, nous nous promènerons aussi moins souvent ensemble par bois et champs… je ne pourrai monter à la maison du bosquet aussi fréquemment que dans le passé… Ne craignez rien, je ne recommencerai pas aujourd'hui à parler comme je l'ai fait avant-hier, je resterai honnête et calme – je ne vous demanderai rien…

Elle n'avait rien répondu et pourtant j'avais parlé avec de fréquentes interruptions, elle était restée debout devant moi les bras ballants le long de sa robe.

— Margarita, repris-je, pardonnez-moi.

— Je n'ai rien à vous pardonner, dit-elle, vous ne m'avez rien fait.

Tandis que nous échangions ces paroles, le colonel revint vers nous par la bibliothèque, il tenait quelque chose à la main. Il nous rejoignit et, posant sur la table ce qu'il apportait : Voici quelques petites pousses sèches d'edelweiss, dit-il. J'ai pris la moitié de ceux que ma femme cueillit pour moi, et qu'elle piqua sur mon chapeau, sur la haute montagne qu'elle gravit avec moi le dernier jour de sa vie. Je pense qu'aucun de vous deux ne connaît cette plante, elle ne vient point ici, vous ne l'avez donc pas dans vos herbiers. Je vous donne toutes ces petites pousses, partagez-les entre vous et conservez-les.

Sur ce il nous tourna le dos et repassa dans la bibliothèque pour regagner sa chambre. Je m'avançai vers la table et considérai les edelweiss. Il y en avait une douzaine. J'en mis six d'un côté et six de l'autre, Margarita, dis-je, j'ai fait le partage, voici vos plantes et voici les miennes. Est-ce bien ainsi ?

— Oui, fit-elle.

À nouveau, nous gardâmes le silence un moment – puis j'ajoutai : Je vais désormais remplir les devoirs de ma charge avec zèle et prêter assistance avec la plus grande complaisance à tous ceux qui en auront besoin, qu'ils soient proches ou éloignés.

— Oui c'est cela, faites-le donc, répliqua-t-elle avec vivacité.

Je poursuivis : Pensez quelquefois à moi, Margarita, et laissez mon image vous apparaître de temps à autre, même si tout a changé.

– Je croyais trouver en vous beaucoup de douceur et de bonté, répondit-elle.

– Elles sont effectivement en moi, dis-je, mais vous ne pouvez maintenant ni les voir ni croire à leur existence. Aussi, adieu, Margarita, portez-vous bien.

– Attendez encore un peu, dit-elle.

Elle se dirigea vers la table, prit les edelweiss que j'avais désignés comme siens, et les mettant avec les miens : Prenez donc cela, fit-elle.

Je la regardai mais ne pus voir son visage car elle s'était détournée – Adieu, Margarita, dis-je.

Il me fut impossible d'entendre si elle me donnait réponse mais je la vis faire signe de la main.

Tout était fini maintenant. Je pris sur la table les edelweiss qu'elle m'avait donnés, les mis dans le livre que j'emporte toujours avec moi et gagnai la porte de sortie. Pour la dernière fois, j'enjambai le paillasson de jonc jaune et traversai le jardin d'hiver avec ses différentes plantes exotiques, en sortant je posai le pied sur la première pierre de la maison que nous avions posée dans la joie et l'allégresse générales. Puis je passai sous l'arceau de la porte et arrivai dehors. Je ne voulais point aller rejoindre le colonel, je préférais poursuivre lentement mon chemin. Cependant j'aperçus mon hôte lorsque je fus sorti, il se promenait sur le gazon de la pelouse qu'il a fait faire sous les fenêtres de sa maison. Nous nous dirigeâmes l'un vers l'autre. Nous restâmes silencieux tout d'abord, il prit cependant la parole après un moment : Nous allons vous reconduire un peu, dit-il.

De fait ses deux chiens étaient aussi à ses côtés. Après avoir fait un bout de chemin avec moi, il ajouta : Laissez un temps s'écouler. Je vous l'ai déjà dit dans ma chambre et vous le répète ici, vous avez tous deux commis une faute. Pensez à ma femme, elle tomba dans le précipice sans le moindre appel de détresse pour ne pas m'effrayer. Margarita lui ressemble beaucoup. Elle lui ressemble jusque dans sa prédilection si marquée pour les vêtements blancs, bien que personne ne lui ait dit que sa mère était ainsi. Comme cette dernière elle est forte et humble à la fois et recule devant le dur rocher de la brutalité.

Sur le moment je ne répondis point à ce discours. C'était la première fois que le colonel parlait des relations existant entre Margarita et moi. Nous avançâmes encore un moment côte à côte jusqu'à une bifurcation conduisant à son pré. Là, il prit congé et s'alla promener avec ses chiens sur le chemin qui le menait à ce pré.

Je n'avais pas pris le chemin descendant chez moi mais un sentier qui part de la maison du bosquet, monte à travers champs et rejoint les marais du pacage où l'on garde les bœufs en été ; en effet il me fallait encore me rendre chez Haidelis qui était malade et l'on y va par cette voie qui traverse les marais du pacage. Je ne rentrai point chez moi pour le repas, je pensai que je pourrais bien aller à l'auberge de Goll, ou m'arrêter en un endroit quelconque de ma route, si mon organisme réclamait quelque nourriture.

Une fois en haut, je fis un bref arrêt parmi les tout jeunes coudriers, nul ne pouvait m'apercevoir. Ma barrette était de travers, je la rajustai et me dis en quelque sorte à moi-même : Lorsque à l'avenir, tu rencontreras une nouvelle fois sur ta route une résistance dont tu penseras ne pouvoir triompher, Augustinus, pense au colonel et à la constance de sa fille.

Puis je m'enfonçai à nouveau dans les buissons de coudriers.

Je n'avais plus que mes malades au monde et il me sembla en cet instant que tous attendaient après moi.

À vrai dire ma visite n'était pas prévue chez Haidelis avant le soir et j'avais pensé y aller en voiture. Mais comme l'endroit n'est pas très proche je comptais qu'en marchant lentement je n'arriverais que vers le soir chez ma patiente bien qu'il fît encore grand jour. Je n'avais pas voulu passer chez moi pour prendre mes chevaux en sortant de chez le colonel. Je marchais lentement – lentement, pensif, à travers bois – je fis aussi une courte halte à l'auberge retirée, dans la coupe, et fis collation avec les reliefs du dîner.

En quittant Haidelis je traversai d'autres forêts pour rentrer chez moi, le soleil déclinait, assez proche déjà de son coucher et il semblait que la prédiction faite par le colonel ce jour même vers midi allait s'accomplir, car de ce côté-ci à la limite de la haute futaie (et les nuages apportant la pluie qui avait causé les terribles chutes de glace au cours de l'hiver étaient venus de là) une sorte de nuée orageuse se formait, et ce soir-là le soleil dut descendre au milieu de nuages déchiquetés aux contours flamboyants. Une fois en terrain découvert je contemplai dans le ciel les signes annonciateurs de l'orage qui se préparait.

Je ne passai chez moi que pour faire atteler l'alezan, celui-ci me permettrait d'aller voir le père Erlebauer (je devais me rendre chez lui avant le soir) et de rentrer avant que l'orage n'éclatât.

Je regagnai la maison avec Thomas. Au moment où nous allions quitter le couvert du Taugrund, des éclairs commencèrent à briller à travers les branches, plus d'une fois leurs zébrures se dessinèrent au-dessus du bois, dans le lointain. Le ciel vespéral aussi était différent maintenant. À l'endroit où le soleil s'était couché parmi des nuages rougeoyants et des pans jaune pâle de ciel clair, tout se confondait et du feu s'échappait parfois de la masse sombre des nuages accumulés. J'avais pris l'alezan pour faire cette course, il ne craint pas le feu céleste alors que les jeunes moreaux s'en effraient.

Lorsque je quittai le chemin pour passer la grille et entrer dans ma cour, un homme accourut vers moi dans le crépuscule – les arbres paisibles se dressaient dans le jaillissement des éclairs – et me demanda de venir de toute urgence, on avait le plus pressant besoin de moi chez le père Aschacher d'en bas qu'on venait de ramener du bois de résineux, en tombant un arbre l'avait affreusement blessé. Mon interlocuteur avait assisté à l'accident, il avait pris les devants avec un cheval pour aller quérir le médecin le plus vite possible. J'ordonnai à Thomas de faire faire demi-tour à la voiture, nous suivîmes le messager qui chevauchait devant nous et descendîmes jusqu'à la maison familière du père Aschacher d'en bas, celle-ci n'était guère éloignée. À notre arrivée le père Aschacher était déjà là, étendu sur son lit, on avait ôté en les coupant les effets qu'il portait autour de son pied blessé. Le sapin que les bûcherons entouraient pour l'abattre lui avait seulement éraflé la peau du pied dans sa chute mais je n'ai jamais vu chair vive humaine mise à nu de façon aussi horrible, aussi effroyable. Si j'avais commis l'action que je méditais dans le bois de Kirm, cet homme serait mort ! On aurait mis sur sa blessure un emplâtre qui aurait attiré la gangrène – J'ordonnai qu'on allât chercher de l'eau à la fontaine et je fis porter au blessé de la glace que je garde toujours en réserve dans l'excavation creusée sous ma maison.

L'orage ne se produisit pas. Quand je rentrai chez moi avec Thomas, ses restes dispersés, noirs, sans pluie, s'étiraient au-dessus du bois du Lid tandis que la voiture roulait sur le mauvais chemin communal ; on n'entendait presque plus de tonnerre, seuls des éclairs jaillissaient à intervalles dans des contrées plus reculées vers l'orient.

Une nuit d'inquiétude et d'anxiété s'écoula. Quelle tristesse était la mienne !

# VAL-SUR-PIRLING

Le lendemain du jour où le père Aschacher s'était si gravement blessé, le temps redevint fort beau. Il n'était pas tombé une seule goutte d'eau au cours de la nuit. Je descendis chez mon patient à cinq heures du matin en prenant tout droit à travers champs. Durant mon absence, on avait constamment agi conformément à mes instructions et j'ordonnai à nouveau d'aller quérir un bloc de glace chez moi chaque fois que celle-ci viendrait à manquer. La blessure se présentait exactement comme je l'avais prévu la veille au soir, je pus donner au blessé gémissant l'assurance qu'il se rétablirait à coup sûr.

À mon retour le disque du soleil éclatant et pur dominait les sombres bois, sur le bord du chemin, graminées et broussailles étaient couvertes de points brillants diaprés. Je montai l'escalier pour aller à ma chambre, c'est là que la vieille Maria me sert toujours mon déjeuner, une femme m'attendait dans l'antichambre. Je la connaissais, c'était Suzanna, la locataire du père Klum. Je la conduisis dans ma chambre, elle défit le fichu bleu qu'elle portait d'ordinaire sur les épaules et dans lequel elle avait enveloppé quelque chose ce jour-là, la veille, elle s'était rendue au bois de bouleaux en défens dans la forêt de Kirm, me dit-elle, elle y avait coupé un peu de bois mort et de menu bois qu'elle voulait emporter chez elle. Elle avait trouvé cette nappe dans une haie, Hanna, ma servante lui avait appris qu'elle m'appartenait, Suzanna me la rapportait donc, elle l'avait enveloppée dans son fichu pour ne point la salir.

Il m'avait suffi d'un coup d'œil pour reconnaître la nappe bariolée que j'avais jetée dans le bois de Kirm au milieu des bouleaux.

Je fis un petit présent à cette femme – qui est pauvre – et je lui donnai également la nappe.

Je préparai ensuite tout ce qui m'était nécessaire pour la journée, on attela les moreaux et nous partîmes pour notre tournée.

Je méditai sur la charge que Dieu m'avait confiée. Il ne saurait être bon de rassembler dans différents ouvrages les expériences et les découvertes faites par d'autres et de les graver au plus profond de sa mémoire pour les mettre ensuite en pratique toujours de la même façon – non, cela ne saurait être légitime. Il faut apprendre à connaître les lois naturelles, leurs exigences et leurs interdictions, il faut apprendre à distinguer les plus petits détails par une observation constante et à se régler sur eux. C'est ainsi qu'on pourra aider les humains à naître et à grandir. Et cela, même les gros livres que je puis consulter sur ma table et sur mon pupitre actuel ne le savent guère. Qui peut dire avec exactitude si la vertu d'un arcane, des sympathies, des circonstances liées à une certaine époque, agit en effet ? Et ne peut-on discerner clairement que Dieu a placé notre chance de salut dans les grandes combinaisons d'éléments ? Certes il n'y aurait point de salut pour nous si nous ignorions encore ces combinaisons ; or celui-ci est partout, fort près de nous. Comment le cerf se guérirait-il et le chien, et le serpent de la forêt, si le remède qui les secourt se trouvait dans mon armoire ? Ce n'est point là qu'ils le viendraient chercher ! Il doit bien y avoir une vertu dans l'eau qui coule, rafraîchissante et dans le souffle du vent, et des échos de l'harmonie universelle, à chaque heure, à chaque minute, parviennent à notre corps, passent dans notre être ; leurs vibrations le font continuer de vivre… Je vais consulter mes livres avec zèle pour acquérir le savoir qu'ils recèlent mais je suivrai aussi le cerf et le chien, et je regarderai la manière dont ils se guérissent. Je connais les simples de nos montagnes, désormais je vais m'attacher aussi au reste, j'observerai les maladies, j'écouterai leur langage, j'apprendrai ce qu'elles nous disent et ce qu'elles demandent…

Tels furent mes réflexions et mes projets.

Quand j'eus regagné mon logis, je descendis encore une fois chez le père Aschacher d'en bas. En tout état de cause, son mal se présentait pourtant bien. Dès lors, j'allai le voir deux fois le jour.

Quelque temps après, ce livre que j'avais commandé à Tunberg arriva : il était fait de grandes feuilles de parchemin reliées en cuir de Cordoue et se fermait avec de bons fermoirs en cuivre. Je le voulus à la semblance de celui du colonel, c'est-à-dire suivant le modèle qu'un vieux soldat lui avait enseigné en Westphalie. Mais je me proposai contrairement à ce qu'avait fait le colonel de ne point mettre en liasses scellées séparées ce que j'aurais écrit : en effet je ne suis pas obligé de voyager constamment et mon grand livre peut fort bien rester dans son coffre de beau bois de résineux. Mais je voulais pourtant barrer l'accès aux feuilles déjà écrites avant de les relire. Avec un de ces bons couteaux qu'on fabrique à Rohren je pratique donc dans ces feuilles une entaille où je fais passer des rubans de soie que je scelle ensemble – je les ai choisis vermeils et bleus : en effet, les jours de fête et les dimanches Margarita (qui portait alors sa plus belle robe de soie dont les pans aux larges plis bouffants descendaient élégamment le long de son corps) choisissait de préférence ces couleurs pour les rubans qui ornaient sa robe. J'examinai le livre qu'on venait de m'apporter et il me convint tout à fait. J'essayai les fermoirs, ils s'ouvraient aisément sous la pression, découvrant l'éclatante blancheur du parchemin. Je marquai à l'encre rouge les numéros des pages jusqu'à la dernière. Puis je recopiai petit à petit ce que j'avais écrit entre-temps sur des feuilles volantes dès les premiers jours parce que je ne pouvais attendre. Je consacrai à l'étude tout le temps que je passais habituellement aux champs, que j'employais à observer et à regarder les plantes, les arbres, l'herbe – ou à monter à la maison du bosquet. J'avais maintenant beaucoup de temps libre en dehors des longs moments que je dédiais à l'étude et à l'observation. Quand je quittais mon pupitre c'était pour aller dans mon jardin qui embellissait de jour en jour, je regardais les fleurs, les légumes, les autres simples ayant rapport à mon art, les arbres fruitiers que j'ai plantés moi-même ou que j'ai hérités des anciens propriétaires du terrain. Pendant ce temps mes gens vaquaient aux besognes de la maison, ils me regardaient fort obligeamment quand je venais à les rencontrer. Souvent aussi j'allais dans la forêt lorsque l'obscurité montait du sein de la terre, je regardais les aiguilles noircir et le crépuscule ruisseler pour ainsi dire à travers les branches fines des sapins hirsutes ou se couler entre celles plus robustes des hêtres, des érables et des frênes.

Une semaine après ma dernière visite à la maison du bosquet, le colonel descendit chez moi, il m'annonça qu'il avait fait partir Margarita. Depuis son départ tôt le matin quatre jours avaient passé. Il l'avait accompagnée pendant une journée et était rentré l'avant-veille. Elle séjournerait quelque temps chez une parente éloignée, aimable vieille dame sans enfants qui la considérerait comme sa fille, puis elle regagnerait la maison paternelle.

Je ne commentai point cette information. De même je m'abstins de demander combien de temps Margarita resterait absente. Qui sait combien de temps cela durera, pensai-je, qui sait ce qu'il adviendra, et qui sait si elle ne va pas cesser peut-être tout à fait d'habiter la maison du bosquet…

Je fis voir au colonel mon livre rouge à la reliure de cuir, je lui dis mon intention d'imiter sa façon d'écrire et lui expliquai comment je procédais. Il m'approuva et s'expliqua bien la présence des petits rubans de soie rouge et bleue.

Nous descendîmes ensuite chez le père Aschacher et il réconforta le blessé qui souffrait. Puis il reprit le chemin de la maison du bosquet et je fis avec lui une bonne partie du trajet. Après nous être promis de nous rendre souvent visite à l'avenir nous prîmes congé, je rebroussai chemin et redescendis chez moi.

J'allais donc maintenant achever et embellir Val-sur-Pirling, sous son ciel mélancolique, et ce que j'allais faire ici réconforterait mon cœur, réjouirait mes yeux – il fallait en quelque sorte que les choses que j'y établirais m'aimassent, je m'entourerais d'objets qui me donneraient de la joie, je demeurerais toujours ici, aimant les gens de ma maison et les bêtes qui me seraient utiles ou qu'on avait élevées chez moi dans le passé. Alors ceux qui, prononçant le nom de Val-sur-Pirling, auraient en vue uniquement ma maison et non le hameau de chaumières qui portait autrefois ce nom, commenceraient de parler plus légitimement s'ils ne désignaient par là que ma seule maison.

La fontaine dont le père Grunner avait édifié la maçonnerie était d'ailleurs terminée maintenant. Un filet d'eau parfaitement limpide jaillissait dans la vasque de granit lorsqu'on tirait sur le bouton métallique du pilier. Il fallait aussi qu'un autre filet d'eau vive à l'éclat argenté coulât continuellement dans le jardin et l'on creusait à cet effet la cuve de pierre dans le bois de résineux, il y avait bien assez de sources aux environs. Il fallait enlever arbres, poutres, poteaux qui étaient restés éparpillés ici et là depuis qu'on avait construit, ainsi la cour serait propre et déblayée et le bord du dallage apparaîtrait bien tout autour.

Par générosité j'avais permis à la plupart de mes gens d'aller chez le colonel jadis et aujourd'hui de même à Pirling chez le père Bernsteiner, l'aubergiste, celui-ci qui se faisait creuser une cave à la mine dans les rochers du Steinbühel voulait la voir achevée avant la fête de tir qu'il organiserait l'été de l'année suivante, aussi me trouvais-je moi-même dépourvu de main-d'œuvre pour le moment. Mais j'irais quérir des ouvriers aux alentours et je ramènerais également chez moi ceux dont le père Bernsteiner pourrait se passer.

J'allais faire réaliser sans délai les jolies sculptures sur bois dont je comptais orner la pièce de derrière, près du jardin, pour le plaisir et l'agrément de mon cœur ; je commencerais de faire faire le pupitre auquel je pensais depuis si longtemps, pour les travaux les plus difficiles j'enverrais mes plans à Pirger, artiste et graveur sur bois à Prague, il façonnerait l'ouvrage d'après eux, enfin j'entreprendrais de fabriquer et d'achever le mobilier et la décoration intérieure de la maison…

Telles furent mes pensées au cours de ces journées et je passai aussitôt à la réalisation.

Ce même été j'achetai une autre parcelle de terrain pour le jeune Gottlieb, je comptais la lui donner le jour où elle lui serait utile. J'avais résolu de ne plus éloigner de moi ce garçon et de m'occuper de lui tant que cela lui serait profitable. Sa reconnaissance et son désir de travailler étaient incroyables. Il était heureux lorsqu'il pouvait effectuer une course pour moi, pour lui faire plaisir je le chargeais donc souvent de quelque commission dont il s'acquittait avec exactitude. Son vieux père descendait parfois ici et manifestait lui aussi une grande reconnaissance et une grande satisfaction. Je pensais que si le garçon en avait l'envie et la capacité intellectuelle je le ferais peut-être instruire par la suite, il pourrait embrasser comme moi la médecine, l'exercer et s'y consacrer.

Tant que durèrent les belles et longues journées d'été je montai fréquemment chez le colonel et celui-ci descendit souvent chez moi. Il vit tous les travaux qui se faisaient dans ma propriété, nous abordâmes les sujets les plus divers, souvent nous restions assis l'un à côté de l'autre sur mon petit banc d'été sous le beau pin, ou bien nous nous promenions dans le bois d'alentour, ou encore nous restions chez lui au jardin ou dans la bibliothèque.

Il ne parlait jamais de Margarita. De mon côté je ne lui posais point de questions.

Ainsi s'écoulèrent l'été et l'hiver, l'été suivant arriva.

Ô prodige de la nature, pour notre ravissement ! Un jour, pendant les agréables journées des premières chaleurs, qui se produisent chaque année et chaque année nous comblent miraculeusement de bien-être, je me tenais devant le merisier chargé de fleurs innombrables d'une blancheur immaculée – une blancheur comme il n'en est point d'autre au monde hormis peut-être celle de la neige ou celle de l'éclatante auréole des lointains nuages qui se détachent en été, lumineux, derrière le bois sombre – j'étais donc là et pour la première fois me vint une pensée qu'en vérité j'aurais dû avoir depuis longtemps, à savoir : premièrement que les fleurs expliquent l'existence de l'arbre, en second lieu que ces fleurettes blanches donnent naissance à des cerises noires, aussi noires que les fleurs sont blanches, c'est-à-dire qu'il n'est rien de plus noir au monde, enfin, que la nature réalise cette forte opposition et qu'elle utilise constamment les douces feuilles vertes pour faire le lien entre les deux éléments. La saison des fruits une fois terminée, les feuilles deviennent rouges, marron et de toutes sortes d'autres couleurs éclatantes.

Je quittai le jardin et entrai dans la cour, les anciennes pierres du foyer, du toit, les autres pierres que j'avais fait apporter de la chaumière de mon père et qu'on avait insérées dans les murs du jardin me regardèrent fort amicalement bien que plus d'une fût effritée ou noircie, car je n'avais pas fait badigeonner les murs de mon jardin pour éviter que la vallée verdoyante ne fût barrée d'un trait blanc fâcheux.

Cet été-là je mis également à exécution une idée qui s'était déjà présentée à mon esprit auparavant, je commençai d'aménager ma pièce d'angle octogonale en chapelle domestique. Je pensai que l'effigie de sainte Marguerite devait y figurer en tant que protectrice du lieu, chaque été, le soir du treize juillet, deux cierges y brûleraient. On tendrait aux fenêtres des doubles rideaux et leur soie d'un blanc mat ferait régner dans ma petite chapelle un crépuscule aussi doux que dans une grande…

Mes rapports avec mes semblables avaient changé eux aussi. Mes yeux s'étaient dessillés, bien des gens vivaient autour de moi, il me fallait tenir compte d'eux. J'avais rencontré un tel et un tel, j'avais dit telle et telle chose, donné ou reçu un conseil et j'avais fait l'expérience des destinées humaines, je savais comme on vivait ici et là, comme on se réjouissait ici et comme on souffrait et espérait là-bas. Partout j'avais appris la manière dont les champs s'étendaient, dont battaient les cœurs des hommes et des bêtes, j'avais appris les différentes sortes de regards – mais tous, comme moi, se bâtissaient un logis qui prenait peu de place au milieu des champs et ils jetaient à peine un coup d'œil au-delà de ses bornes en direction de ceux qui vivaient ailleurs…

Ainsi s'écoulèrent les jours, l'un semblable à l'autre, ainsi s'écoula une année après l'autre – ainsi passa le temps…

Trois ans ont passé depuis que le colonel vit seul dans la maison du bosquet…

Ô mon père, ô ma mère, que n'avez-vous vécu pour voir comme votre chaumière s'est transformée ! Et vous aussi, mes sœurs, que n'êtes-vous ici pour voir tout cela ! La maison est terminée à présent et le soleil darde ses rayons sur son toit étincelant – le

jardin occupe une vaste étendue et les arbres fruitiers jadis propriété des voisins y prospèrent, mieux
soignés qu'autrefois ils portent jusqu'à mes fenêtres le
faix resplendissant de leurs branches, comme en signe
de gratitude. Je vais de chambre en chambre mais je
suis solitaire – seule une statue de sainte Marguerite se
dresse maintenant sur mon autel domestique et salue
mon entrée de son éclat doré – la brise du soir souffle
dans les rideaux blancs tandis que je marche, son flot
qui me baigne porte jusqu'à moi le claquement des
sabots de mes jeunes chevaux dans la cour (comme
chaque soir, le valet les ramène de l'abreuvoir). Maint
trait du soleil couchant traverse la pièce, faisant apparaître encore plus grand son espace vide. Le pupitre
est achevé et sur son dais de bois est assis maintenant,
tout seul, le loup-cervier empaillé dont on m'a fait présent après l'avoir tué.

L'après-midi, je prends un livre, je traverse la
cour où s'ébattent poules et volailles puis le jardin
tout bruissant des cris des passereaux qui volent mes
cerises et je débouche dans les champs où ma récolte
mûrit – mon champ est bien trop grand pour moi tout
seul – j'arrive enfin au bois, je me sens bien de nouveau
auprès de ses bouleaux, en outre le silence de l'endroit
me permet de méditer aisément sur mon livre et sus-
cite en moi de nouvelles pensées.

Ainsi va et prospère mon monde. Mes malades se
rétablissent. Le père Aschacher d'en bas dont le pied
fut si terriblement écorché circule à nouveau, de belle
humeur et sans béquilles. J'ai pu aller exercer mon art

jusque dans les endroits les plus reculés – et la phrase impie que je couchai un jour sur le papier (« mon cœur bat dans ma poitrine, solitaire, comme l'ancre arrachée à son câble qui gît au fond de la mer »), cette phrase devient de moins en moins vraie.

La honte m'empêcha de l'inscrire dans ce livre.

Elle devient de moins en moins vraie et mon cœur ne bat plus ainsi. Lorsque les forces du bien sont à l'œuvre, le cœur qui en est témoin ne peut faire autrement que de s'en réjouir.

De menus événements se produisent aussi, qui me rendent heureux. Demain arrive la grande armoire sculptée qui doit prendre place dans mon cabinet de travail – la gentiane croisette que j'ai essayé de faire prendre dans mon jardin vient bien, les servantes doivent la sarcler demain – il en va de même pour d'autres détails charmants ou plaisants.

# TIR À LA CIBLE À PIRLING

J'ai tremblé et frissonné pendant plusieurs jours – et j'ai prié Dieu. Je marchais de long en large les mains sur la poitrine pour calmer les battements de mon cœur. Les événements d'une vie humaine sont souvent graves et douloureux ! On transporta ici un bel adolescent robuste que je fis demeurer chez moi. Un emplâtre de poix et d'autres matières glutineuses appliqué sur une petite blessure qu'il s'était faite par hasard à la poitrine l'avait conduit à l'article de la mort. Lorsque l'inquiétude des siens devint plus forte, ils le transportèrent chez moi depuis un endroit éloigné, situé au-delà de la haute futaie (je n'y étais jamais allé). J'installai le malade dans la chambre verte, qui est la plus proche de la mienne. J'ôtai tous les tissus nécrosés, toutes les formations consécutives à ce désastre et les destructions déjà commencées jusqu'à ce que je fusse moi-même saisi d'horreur – je n'avais point admis dans la chambre ses parents, qui auraient risqué de troubler le calme avec des cris ou des lamentations – le scalpel, conduit par le savoir, allait toujours plus loin… Je recommandai mon âme à Dieu et fis ce que je devais faire. Lorsque j'eus terminé j'avais ôté beaucoup de chair, je l'avais même presque toute enlevée à un endroit, si bien qu'on y pouvait voir le poumon se gonfler et s'abaisser sous la seule membrane intérieure qui restait. Sans dire un mot je sortis et renvoyai les parents chez eux. Puis je regagnai la chambre et poursuivis mon ouvrage. J'étais tout à fait seul, sans personne qui pût m'aider. Je ne donnai à mon malade que fort peu de nourriture et uniquement pour éviter de le voir affamé, ainsi la chaleur de l'inflammation ne viendrait point détruire le bénéfice de mon intervention. Il gisait sur son lit, patient, lorsque je passais devant lui ses yeux paisibles et innocents s'attachaient à mon visage et je savais avec quelle attention il scrutait ma physionomie, je priais Dieu qu'Il la fît paraître tranquille. Nul n'était au courant de la situation. Je ne laissai entrer que le colonel, une fois, et lui fis voir ce spectacle. Il me considéra avec beaucoup de gravité. Comme le jeune homme était robuste et d'une bonne constitution les premiers signes de rétablissement apparurent au bout de quelques jours et bientôt mon malade fut en excellent état. Dès lors je retrouvai les arbres, les forêts, le firmament et le monde extérieur – devant la rigueur du devoir, toute autre chose disparaît de la surface de la terre ! Au bout d'un temps passablement court il fut tout à fait bien portant, et je pus le renvoyer à ses parents, au-delà du bois…

Un heureux et agréable événement se produisit peu après.

Nos blés étaient arrivés à maturité, le soleil de nos forêts, qui brille chaque année sur nos maisons à cette époque de forte chaleur, avait déjà perdu un peu de son ardeur – l'orge qui vient particulièrement bien dans notre région avait déjà été moissonnée et gisait dans les champs, la fauche était disposée comme d'habitude en rangées dorées – le froment qu'à l'exemple du colonel on cultivait visiblement davantage ici (et presque avec prédilection maintenant) était déjà engrangé, je faisais ma tournée en voiture et soignais des maladies insignifiantes – le colonel descendait souvent chez moi, je montais souvent chez lui – un automne clément approchait peu à peu et un jour je me trouvai avec le colonel sur le bord du chemin dans le Taugrund. Mon compagnon me montra comment les gens, suivant son exemple, apportaient des améliorations à leurs chemins avec l'idée d'en faire de véritables routes – en particulier, un beau morceau bombé, flanqué sur toute sa longueur d'un fossé de chaque côté, traversait déjà le Taugrund, là où dix ans auparavant passait un effroyable chemin boueux – puis il me demanda incidemment si j'assisterais à la fête de tir qui se tiendrait sous peu à Pirling, lui-même y serait présent. Je répondis que j'irais moi aussi si l'on m'y conviait, mais j'avisai mon voisin que je ne pourrais monter le voir pendant les quelques jours précédant la fête de tir, on m'avait en effet appelé en consultation au chevet d'un malade qui demeurait fort loin et je serais absent deux bonnes journées...

Pirling, aimable lieu, j'ai toujours senti une inclination pour toi, qui eût pensé cependant que tu me deviendrais si cher ? Comme mon cœur se réjouit en songeant à toi et en évoquant ta solitude si aimable sur ton coteau d'un vert velouté, tes maisons blanches dominant la rivière qui baigne ses rives et passe impétueusement sous ton pont de bois sur lequel se dresse une tourelle renfermant l'image de saint Jean ! Je te bénis dès ce jour et te salue pour l'éternité.

Je vais tout décrire ici.

Chez nous la Siller est un simple ruisseau ; elle grossit ensuite et coule en grondant sur des cailloux polis, puis débouche dans des campagnes plus dégagées au milieu de vertes prairies et d'innombrables bouquets d'arbres à feuilles caduques. Dans l'Eidun où elle fait un coude autour d'un endroit écarté de la forêt son cours est déjà calme, elle sort ensuite et se dirige vers Pirling, dans un berceau, entre deux larges et douces ondulations boisées. À cet endroit, l'ourlet des vertes collines herbageuses sur lesquelles se trouve la localité se mire dans ses eaux ; le premier grand pont franchit la rivière, celle-ci, désormais puissante, quitte ces lieux en décrivant de larges méandres dans des campagnes encore plus vastes et plus unies, tandis que les ruisseaux venus des vallées boisées et des rigoles qui dévalent les coteaux accourent vers elle et lui portent leur tribut.

Un curieux rocher se dresse au milieu des champs de Pirling situés sur la rive gauche de la Siller et qui, vus des maisons, s'étendent en direction de l'orient. Ce rocher s'élève verticalement, sans transition, au milieu des blés. Il est environné de maints arbres et arbustes mais lui-même porte sur sa crête un grand bouquet d'épicéas, de pins sylvestres, de bouleaux et d'autres arbres. Si l'on gravit ce rocher, on constate qu'il n'est pas d'une petite grosseur contrairement à ce qu'on avait cru en le regardant de loin mais qu'il est de belle taille et sous toutes ses dimensions, arrivé au sommet on peut se promener sous les arbres ou s'asseoir sous mainte pierre, saillie de rocher ou petite butte. Le rocher n'est pas entièrement boisé, il présente aussi des endroits découverts, notamment les points culminants qui offrent une vue étendue sur toute la région. Ce rocher se nomme le Steinbühel. On a bâti dessus un beau chalet fort spacieux, fait en façon de salle point trop grande, où beaucoup de gens peuvent prendre place autour de la table. On a également installé des bancs de repos, de petites tables, on a ménagé des endroits couverts de gazon et ainsi de suite. Le père Bernsteiner, l'aubergiste d'en bas, a fait creuser à la mine une cave dans le rocher en un lieu que la paroisse et les échevins lui avaient assigné, cette cave a été achevée l'été passé. Il y a aussi un tir sur le Steinbühel, en partant de la paroi rocheuse seul un petit champ s'étend vers l'est, puis un petit pré monte jusqu'à un bois voisin, aussi a-t-on disposé les cibles blanches de l'autre côté du petit champ et du pré, à la lisière sombre du bois. À côté du tir, fort bien sculpté d'ailleurs, se dresse encore une petite maison isolée peinte en vert avec des fenêtres, elle contient une table pour le secrétaire chargé de consigner toutes affaires concernant les tireurs. Un joli sentier mène au Steinbühel ainsi adorné, il part de Pirling situé à un quart d'heure de distance, traverse les champs de blé puis escalade le rocher par un passage tout en lacets. On a choisi ce rocher pour y tenir la fête du village à cause de son caractère fort singulier et aussi parce qu'on y avait réalisé ces aménagements. Durant l'été les gens passent tous les dimanches dehors et l'on entend aussi le plus souvent à cet endroit les détonations des fusils, puisqu'on tire à la cible, ce bruit domine plus d'une fois le son des cors de chasse ou d'autres musiques. Les banderoles bariolées des tireurs flottent sur le sommet du Steinbühel, et l'on aperçoit les fanchons et les vêtements blancs des femmes et des jeunes filles de Pirling qui resplendissent au milieu des rochers gris et des arbres verts. De temps à autre des fêtes de tir plus importantes ont lieu, alors les gens viennent depuis les villages voisins et plus d'un quitte un endroit plus éloigné pour se rendre à Pirling et prendre part au concours de tir.

On m'avait donc demandé de faire un petit voyage pour une consultation, à mon retour, la veille du jour où le tir à la cible allait se tenir cette année, je pris la voiture et me rendis à Pirling pour affaires. Je trouvai toute la bourgade occupée aux préparatifs du lendemain. Je passai la porte par la rue haute où aboutit la route qui descend des hameaux de l'Eidun, débouchai sur la place du marché et arrivai à l'auberge d'en haut, mes moreaux que j'avais coutume d'arrêter à cet endroit tournèrent pour ainsi dire d'eux-mêmes sur la place pour venir se placer devant l'auberge, où ils firent halte. Je descendis de voiture et demandai à Thomas de rester auprès des bêtes et de veiller sur elles car elles étaient encore jeunes et s'effrayaient aisément. Thomas fit avancer chevaux et voiture de côté contre le mur de l'auberge, ils m'attendraient là comme à l'accoutumée. L'aubergiste, sa barrette verte sur la tête, était sur le pas de sa porte. On s'affairait à laver devant lui un très beau bouc à la longue toison blanche. Trois valets lavaient l'animal avec du savon, l'aubergiste surveillait l'opération. Quand je fus descendu de voiture, il ôta sa barrette et me salua. Vous voici donc rendu parmi nous, docteur ? ajouta-t-il, vous voyez, chacun doit faire laver et récurer son bien, je suis maître du tir cette année et le bouc sera un des prix. Le bal se tiendra chez l'aubergiste d'en bas – vous connaissez notre coutume, un aubergiste organise le concours de tir, le second s'occupe du bal et l'on alterne chaque année. J'ai lavé hier les thalers avec du savon et une brosse à dents et je les ai nettoyés avec de la laine et de la craie. Ils seront montés aujourd'hui. Vous nous ferez bien la joie de venir avec nous au Steinbühel, n'est-il pas vrai, docteur ?

— Je viendrai si je suis invité, répondis-je.

— Les secrétaires de la société de tir doivent déjà avoir envoyé leurs invitations aux alentours, ils ont probablement fait aussi leur tournée. Regardez, l'aubergiste d'en bas est également en train de faire son devoir.

À cet instant, en effet, le vieux père Bernsteiner faisait une apparition pleine de gravité dans la rue haute, il menait une grande carriole remplie de rameaux de sapins destinés probablement à confectionner des colonnes, des arcs de triomphe et d'autres choses semblables. Il me souhaita fort cordialement le bonjour lorsqu'il m'aperçut, ses trois fils l'escortaient portant haches et coupe-paille, ils saluèrent respectueusement, et avec un visage des plus riants, dans ma direction.

La petite fille de l'aubergiste m'apporta sur un plateau le petit verre de vin que l'aubergiste m'oblige de prendre chaque fois que je suis de passage à Pirling, je le pris, le bus et me disposai à aller voir les malades pour lesquels j'étais venu au village. Je pris ma canne ainsi que diverses autres choses qui se trouvaient dans ma voiture et je me mis en route.

Les maladies de mes patients n'étaient pas graves et justement ceux dont l'état avait menacé d'empirer se rétablissaient, mais à circuler ainsi, je voyais d'autant mieux les préparatifs du lendemain. Le négociant, personnage le plus aisé du village et homme d'un âge avancé, se tenait dans la rue, ôtant sa barrette et saluant les passants. J'entrai chez lui, bien que personne de sa maison ne fût malade. On apprêtait là des robes de jeunes filles, derrière sur la galerie on nettoyait des fusils. Dans la maison voisine, l'écrivain public avait suspendu son bel habit sur son balcon de bois au soleil et avait posé ses chaussures à côté. L'échoppe du menuisier était pleine de cibles, de silhouettes façonnées en planches et d'autres objets en bois. Sous la voûte à colonnade devant l'hôtel de ville, le secrétaire de la confrérie et plusieurs autres tireurs triaient et comptaient de grandes pointes de fer destinées au tir, un peu en arrière on nettoyait sous cette voûte des hampes de bannières, on peignait et on collait du papier derrière lequel on placerait des lampes. L'un mettait en état et nettoyait sa carabine, l'autre sa gibecière. Devant l'auberge d'en bas, on s'affairait à construire une tribune, à grand renfort de lattes et de clous – je longeai l'école et entendis résonner à l'intérieur plusieurs cors de chasse, on répétait des morceaux de musique. Même ceux qui n'étaient pas précisément occupés à préparer le tir en avaient pris prétexte pour chômer ce jour-là, ils circulaient alentour et se donnaient de bonnes raisons pour boire un petit verre par-ci, un petit verre par-là. Les femmes traitaient leurs maris d'extravagants, mais elles-mêmes préparaient vêtements et rubans pour le lendemain et chez plus d'une cuisait toute une provision de gâteaux. Je m'en revins à l'auberge d'en haut, j'allais monter dans ma voiture quand l'hôtesse sortit sur le pas de la porte : Vous partez, docteur, me dit-elle, quand les roues de votre voiture auront passé la dernière maison, au coin de la rue haute, alors le seul homme sensé qu'il y ait eu aujourd'hui à Pirling aura quitté le village. Le cas de notre aubergiste est grave, depuis des semaines, nous n'avions déjà plus le droit de frapper le bélier, mais depuis qu'il est lavé notre homme le coucherait dans le lit conjugal, si seulement l'animal voulait bien y rester. Ne venez point trop tard demain, docteur, je ferai porter dehors votre bouteille et votre timbale, vous connaissez déjà notre vin, il faut que vous en buviez, on le mettra à rafraîchir dans un seau à glace.

Tout ceci m'alla droit au cœur, c'est pourquoi je le rapporte ici. L'amabilité et la fidélité qu'on me manifeste ne se sont jamais démenties depuis mon enfance. Et si l'on avait préparé un tir avec la pompe la plus magnifique, la chose n'aurait pas pesé une once de plus à mes yeux.

Quand j'eus quitté Pirling et que je me retrouvai en plein champ, quand aucune voix, aucun coup de marteau ne parvint plus à mes oreilles depuis le village au travail mais que les doux accents de ses cloches flottèrent seuls derrière moi, je me sentis presque mélancolique. Je posai à côté de moi dans la voiture le livre dans lequel je me plonge volontiers ordinairement, je me penchai en arrière sur mon siège, croisai les bras et levai les yeux. Un ciel d'automne serein, d'une splendeur indescriptible, miroitait au-dessus de l'étendue paisible des bois tout imprégnés de la chaleur répandue par le soleil de midi – mon Thomas était assis devant moi immobile, me présentant son dos et son grand chapeau, il se contentait de secouer légèrement les guides de temps à autre pour le plaisir, tandis que mes jeunes moreaux, qui brillaient de façon presque fantastique dans cette lumière, avançaient devant lui en dansant joyeusement dans l'air pur. Ah ! les bonnes, les dociles, les fidèles bêtes ! En fin de compte, ce sont pourtant les seuls êtres au monde qui m'aiment foncièrement, me dis-je – telles étaient mes pensées… De chaque côté du chemin les champs scintillants volaient rapidement, ils étaient pour partie en labours, pour partie en chaumes, il n'y avait personne

– l'endroit était tout à fait tranquille, je n'entendais même plus la sonnerie de midi au clocher de Pirling – la douce étendue de la forêt s'inclinait en berceau devant moi et de son sein sourdait un filet de vapeur à peine visible indiquant le cours de la Siller. Il est ainsi des journées d'automne où une toile s'ourdit en silence par bois et champs, des journées de rêve que mes randonnées en voiture m'ont rendues familières… et il me semblait bien aussi voir comme en rêve ces champs et ces vallées que j'avais si souvent parcourus dans mon enfance : j'étais si heureux alors, lorsque approchait un grand concours de tir à la cible auquel on me permettait de descendre avec mon père, ou souvent aussi en compagnie de mes sœurs… Et aujourd'hui je roule ici, homme actif et respecté – et remontent en moi tous les souvenirs du lointain passé.

Sur ces entrefaites nous avions rejoint le creux de la forêt, et roulions sous son couvert. Nous traversâmes le bois et ressortîmes de l'autre côté dans les champs de l'Eidun où la Siller, à nouveau visible, brille d'ordinaire à cette heure du jour comme un éclair d'argent qui serpente dans la vallée. Nous nous dirigeâmes vers nos peuplements forestiers familiers en passant au milieu des maisons très disséminées de l'Eidun. Les chevaux qui sentaient l'écurie pressaient joyeusement l'allure. À notre droite s'étendait le bois de résineux où nous avions entendu, trois ans auparavant, l'effroyable fracas de la glace qui s'écroulait, nous avions devant nous le Taugrund dont nous nous approchions ; quand nous eûmes atteint cette forêt, la voiture roula plus vite sur la route damée qui la traversait et qu'on avait aménagée à l'instigation du colonel ; une fois passés les derniers arbres clairsemés, la petite tache blanche de ma maison apparut devant nous, en arrière les arbres de mon verger attendaient pour ainsi dire que j'allasse vérifier si aucune branche n'était brisée. Les chevaux volaient dans la verdure, peu d'instants après la voiture passait la grille de ma cour en faisant crisser le gravier. Je descendis d'un bond, donnai aux chevaux une tape sur la nuque et les félicitai. Les astucieuses bêtes hochèrent leurs têtes, dont elles me flattèrent comme si elles comprenaient mes paroles – et elles les comprenaient en effet. Puis elles jetèrent des coups d'œil à la ronde et bougèrent les oreilles, satisfaites de se retrouver enfin à la maison et d'aller prendre ensemble leur repas de midi. J'entrai chez moi et vis la table mise dans la salle à manger, une bouteille, un verre et un couvert m'attendaient ainsi qu'une grande lettre d'invitation au concours de tir à la cible, cache-tée, qui était arrivée pendant mon absence.

L'après-midi j'allai voir quelques personnes qui n'avaient point tant besoin d'aide que de consolation.

Le lendemain, je sortis très tôt en voiture pour remplir toutes mes obligations et ne pas arriver trop tard au concours de tir, ce qui aurait froissé mes hôtes – en outre, j'avais promis au colonel de lui tenir compagnie. Aucun événement notable ne s'étant produit, je terminai tout ce que j'avais à faire et à deux heures de l'après-midi je fis prendre tout doucement à mes bêtes fatiguées la direction de Pirling par la route qui descend de l'Eidun à travers champs. J'empruntai la rue haute qui longe le village et les bêtes visiblement heureuses obliquèrent comme la veille vers l'auberge. De fait j'aurais voulu traverser tout le village et continuer en voiture jusqu'au pied du rocher par le chemin communal. Mais je vis les bêtes tourner avec assurance en direction de leur lieu de repos habituel et j'eus pitié d'elles en songeant à la fatigue qu'elles avaient accumulée durant toute la matinée, aussi demandai-je à Thomas de mener la voiture jusque devant l'auberge et de s'arrêter là. Il obéit, mais ni l'hôte ni l'hôtesse n'apparurent sur le pas de la porte pour nous souhaiter la bienvenue, la place du marché était entièrement déserte, on n'entendait pas un seul aboiement, bêtes et gens se trouvaient au Steinbühel. J'aidai donc moi-même Thomas à dételer les chevaux et à les mener à l'écurie, où je leur fais réserver une stalle que nulle autre bête n'occupe jamais, afin de les garder toujours en bonne santé. Je plaçai les bêtes sous la protection de Thomas, s'il voulait se rendre lui aussi au Steinbühel, qu'il fermât l'écurie et emportât la clef ; puis je pris mon bâton et mon livre qui se trouvaient dans la voiture, fermai les autres compartiments et me mis en route pour la fête du tir qui était l'événement du jour. La solitude du village me frappa. Outre le repos dominical habituel il en était un exceptionnel à cette occasion. Plus d'un vieillard était assis sur un banc devant chez lui, la joie régnant sur le Steinbühel n'aurait pu lui faire autant de bien que les rayons du soleil automnal qui tombaient sur lui. Ce jour-là n'était pas mon jour de visite à Pirling, j'allai pourtant voir quelques-uns de ces vieillards puisque aussi bien j'étais là. Seules quelques bonnes vieilles étaient restées à la maison pour s'occuper d'eux.

Quand j'eus fini, je sortis du village par sa partie basse et le rocher si remarquable ce jour-là surgit au milieu des champs, ma vue est passablement bonne et je découvris bientôt qu'on avait dû dresser une tente au milieu des arbres, une tache d'un blanc de fête éclatant apparaissait distinctement de ce côté-ci au milieu du vert sombre des pins. J'avançai à travers champs. Ceux-ci pour la plupart n'étaient plus recouverts que de chaumes, de toutes les céréales seules l'avoine était encore sur pied, mais elle dorait déjà et je voyais près de moi les grains accrochés aux barbes légères des épis. En approchant du rocher, j'aperçus aussi la banderole de la société de tir qui flottait bien haut sur les cimes des arbres telle une longue langue rouge et blanche, ondulante, dont les couleurs se détachaient sur le bleu profond du ciel. Parfois un petit nuage de fumée, blanc ou cerclé de bleu, se montrait aussi au-dessus des couronnes de feuillage et l'on pouvait déjà ouïr quelques détonations.

J'arrivai enfin au pied du rocher et je gravis lentement le sentier en lacets ; dans mon enfance, quand j'avais obtenu la permission de descendre au Steinbühel avec les miens et plus tard, lorsque j'étais étudiant et que je passais mes vacances d'automne à la maison, je ne prenais pas ce sentier pour monter en haut du rocher, je le coupais en grimpant tout droit.

J'atteignis le stand et entrai. On venait sans doute de réussir un beau coup, c'est du moins ce que je compris en entendant le fracas du mortier qu'on avait installé là et les cris de joie du tireur. Le stand avait son aspect habituel en un tel jour. Devant, deux hommes étendus sous l'arbre du tir visaient longuement avec leurs carabines – d'autres debout derrière eux se tenaient prêts à leur succéder lorsqu'ils laisseraient la place après avoir tiré – plus loin en arrière d'autres encore étaient occupés à charger leurs armes – le vieux père Bernsteiner essuyait son méchant fusil avec des chiffons qu'il jetait au fur et à mesure à côté de lui. Eût-on omis de me dire qu'il avait réalisé le plus beau coup qui se fût fait jusque-là que je l'aurais deviné à la joie qui éclatait sur son visage. Je vis aussi l'aubergiste d'en haut, le garde général, l'écrivain public et beaucoup d'autres personnes de ma connaissance.

De nombreuses mains me furent tendues, et aussi plus d'un verre, comme il est d'usage chez nous lorsqu'on rencontre quelqu'un. Je remerciai et rendis de différents côtés les saluts qui m'étaient adressés. Je déclinai l'invitation qu'on m'avait faite de participer au concours de tir de ce jour-là, en disant que je ne pouvais plus tirer aussi bien qu'à l'époque où j'étais encore écolier et que mes occupations ne me donnaient pas licence de m'exercer, puis j'assistai aux préparatifs. Des clinquants s'enroulaient autour des colonnes en bois du stand. Sur le faîte de l'édifice, la grande et lourde bannière des tireurs pendait, à la différence de l'étroite et longue banderole qui flottait au-dessus de la cime des arbres en haut du rocher. Toutes les aiguilles et tous les doigts des jeunes filles de Pirling avaient travaillé à cet ouvrage – et avaient également confectionné de larges rubans flamboyants. Au fond de la salle le mur était couvert de vieilles cibles fameuses. Je reconnus dans le nombre, presque avec des battements de cœur, plus d'une cible datant du temps de mon enfance, et d'autres où apparaissaient encore des trous faits par mes propres balles. Sous les cibles, des gens assis mangeaient et buvaient, c'étaient uniquement des hommes, les femmes et les jeunes filles n'avaient pas la permission de rester là pendant le tir. À côté du petit pavillon destiné au secrétaire de la société de tir, le bouc à longue laine, blanc comme la fleur, de l'aubergiste d'en haut, se trouvait sur une tribune peinte en vert clair et entourée d'une balustrade pour empêcher l'animal de tomber. On avait doré l'extrémité de ses cornes et celles-ci portaient une grande couronne verticale de fleurs et de rubans entrelacés où sept thalers étincelants étaient également montés. En outre on avait accroché des rubans et des franges à la tête de l'animal et l'on avait attaché des nœuds de soie vermeils dans la belle toison bien cardée de son cou et dans sa barbiche. Derrière le bouc sur un pilier planté en croix se trouvait le second prix, deux banderoles de soie bleu ciel où des jaunets étaient insérés dans la trame du tissu. Il y avait encore un bouquet de fleurs composé uniquement de piécettes d'argent dans un vase posé sur une petite table. Enfin une corne à mettre la poudre, incrustée d'ivoire et de nacre, était suspendue à une branche d'arbre par un joli ruban. Les enfants de Pirling se pressaient au-dehors, car ils n'avaient pas non plus le droit d'entrer dans le pavillon de tir, et ils regardaient tout ébahis – comme je l'avais fait jadis – le bouc, les tireurs et le reste du spectacle. Un peu plus loin les cornistes, assis sur une tribune aménagée dans les branches de plusieurs pins voisins et ensevelis dans une forêt d'aiguilles, faisaient entendre de temps à autre les morceaux qu'ils avaient appris. Et dans la maison du tir des trompettes résonnaient elles aussi joyeusement à chaque tir réussi.

Je pris le temps de tout regarder puis je ressortis et allai me promener sous les arbres. J'avais projeté de monter à la cime du rocher d'où l'on a une vue si claire et si dégagée dans toutes les directions, avant que d'aller sous la tente et de me mettre en quête du colonel. Je n'avais plus contemplé ce spectacle depuis longtemps et souhaitais le regarder un petit moment. Je sortis donc sous le couvert des arbres et reçus au visage le souffle odorant de la forêt dont l'effet contrastait agréablement avec la fumée de la poudre. Je passai devant plusieurs très jeunes filles qui envoyaient frapper contre une cible une colombe en bois accrochée à un cordon – Je rencontrai ensuite sur le gazon deux femmes que je ne connaissais pas (elles n'étaient sans doute pas de la région) assises sur un banc – j'avais laissé sur ma gauche la tente et le pavillon de bois – puis je dépassai plusieurs blocs de rocher saillants, il n'y eut plus d'arbres ni de buissons, j'avançai sur le gazon et atteignis le sommet dénudé. L'endroit était absolument désert car tout le monde s'adonnait aux divertissements de la fête, plus bas dans les buissons et dans le boqueteau.

Le soleil déjà bas à l'horizon était presque au milieu du dernier quart de sa course. À mes pieds s'étendaient les chaumes uniformément fauves des champs de céréales moissonnés – derrière eux se dressaient le clocher solitaire et les maisons désertées de Pirling et plus loin encore se déployait la forêt bleue et brumeuse qui renferme l'Eidun et mon village natal. Dans la vallée, sous les rayons obliques du soleil, le cours de la Siller était pareil à un sinueux éclair d'argent.

Tandis que je contemplais ce spectacle, le colonel était monté me rejoindre. Il m'avait suivi par le chemin habituel, et je ne m'avisai de sa présence qu'en entendant le bruit de ses pas. Je me retournai et le saluai amicalement. Il monta encore de quelques pas et vint se placer à côté de moi, puis, me rendant mon salut : Je pensais bien que vous étiez ici, me dit-il, je vous cherchais, il faut absolument que je vous dise quelque chose. Je n'ai pu le faire plus tôt, vous avez été absent trois jours durant et je ne vous ai point trouvé chez vous quand je suis descendu vous voir hier après-midi. Margarita est de retour. Je lui avais écrit de rentrer au pays, j'avais pris toutes les dispositions pour son voyage mais j'ignorais le jour de son arrivée. Et elle est survenue à un moment où je n'ai pu vous prévenir. Elle est en bas dans la tente avec les femmes et les jeunes filles auxquelles elle rend ses devoirs. Pour moi j'ai préféré aller vous trouver pour vous faire part de la chose.

– Je vous remercie, répondis-je, je dois vous dire que je me réjouis du fond du cœur qu'elle soit ici. Je n'ai jamais cessé de penser à elle.

Il garda le silence un moment, puis reprit : Je le sais, je le sais… Mon cher, mon jeune ami affectionné ! Demandez donc sa main. Vous souvient-il de ce que je vous ai dit un jour : « Laissez passer un temps, tout cela s'arrangera » ? Et cela s'est arrangé. Je vous chéris tous deux, vous le savez sans doute. Je vous ai fait à tous les deux un sacrifice. C'est à dessein que je me suis séparé de Margarita, à mon âge, il faut compter avec le temps, j'ai pourtant donné trois années de ma joie. J'ai fait cela afin de voir comment les choses tourneraient. Et elles ont tourné exactement comme je l'avais prévu. Margarita est revenue aussi douce qu'elle était partie – à vrai dire, elle a changé en mieux. Elle a demandé aussitôt de vos nouvelles. Elle était fort heureuse de m'avoir à nouveau, et m'a prié de ne plus l'envoyer au loin désormais. Pendant les quelques jours où vous étiez parti visiter votre malade, nous sommes allés revoir tous les lieux qu'elle avait connus autrefois avec vous – et s'il faut que je vous dise tout, nous nous sommes même rendus chez vous. Oui, aujourd'hui nous fûmes chez vous. Je lui ai causé une grande peine, m'a-t-elle dit, aussi dois-je lui faire bon accueil. Je ne vous avais point trouvé hier après-midi et n'avais point laissé pour vous de message à vos gens, mais nous décidâmes de venir chez vous ce matin avant votre départ pour vous souhaiter le bonjour. Nous avons laissé la voiture (qui allait ensuite nous conduire à Pirling) nous précéder tout doucement en direction du Taugrund et nous sommes entrés chez vous. Mais vous étiez déjà sorti vous aussi. Nous avons visité toute la maison, et Margarita a remarqué mieux que moi les changements survenus durant son absence. Nous sommes passés dans toutes les pièces excepté la chapelle que je ne lui ai pas montrée – votre vieille Maria nous a servi de guide. Apparemment, personne n'est descendu chez vous depuis la maison du bosquet, ces derniers jours, car Maria ne savait point encore l'arrivée de ma fille et elle a manifesté une grande joie en la voyant. La rosée était encore abondante pourtant Margarita a fait quelques pas dans le jardin, pour voir quelles fleurs vous cultivez et regarder leur disposition et leur distribution. Puis nous sommes repartis en traversant la cour, en sortant de chez vous, nous avons suivi doucement la jolie route jusqu'au-delà du Taugrund, à la lisière duquel la voiture nous attendait, aux premiers champs de l'Eidun – voyez-vous, docteur, je suis très heureux de l'honnêteté de cette enfant. L'amour que j'ai pour elle est peut-être pécheur – mais il est un jeu de la nature bien admirable ; comme je vous l'ai déjà dit, le jour des obsèques de ma femme, j'avais remarqué sur les lèvres de Margarita, alors âgée de trois ans, le bouton de la rose qu'on venait d'ensevelir, mon enfant avait aussi les yeux de sa mère. Peu à peu, cette ressemblance s'est accentuée, et durant son absence, Margarita est devenue le portrait achevé de sa mère. Pendant nos promenades dans les bois et dans les prés ces derniers jours, j'ai remarqué qu'elle prononce les mêmes paroles que celle-ci, lorsqu'elle lève les bras, lorsqu'elle s'incline, elle le fait exactement comme elle. J'ai dû regarder mes mains ridées pour ne point avoir l'illusion que j'étais jeune et que ma jeune femme marchait à mon côté, cueillant des fleurs et des noisettes pour me les offrir comme elle faisait à chacune de nos promenades dans les bois – et c'est pourquoi je l'aimais tant. Aujourd'hui, lorsque nous avons traversé vos appartements et qu'elle a vu la manière dont ils sont meublés et agencés, j'ai vu son visage envahi par la même lueur que j'avais aperçue sur celui de ma femme le jour où elle eut licence de conduire mon intérieur à sa guise et de tout installer à son goût. J'ai compris aussi que Margarita ressentait à cet instant l'émotion que sa mère avait éprouvée ce jour-là. Voyez-vous, il en va ainsi pour Margarita. Je sais également comme il en va pour vous, et l'ai toujours su. Je le compris quand je vous vis garder le silence – je connais la manière masculine de tout renfermer en soi-même au lieu de se plaindre, et de remplir loyalement sa mission. Je le savais, tout silencieux que vous fussiez à mes côtés. Puisque je parle en ce moment je vous dois confesser toute ma faiblesse. Un jour au sortir de chez vous, des larmes amères me montèrent aux yeux car j'avais vu que vous aviez placé une sainte Marguerite sur l'autel de votre chapelle en manière de réconfort et je connais fort bien cet emblème. Vous souvient-il encore de ce que je vous dis, le triste jour où je vous racontai l'histoire de ma vie ? Votre terrain avait une admirable

273

situation au détour de la vallée, vous étiez encore jeune et si vous vous donniez de la peine cela pouvait devenir une propriété assez belle pour réjouir le cœur de son maître et de la maîtresse qui pourrait un jour y faire son entrée, vous en souvenez-vous ? Qu'il est doux aujourd'hui que Margarita y entre, elle que vous avez toujours voulu posséder ! Cher docteur, dès lors que les choses en sont là et que nous évoquons ce sujet, je dois ajouter ceci, Margarita n'est pas riche car j'ai été pauvre toute ma vie mais elle n'arrivera point non plus sans ressources dans votre maison. Si j'ai été prodigue dans ma jeunesse, je me suis montré économe dans mon vieil âge et j'ai ménagé le peu qui provient de mes aïeux en songeant à elle. Elle héritera un jour de la maison du bosquet et de ses appartenances, ainsi que des tableaux, des livres, et de tout ce qu'elle contient d'autre, car je n'ai que vous deux au monde.

— Cessez, colonel, m'écriai-je en l'interrompant, ne parlez point de cela — Est-il possible de vous remercier assez pour votre affection, et votre bonté et votre noblesse d'âme sont-elles concevables ?

— Non, ce n'est pas la bonté qui me fait agir, répondit-il, je ne recherche en vous que mon bonheur. Désormais, nous vivrons réunis. Vous habiterez la maison d'en haut, ou même celle d'en bas, il se peut aussi que Margarita ainsi qu'il est naturel vive chez vous, tandis que je demeurerai dans ma maison. Vous viendrez souvent chez moi, j'irai souvent chez vous et les nœuds que nous formerons seront encore plus amicaux que dans le passé. Je puis seulement vous dire que vous prenez une fort bonne épouse en Margarita, une épouse qu'il vous faut honorer et qui sera aussi heureuse chez vous que ma femme le fut chez moi – fasse seulement le Seigneur que sa mort soit plus lente à venir et plus naturelle que celle de sa mère. Mais maintenant, docteur, nous devons descendre rejoindre les autres. Ils savent déjà que vous êtes ici, il faut que vous leur accordiez aussi un peu de votre temps, vous êtes constamment retenu par votre charge et en de telles occasions ce n'est d'ordinaire que fort tard que vous pouvez faire votre apparition.

– Attendez encore un instant, colonel, repartis-je, vous n'ignorez pas que je vous ai toujours aimé et respecté, mais vos bienfaits sont toujours plus grands que ceux auxquels je pourrais m'attendre ou dont je serais digne. Aussi dois-je vous remercier du fond du cœur et vous dire qu'il me semble avoir retrouvé un père depuis votre arrivée dans la région, si bien que je ne suis plus seul comme auparavant.

– Vous savez bien aussi que je le suis, et que je me considère comme un père pour vous, répondit-il, et je le serai encore davantage à l'avenir. Mais venez maintenant, descendons, car les autres attendent et pourraient se formaliser si nous ne prenions point part à la gaieté de ce jour.

À ces mots nous tournâmes le dos à la cime du rocher et descendîmes le chemin qui contourne les blocs de pierre et les barrières rocheuses. D'en haut, nous n'avions guère entendu le bruit de l'allégresse générale. Les détonations ne nous parvenaient qu'assourdies et quelque appel isolé avait fort bien pu monter jusqu'à nous depuis le boqueteau sans que nous y eussions pris garde. Mais au fur et à mesure que nous descendions, les détonations, le son des cors de chasse, les appels des enfants et des jeunes filles et le bruissement général, confus et paisible, des conversations se rapprochèrent de nous en quelque sorte. Au bout d'un moment, nous prîmes un autre chemin que celui par lequel j'étais monté et nous nous approchâmes de la cabane de bois, de la tente et d'une manière générale de l'endroit où la foule masculine qui se divertissait là était la plus dense.

Nous arrivâmes ainsi au milieu des groupes de promeneurs et des jeux des enfants. On avait dressé dans l'herbe sous les arbres une baraque où l'on vendait du pain d'épices, plus loin dans une autre baraque j'aperçus Josi-le-Colporteur qui avait mis à l'étalage sa marchandise pour la vendre, il avait justement choisi les articles les plus en rapport avec ce jour-là. Comme lui et moi sommes les personnes qui circulent le plus dans la région et que nous nous rencontrons souvent pendant nos randonnées, j'allai le voir et j'échangeai quelques mots avec lui. De son côté, le colonel parla aux enfants et leur remit les cadeaux dont les poches de son habit étaient bourrées.

Nous gagnâmes enfin la tente, celle-ci n'était pas fermée de tous côtés, au-dessus d'une grande table (à laquelle les habitants les plus distingués de la région étaient assis) on avait attaché dans les branches une manière de dais blanc qui interceptait les rayons du soleil, cela formait néanmoins une sorte de salle bornée tout à l'entour car les pins sylvestres et les bouleaux les plus beaux et les plus touffus en bordaient exactement l'emplacement. Une fois l'entrée passée je vis deux yeux fort doux qui me fixaient depuis le haut bout de la table – ciel ! je les reconnus aussitôt – c'étaient ceux de Margarita – leur regard avait ce bel éclat humble qui avait fait jadis ma joie et mon émerveillement. Nous nous dirigeâmes d'abord vers les hommes assis à la table, je devais les saluer successivement avant d'aller occuper avec le colonel les sièges qu'on nous avait réservés à côté d'eux. En arrivant auprès d'elle, je dis : Je vous souhaite la bienvenue de tout mon cœur, Margarita, j'étais absent lors de votre arrivée sans cela je serais déjà monté vous saluer à la maison du bosquet. Il y a seulement quelques instants que votre père m'a informé de votre présence sur le Steinbühel. Je vous fais tous mes compliments.

Elle s'était levée en me voyant approcher d'elle, elle ôta son gant et me tendit la main. Elle avait rougi et la main qu'elle me tendit tremblait beaucoup.

– Salut à vous également, répondit-elle. Je suis de retour depuis trois jours déjà, vous étiez absent et ce matin nous sommes allés chez vous car je voulais vous annoncer moi-même que j'étais revenue, mais vous aviez quitté votre maison fort tôt et votre voiture était déjà partie depuis longtemps quand nous sommes arrivés. Je vous fais bien des compliments.

Nous nous prîmes les mains que nous nous étions réciproquement tendues et nous nous les serrâmes fort amicalement.

Elle remit son gant et se rassit. Elle ne portait jamais de gants à la maison, non plus que lorsqu'elle m'accompagnait dans nos promenades à pied ou lorsque nous allions cueillir des fleurs, mais le colonel tenait à ce qu'elle observât les convenances et fît honneur à l'assistance en de telles occasions. Lui-même avait mis un bel habit sombre. Il était assis à la droite de sa fille, et je m'installai sur le siège qu'on m'avait réservé à la gauche de celle-ci. Je m'assis à quelque distance d'elle et pris soin de ne pas frôler sa robe.

Je ne savais pas au juste ce que je devais dire.

Il y avait là beaucoup de personnes de ma connaissance.

Le négociant de Pirling était assis avec ses filles à côté du colonel, des bourgeois de Tunberg, des femmes et des hommes de Pirling prenaient part aussi au festin, le vieux curé vénérable de Sillerau était placé auprès de son confrère de Pirling, les épouses et les filles de conseillers municipaux, dont les époux et les pères se trouvaient de l'autre côté, au tir, étaient là également ; puis c'étaient des notables campagnards, le père Erlebauer avec ses filles, le cousin Martin, aubergiste du Rotberg, avec sa fille Josepha, enfin quelques personnes venues de Haslung, de l'Eidun et d'autres endroits. Je connaissais presque tout le monde. On me salua quand je pris place, et certains me demandèrent avec réprobation la raison d'une arrivée si tardive. Je répondis que mes occupations dépendaient de cas imprévus, je ne pouvais ni les quitter à une heure donnée, ni les préparer à l'avance, en conséquence je ne pouvais arriver que lorsqu'elles étaient réglées et me laissaient libre.

L'hôtesse de l'auberge d'en haut à Pirling vint à moi, elle portait une fort belle bouteille semblable à du cristal taillé pleine de vin et un verre sur lequel mon nom était inscrit (elle l'avait un jour accommodé pour moi de la sorte, et j'y bois quand je suis de passage à Pirling). Vous êtes arrivé à table trop tard comme chaque fois en de semblables occasions, dit-elle. La confrérie des tireurs vous offre ce vin en manière de vin d'honneur, c'est le meilleur qui se puisse trouver : il vient de la cave de mon mari, le maître du tir et on l'a sorti aujourd'hui pour faire honneur à nos hôtes. On en a mis plusieurs bouteilles en bas dans de la glace, il sera donc très frais. Les mets que l'on va vous donner ont été préparés par l'aubergiste d'en bas, le père Bernsteiner, propriétaire de la cave du Steinbühel, chez qui aura lieu le bal des tireurs. Il vous les enverra également au nom de la confrérie des tireurs.

À peine eut-elle achevé ces derniers mots que la fille du vieux père Bernsteiner arriva, accompagnée de deux servantes ; celles-ci posèrent devant moi des gâteaux, toutes sortes de plats froids joliment présentés et des fruits agréablement disposés.

Je remerciai pour cette attention et dis que je prendrais volontiers de tout cela. Tout autour de la table des plats semblables à ceux qu'on venait de me servir étaient disposés devant les convives, c'étaient les reliefs du banquet qui avait eu lieu. Il y avait du vin pour les hommes, des gâteaux, des fruits et ainsi de suite pour les femmes et les jeunes filles, de place en place plus d'une dame d'âge respectable avait devant elle un gobelet de vin doux.

Le colonel conversa avec le négociant et avec le garde général, celui-ci, qui avait quitté la maison du tir, nous avait rejoints et était venu se placer derrière son siège. Ils débattirent de toutes les affaires qui étaient précisément de saison ou semblaient plus ou moins pressantes dans notre région. J'échangeai quelques mots avec le curé de Sillerau ainsi qu'avec mes voisins de table. Certains me demandèrent des nouvelles de plusieurs malades : comment se portaient-ils ? Y avait-il quelque espoir de les voir se rétablir ? J'eus la joie de pouvoir leur dire qu'aucun de mes patients n'était atteint d'une grave maladie et que tous ceux qui étaient alités se lèveraient sous peu.

Les jeunes filles et les femmes mariées avaient revêtu leurs habits du dimanche, certaines avaient mis de fort beaux atours. Les corsages et les agrafes étaient garnis d'ornements d'argent et même d'or. Assise à côté de moi Margarita paraissait fort modeste dans sa robe grise d'étoffe lustrée, sa préférée après la blanche. Son vêtement n'avait d'autre ornement qu'un petit nœud de soie rouge, qui fermait le col. On lui avait ôté l'élégant chapeau de paille qu'elle affectionne en été et on l'avait accroché à la branche d'un bouleau. Bien qu'elle ne portât point sa toilette de soie du dimanche ou des jours de fête dans laquelle elle me paraissait toujours un peu étrangère en quelque sorte, j'estimai qu'elle était la plus belle de toutes celles qui se trouvaient là – elle était encore plus belle que les filles du père Erlebauer.

Il nous était impossible de parler beaucoup et nous n'échangeâmes que des banalités. Ses reparties étaient fort agréables, honnêtes, gracieuses et aimables. J'ignore si les assistants connaissaient la nature de mes relations passées avec Margarita. Mais nul ne fit la plus petite allusion à ce sujet, même lorsque je me levai au bout d'un moment et fis le tour de la table pour échanger quelques paroles amicales avec ceux que je connaissais le mieux. On me respectait trop pour se comporter de la sorte.

Je répondis ensuite aux questions que me posèrent de nombreuses personnes qui se trouvaient dans la salle et les gens qui entraient et sortaient, puis je regagnai mon siège. J'aperçus alors à côté du colonel et de Margarita deux femmes vêtues de couleurs sombres auxquelles on avait ménagé de la place ; je les avais vues assises sur un banc dans la pelouse lorsque j'étais monté à la cime du rocher. Le colonel fit les présentations, et m'apprit que l'une était la tante chez laquelle Margarita avait vécu pendant trois ans, l'autre, dame de compagnie de la première, était aussi une parente, une tante un peu plus éloignée. Le colonel se réjouissait que les deux dames eussent pris occasion du retour de Margarita pour venir lui rendre visite, ainsi qu'il les en avait priées. De leur côté elles avaient fort goûté le spectacle des réjouissances du Steinbühel et sa simplicité champêtre. Pour nous cette fête a un caractère plus commun, ajouta-t-il, nous y avons déjà assisté assez souvent et son déroulement est chaque fois le même.

Les deux femmes étaient âgées et d'une aimable simplicité. Comme elles avaient quitté la table un moment, on avait occupé leurs sièges par accident et on les leur abandonnait à nouveau maintenant. Elles causèrent avec moi, me posant quelques questions ainsi qu'il est d'usage lorsqu'on lie connaissance. Le garde général, la femme du bourgmestre, le négociant et le curé firent conversation avec elles de la manière dont on use par civilité avec les étrangers dans les milieux campagnards. Cependant, la compagnie s'était également augmentée de plusieurs tireurs, une fois tirés les coups auxquels ils avaient droit, ils étaient venus rejoindre leurs femmes, leurs sœurs ou d'autres parents sous la tente et y prendre leur divertissement.

Les conversations allaient bon train lorsque le cocher du colonel entra, il s'approcha de son maître et lui dit que sa voiture ne pourrait être réparée ce jour-là, le forgeron n'avait plus un seul morceau de charbon chez lui et on n'en pourrait faire venir de la meule car on était un dimanche et les gens étaient tous sortis, c'était du moins ce que lui avait dit la vieille grand-mère du forgeron.

– Je m'y attendais assurément, répondit le colonel.

Je demandai de quoi il s'agissait, il m'apprit que la frette d'un des moyeux de la voiture s'était rompue, la chose elle-même n'avait point tant d'importance, mais la sécurité n'était plus suffisante pour qu'on pût rouler en voiture.

– Assurément non, repartis-je, le moyeu pourrait se disloquer et la roue et les rayons partiraient alors en morceaux sur la route. Prenez donc mes chevaux, colonel, et laissez les vôtres à Pirling où l'on fera demain la réparation nécessaire.

Mon voisin se récria, ce serait déjà assez si je me contentais de lui prêter ma voiture, il pourrait y atteler ses propres chevaux, mais je me levai et allai vers lui (car il se tenait à l'écart sous les arbres avec son cocher) : Colonel, prenez donc également les chevaux, dis-je, faites-moi la grâce d'utiliser ma voiture comme si c'était déjà la vôtre. Je vais prendre un cabriolet à Pirling, j'y attellerai vos chevaux et je vous suivrai avec votre cocher. Demain, vous pourrez renvoyer le cabriolet à Pirling, la frette sera soudée et vous ramènerez votre voiture réparée avec vos chevaux.

Le colonel finit par accepter mon offre, j'ordonnai à son cocher de dire à Thomas, lorsqu'il le verrait, qu'il installât le second siège de notre voiture et se tînt prêt à atteler à tout instant dès que le cortège des tireurs ferait son entrée à Pirling. Puis le cocher s'éloigna et je demandai à l'aubergiste du haut Pirling (entre-temps celui-ci avait pris part au concours de tir puis était revenu) s'il avait chez lui son cabriolet découvert et s'il me le pouvait prêter jusqu'au lendemain midi. Il répondit par l'affirmative, l'affaire se trouva donc réglée.

Les rayons de soleil qui entraient dans la tente à cette heure étaient de plus en plus obliques et le jour déclinait. Les détonations étaient devenues plus sporadiques, l'on n'entendait plus maintenant que quelque claquement attardé, de temps à autre, comme un soldat traînard. Des tireurs nous avaient rejoints de plus en plus nombreux et les enfants des différents invités, du moins ceux qui avaient eu permission d'accompagner les grands ce jour-là, avaient quitté leurs aires de jeux disséminées dans le boqueteau et rejoignaient leur mère, ou s'accrochaient à leur père témoignant ainsi qu'ils avaient joué leur soûl et que la fatigue et le désir de rentrer chez soi se faisaient sentir. De leur côté, les gens rassemblés dans la tente se levaient enfin par groupes et l'on se dispersait dans le bois après maintes conversations additionnelles que l'on terminait rapidement.

Leur tâche accomplie, les cibles illuminées par la lumière vermeille du couchant étaient désertes, à la lisière du bois. L'accès du stand était libre désormais et plus d'un tireur rangeait son attirail dans sa gibecière ou confiait cette tâche à son valet ; le secrétaire de la confrérie mit son livre dans un étui qu'il boucla et le maître du tir, l'aubergiste d'en haut, ordonna de tout remettre en place.

Il était d'usage que toute la société des tireurs fît son entrée dans Pirling à l'issue de telles journées, les autres membres de l'assistance suivaient le cortège qui partait du Steinbühel pour se rendre au village. Il avait été prévu qu'il en serait ainsi ce jour-là également mais on donna l'ordre de ne partir qu'après le coucher du soleil.

Margarita, le colonel et les deux dames étrangères se trouvaient dans un cercle d'habitants de Pirling, des femmes pour la plupart, avec lesquelles ils parlaient. Je retournai donc passer un instant encore sur la cime du rocher. Mais comme le spectacle avait changé ! Les lueurs du couchant baignaient chaumes et bois, au loin, le fond de la vallée était noyé dans l'ombre, seule la Siller y était visible, déroulant ses anneaux dorés tandis que le baldaquin jaune du ciel flamboyait derrière Pirling car le soleil venait juste de se coucher. Mais ce que je voyais à mes pieds dans le boqueteau de bouleaux était fort beau. Un frémissement passait dans chacune des fines branches, comme un clinquant pour ainsi dire.

Je redescendis aussitôt, car on allait bientôt partir pour Pirling. Je vis différentes personnes sortir du pavillon de bois où bien des gens de petite condition (garçons de ferme, domestiques et autres) avaient passé la fête, et descendre la colline, il leur fallait se trouver à Pirling avant l'arrivée du cortège. Parmi elles se trouvait Thomas qui faisait diligence, il devait avoir attelé les chevaux et préparé la voiture avant notre arrivée.

Les cibles avaient été démontées et rentrées, le dais blanc détaché des branches, et l'on descendit même les tables et les sièges en bas du rocher où une carriole attendait pour ne point les laisser dehors, exposés à la rosée nocturne. La plupart des hommes s'étaient rassemblés sous les pins près du tir à l'endroit où le cortège allait se former et prendre le départ. Le maître du tir lut enfin un papier assignant à chacun sa place, l'on se mit dans l'ordre qu'il avait indiqué, la musique donna le signal du départ, le cortège se mit en branle.

On prit le chemin en lacets qui descendait les rochers puis le cortège poursuivit sa route et s'étira à travers champs. La carriole transportant tables et sièges fermait la marche.

L'effet produit par le spectacle de ces hommes qui avançaient ainsi était singulier. On se dirigeait vers Pirling en traversant des chaumes à l'éclat rougeâtre. Le héraut des tireurs portant la grande bannière de la confrérie marchait en tête, suivi de deux jeunes aides tenant les banderoles plus petites, aux longues langues. Les trompettes et les cornistes allaient derrière eux, puis les cibles aux mains de six tireurs vêtus d'habits bariolés, enfin les vainqueurs du concours et les prix. On voyait d'abord le bouc, conduit par deux jeunes aides vêtus de rouge et de blanc. Le vieux père Bernsteiner auquel le prix était échu marchait à côté de l'animal, il portait un long ruban rouge accroché à son chapeau, derrière eux de jeunes aides, escortés par les autres vainqueurs pareillement enrubannés, transportaient les autres prix. Le cortège continuait avec la secrétairerie de la confrérie, puis le maître du tir à la tête de tous les tireurs. Ensuite venaient tous ceux qui avaient passé la journée sur le Steinbühel. La chère silhouette de Margarita avançait à côté de moi, celle de son père, élégante dans son habit sombre, nous suivait, le colonel donnait le bras à la plus âgée de ses tantes, le négociant à la seconde, puis arrivaient le bourg-mestre, les deux curés, les femmes et les jeunes filles placées à différents endroits. En tournant la tête on apercevait le Steinbühel déserté qui se dressait noir, et se détachait dans le ciel qui s'assombrissait déjà, prenant son aspect nocturne.

En approchant de Pirling nous rencontrâmes ici et là des spectateurs, ceux-ci devinrent de plus en plus nombreux au fur et à mesure que nous avancions vers notre destination et finirent par se presser en foule aux abords des buissons, des haies, des clôtures. Certains étaient restés chez eux ou étaient rentrés du Stein- bühel plus tôt, d'autres étaient venus depuis les bour- gades voisines pour assister au spectacle. La musique traditionnellement postée à l'entrée du marché nous accueillit à notre arrivée.

Le cortège se trouva enfin devant l'auberge d'en bas, où la soirée devait se dérouler, on comprit seule- ment alors pourquoi il n'avait pas été permis de quit- ter le Steinbühel avant le coucher du soleil, un arc de triomphe haut et large confectionné avec des branches de sapin se dressait devant la porte, il était parsemé de lampes allumées, et l'on avait disposé dessus des caractères de papier transparent, éclairés par d'autres lampes placées derrière eux, pour souhaiter la bienve- nue aux arrivants.

Comme il était d'usage, tout le cortège (y com- pris le bouc) entra dans la salle de bal. Là, les tireurs remirent leurs carabines et le reste de leur attirail à des serviteurs ou même à leurs fils qui emportèrent tout cela chez eux. Le vieux père Bernsteiner ôta au bouc sa couronne de thalers et la confia à son épouse, aimable vieille dame : ce prix allait prendre place dans l'armoire vitrée de leur chambre à coucher, auprès d'autres trophées de tir. Quant au bouc, on le mit à l'écurie.

Entre l'arrivée du cortège dans la salle de bal et le commencement de la danse un intervalle s'écoula ; les gens du village en profitèrent pour faire un petit tour chez eux où ils se changèrent et s'occupèrent à d'autres choses semblables. Les autres demeurèrent à l'auberge et s'apprêtèrent pour la soirée. Nous avions décidé d'attendre le début du bal et de rentrer chez nous ensuite.

Sur ces entrefaites, on m'appela au chevet de quelqu'un qui était brusquement tombé malade. Mais le mal était bénin et je donnai le remède approprié.

À mon retour l'assistance était déjà presque au complet dans la salle de bal et l'on ouvrit la fête. Dans les salles d'hôtes, les tables étaient garnies, et les couples prirent place dans celle où on allait faire le bal, la musique commença, la soirée s'ouvrit sur une danse d'une paisible beauté. Le colonel montra à Margarita et aux deux dames comment l'on faisait les choses chez nous, il regarda les deux premières danses en leur compagnie, puis nous nous retirâmes, en gens qui partent de bonne heure car ils doivent encore parcourir un long chemin pour arriver chez eux. On nous héla avec des saluts et des souhaits amicaux et nous descendîmes l'escalier, nous nous rendîmes à l'auberge d'en haut où se trouvaient nos chevaux. Avant que de monter en voiture et de prendre le départ, le colonel et les dames durent aller chercher leurs surtouts. Alors se produisit l'événement le plus heureux de cette soirée.

J'avais attendu mes invités auprès de la voiture. Margarita ressortit de l'auberge avec les deux tantes, le colonel était resté en arrière. J'aidai les dames à monter dans la voiture et voulus faire de même pour Margarita. Je pris sa main, qu'elle avait sortie de son vêtement de dessus pour me la tendre, mais je ne fis pas monter la jeune fille sur le marchepied, je retins sa main un instant : Margarita, lui dis-je, le cœur battant d'émotion, me pardonnerez-vous d'avoir montré tant d'emportement autrefois ?

– C'est à vous de me pardonner de m'être comportée comme je l'ai fait, répondit-elle, cher et unique ami de ma jeunesse ! Ah, je sais bien quel homme extraordinaire vous êtes devenu – et mon père me l'a dit également.

– Non, Margarita, répliquai-je, votre père est bon et connaît bien mes fautes – mais vous, vous êtes un ange du ciel !

Je m'oubliai et passai mes bras autour de son cou comme lorsqu'on souhaite la bienvenue à une sœur après une longue séparation. Elle m'entoura aussi le cou de ses bras, pressa son visage contre le mien, et fondit en larmes avec de tels sanglots que je ne pus concevoir la raison de cette violence. J'avais moi-même le visage baigné de ses larmes. Je me penchai en arrière un bref instant puis nos lèvres se pressèrent tout à coup. Je la serrai très fort contre mon cœur, comme une fiancée perdue et retrouvée.

Nous nous étions donné notre premier baiser.

Quand nos bras se furent dénoués, je retins sa main : Margarita, demandai-je, m'autorisez-vous à venir demain demander votre main à votre père ?

– Demandez-la, répondit-elle, ce sera bon pour nous deux.

Puis, se tournant vers les deux dames assises dans la voiture : Ne prenez pas en mauvaise part ce que je viens de faire, dit-elle : Il est mon fiancé.

– Montez maintenant en voiture, Margarita, fis-je, demain je viendrai chez vous le plus tôt possible. Bonne nuit.

– Bonne nuit, répondit-elle, et nous nous serrâmes très tendrement la main.

– Monte donc en voiture, dit soudain le colonel qui apparut à côté de nous, vous serez très heureux ensemble.

Margarita se jeta contre sa poitrine, il la tint un moment contre lui avec douceur, puis l'aida à monter en voiture. Je lui serrai la main sans pouvoir dire un mot : mes yeux s'étaient mouillés de larmes.

– Il est donc notoire désormais que ces deux jeunes gens sont fiancés, vous pouvez l'annoncer en bas aux gens qui sont à la fête. J'aurais voulu tenir la chose secrète pendant quelque temps, mais ils se sont trahis, dit le colonel à l'aubergiste d'en haut qui avait quitté la salle de bal pour reconduire le colonel à la voiture et se tenait un peu en arrière.

– C'est un heureux événement, répliqua l'aubergiste, un heureux événement en vérité.

– Et maintenant, bonne nuit, docteur, me dit le colonel, venez nous voir tôt demain.

– Bonne nuit, répondis-je en l'aidant à entrer dans la voiture.

Je m'avançai ensuite vers Thomas et lui demandai de prendre garde et de conduire avec prudence, afin d'éviter tout accident à mes amis. Là-dessus Thomas secoua les rênes et parla aux chevaux, ceux-ci enfilèrent la rue haute à vive allure avec la voiture.

– Je vous souhaite beaucoup de bonheur, docteur, me dit l'aubergiste, beaucoup de bonheur en vérité.

– Merci, répondis-je, merci. Mais c'est là une femme que je dois d'abord mériter, mon brave.

– Vous êtes l'homme qu'il lui faut, dit-il, et ce mariage mettra toute la région en liesse.

– Oui, acquiesçai-je, je suis ravi et bien aise que l'on m'accorde Margarita. Mais maintenant, soyez assez aimable pour me faire préparer votre voiture, afin que je puisse moi aussi regagner mon logis. Je dois repartir très tôt demain matin.

– Elle est prête, il n'y a plus qu'à l'atteler, répondit-il.

On attela donc les chevaux bais du colonel au cabriolet de l'aubergiste, je pris mon par-dessus, montai en voiture, et le cocher du colonel me conduisit hors du village par la rue haute puis me fit prendre la route de l'Eidun et de Val-sur-Pirling à travers champs. Je n'entendis pas le bruit de la voiture qui nous précédait, vraisemblablement le zèle et l'ambition de Thomas l'avaient poussé à conduire fort bien, certes, mais aussi fort vite.

Au-dessus de ma tête le ciel était semé d'innombrables étoiles – de belles étoiles amicales – et mon cœur était rempli d'une joie comme je n'en avais de ma vie éprouvé de semblable. J'approchais de la trentaine et je ressentais intérieurement tant de bonheur, de douceur, d'émerveillement qu'il me semblait avoir dix-huit ans, âge où l'on a encore l'inexpérience de l'enfance et où l'on presse le monde entier contre son cœur pour assouvir celui-ci.

Je pensai : mon Dieu, mon Dieu, quelle joie de savoir que bat sur cette terre un cœur qui vous aime, qui vous veut du bien, loyalement, totalement, foncièrement, et qu'à quelques pas de moi, roulent deux personnes qui sont ainsi à mon égard. Quelle joie !

Je continuai d'avancer dans la nuit sombre et paisible, j'arrivai enfin chez moi. Je récompensai le cocher pour la course qu'il venait de faire et le renvoyai en haut chez son maître avec les chevaux – les miens étaient déjà à la maison, j'allai à l'étable et caressai les braves bêtes qui avaient ramené leurs passagers sains et saufs au logis. Puis je montai à ma chambre. J'allumai les chandelles avec joie, pour la première fois, je n'avais plus le sentiment d'être seul, je m'assis à mon pupitre…

Dans la maison régnaient la quiétude et un calme solennel…

Je ne demeurai pas longtemps assis : je me levai, allai à la fenêtre, l'ouvris et me penchai au-dehors. À l'extérieur aussi régnaient quiétude, calme solennel, splendeur – les innombrables étoiles argentées se mouvaient dans les cieux.

# ÉPILOGUE

Tels sont les passages que j'ai extraits du livre en cuir du docteur, mon arrière-grand-père nous était toujours apparu comme un homme prodigieux, mais jusqu'ici tout ce qui se rapporte à lui est ordinaire, rien ne diffère du commun des mortels – d'ailleurs, il en sera constamment ainsi dans le livre. Celui-ci est loin d'être achevé, mais il est difficile à déchiffrer. Il arrive souvent qu'un épisode n'ait pas de fin véritable, souvent aussi le début ne fait que s'ébaucher, plus d'une fois le centre seul est consigné ou encore ce sont des antécédents médicaux inintelligibles qui ont été notés. J'ai parcouru les feuilles blessées par le couteau. J'ai dû sans doute aller bien plus avant dans le cours du temps, car j'ai remarqué de fréquents changements d'encre et d'écriture, des relevés d'observations météorologiques, il était question de travaux domestiques et champêtres, on voyait bien qu'on avait dû accumuler ces notes pendant des années. Souvent des parties entières étaient criblées de taches d'une couleur ocre fort terne tandis que des notes marginales, ajoutées plus tardivement et écrites avec une encre noire très brillante, semblaient autant de colons et de défricheurs arrogants qui s'efforceraient presque de supplanter les misérables autochtones. Souvent aussi l'écriture est malaisée à déchiffrer. Mais si maints passages sont écrits de façon banale, à l'usage du seul rédacteur, en revanche de nombreuses pages ont de l'agrément, de la beauté et sont même souvent véritablement émouvantes.

Il me reste encore beaucoup d'événements à narrer, je vais déchiffrer le manuscrit jusqu'au bout et j'en ferai des extraits, puis je raconterai comment les noces se déroulèrent, comment Margarita fut aimée de tous ceux qui habitaient sous le toit du docteur, je décrirai la manière dont celui-ci vécut avec cette jeune fille au caractère entier, mais douce et innocente. Je dirai comment son père, le colonel, ayant atteint un âge fort avancé, mourut et s'en alla reposer dans sa dernière demeure à côté de sa femme, je narrerai les nombreuses traverses essuyées par le docteur (qui continua d'exercer son art) lors de l'introduction de la culture de la pomme de terre, je dirai comment il remplaçait ses chevaux par de nouveaux moreaux lorsque ceux-ci, devenus trop vieux, ne pouvaient plus servir, comment il se rendait chez ses malades partout à la ronde, comment nombre d'entre eux allaient le voir chez lui et racontaient ensuite dans leur foyer qu'ils avaient vu une femme belle, secourable, vieillissante, aller et venir dans sa maison, comment le docteur lui-même vieillit – il me faudra enfin parler de la destruction de la maison d'en haut et de la perte des tableaux (non seulement ceux que Margarita avait reçus en dot mais encore ceux dont elle hérita).

Mon grand-père a raconté que le docteur, parvenu à l'âge où ses mollets flottèrent dans ses bas, où son dos se fut voûté, où ses souliers à boucles furent devenus trop grands pour lui, restait souvent assis devant son pupitre au bois artistement sculpté sur lequel il avait disposé et accumulé tant d'objets durant sa longue vie qu'à la fin lui-même n'avait plus guère de place, il lisait un gros livre auquel était accroché le sceau rouge et bleu.

La dernière personne qu'il guérit fut une enfant. Il ne s'était plus rendu nulle part depuis longtemps car trois nouveaux docteurs s'étaient installés dans notre région – mais une enfant tomba malade dans l'Eidun, c'était une belle fillette aux parents obligeants – les médecins firent tout ce qu'ils purent mais l'état de l'enfant empira, les hommes de l'art jugèrent finalement le cas désespéré, la fillette allait mourir, dirent-ils. Les parents songèrent alors au vieux médecin qui vivait dans une maison qu'il possédait à Val-sur-Pirling et restait assis dans son jardin. Ils allèrent le voir et le supplièrent de faire quelque chose pour leur fille. Il prit sa voiture, se fit descendre chez eux, entra et alla vers l'enfant, le vieillard courbé aux cheveux blancs marchait appuyé sur son bâton. Il vit la malade, posa les questions qu'il voulut, garda le silence un moment puis dit avec douceur : Cette enfant ne mourra point.

Il laissa un remède à ces gens et ordonna qu'on en allât quérir d'autre chez lui le lendemain. Les parents le reconduisirent à sa voiture comme s'il eût été un ange venu du ciel. Ils donnèrent chaque jour à leur enfant ce qu'ils rapportaient de chez le vieux docteur, l'enfant guérit et resta florissante longtemps après que l'on eut porté le vieillard au froid tombeau.

Les cheveux du docteur devinrent enfin aussi blancs que ceux du colonel l'avaient été jadis – mais le colonel portait aussi une barbe blanche, tandis que mon arrière-grand-père allait toujours rasé de près.

Il avait été un bon médecin, aussi ne devint-il jamais la risée des enfants.

Sa mort fut l'occasion d'un incident émouvant. Lorsque l'on forma le cortège funèbre, tous les zingaris apparus de loin en loin dans les forêts où ils s'étaient fixés se joignirent soudain à l'assemblée, jadis le docteur les avait soignés gratuitement à différentes reprises, et il avait guéri maint d'entre eux.

Mon père n'a jamais eu connaissance du second volume des « cartons » : celui-ci se trouvait dans le vieux coffre et c'est à moi que revint le privilège de le découvrir. Il n'était pas relié mais seulement formé de cahiers, vraisemblablement pour des raisons de commodité, et pour qu'on n'eût pas toujours à traîner avec soi le fardeau de la totalité du manuscrit. Un fait montre que, quelque grande faculté de jugement que nous possédions, la douce habitude de la vie et l'ingénuité du sentiment règnent cependant en nous jusque dans un âge avancé, tout concourt à faire croire que le docteur avait quatre-vingts ans bien sonnés lorsqu'il confectionna et prépara le second volume des « cartons » contant l'histoire de sa vie – pourtant il fit ce second volume aussi épais que le premier, il lui donna même cinquante-deux pages de plus qu'à l'autre ; toutes furent numérotées à l'encre rouge. Mais de nombreuses pages restèrent vierges, bien peu de cahiers furent remplis, et les vieux sceaux restèrent accrochés aux derniers, parce que mon arrière-grand-père, selon ses propres termes, avait dû s'en aller le premier, avant que d'avoir pu les ôter.

La paix soit avec lui !

# TABLE

# irodalom

*L'Histoire d'une solitude*, Milán Füst
*Reportage céleste de notre envoyé spécial au paradis*,
Frigyes Karinthy
*Précipice*, Milán Füst
*Les Beaux Jours de la rue
de la Main-d'Or*, Gyula Krúdy
*Les Boîtes*, István Örkény
*Kornél Esti*, Dezső Kosztolányi
*L'Odeur humaine*, Erno Szép
*Floralies*, István Örkény
*Danse sur la corde*, Frigyes Karinthy
*Au nord par une montagne, au sud par un lac,
à l'ouest par des chemins,
à l'est par un cours d'eau*, László Krasznahorkai
*Le Chat et la Souris*, István Örkény
*Au tableau !*, Frigyes Karinthy
*Cinéma muet avec battements de cœur*,
Dezső Kosztolányi
*Farémido, Le Cinquième Voyage de Gulliver*,
Frigyes Karinthy

*La Venue d'Isaïe*, László Krasznahorkai
*Guerre et Guerre*, László Krasznahorkai
*La Vallée de la Sinistra*, Ádám Bodor
*Le Trompettiste tchèque*, Dezső Kosztolányi
*La Visite de l'archevêque*, Ádám Bodor
*Les Oiseaux de Verhovina*, Ádám Bodor
*Une famille de menteurs*, Dezső Kosztolányi
*Venu*, Dezső Kosztolányi
*Seiobo est descendue sur terre*,
László Krasznahorkai
*Les aventures de Kornél Esti*, Dezső Kosztolányi
*Septembre 72*, Imre Oravecz
*Un Déjeuner*, Zsigmond Móricz


À paraître
*J'aime les animaux*, Frigyes Karinthy
*Le Château français*, Gyula Krúdy

*Les Enfants du Pirée*, Kostas Moursélas
*L'Île d'Ouranitsa*, Alexandre Papadiamantis
*La Caisse*, Aris Alexandrou
*Le Peintre et le Pirate*, Còstas Hadziaryìris
*Rêverie du Quinze-Août*, Alexandre Papadiamantis
*Alexis Zorba*, Nikos Kazantzaki
*L'Honneur et l'Argent*, Constantin Théotokis
*Rapport au Greco*, Nikos Kazantzaki
*Li* suivi de *De la guerre* et *À mon cheval*,
Nikos Kavvadias
*La Liberté et la Mort*, Nikos Kazantzaki
*Pedro Cazas*, Fotis Kontoglou
*La Dernière Tentation*, Nikos Kazantzaki
*Le Lys et le Serpent*, Nikos Kazantzaki
*Le Christ recrucifié*, Nikos Kazantzaki
*Les Choix de Madame Freeman*, Pètros Abatzoglou
*L'Ultime Humiliation*, Rhéa Galanaki
*Toda-Raba*, Nikos Kazantzaki
*Terres de sang*, Dido Sotiriou
*Le Jardin des rochers*, Nikos Kazantzaki
*La Septième Dépouille*, Eugénia Fakinou
*Éléni, ou Personne*, Rhéa Galanaki
*République-Bastille*, Melpo Axioti
*Sillages*, Kallia Papadaki
*Mon île*, Melpo Axioti

**LES CARTONS DE MON ARRIÈRE-GRAND-PÈRE**
d'Adalbert Stifter
a été achevé d'imprimer en juillet 2019
sur les presses de l'imprimerie Pulsio.


Éditions Cambourakis
62, rue du Faubourg-Saint-Antoine
75012 Paris
www.cambourakis.com


Dépôt légal : août 2019
ISBN : 978-2-36624-433-5
Imprimé en Bulgarie.